KB171301

놀이로 하는
정6품 인성교육

청소년과 놀이문화연구소 전국재

Σ 시그마프레스

놀이로 하는 정6품 인성교육

발행일 2016년 2월 22일 1쇄 발행
         2017년 1월 9일 2쇄 발행

지은이 전국재
발행인 강학경
발행처 (주)시그마프레스
디자인 강영주
편집 이지선

등록번호 제10-2642호
주소 서울특별시 영등포구 양평로 22길 21 선유도코오롱디지털타워 A401~403호
전자우편 sigma@spress.co.kr
홈페이지 http://www.sigmapress.co.kr
전화 (02)323-4845, (02)2062-5184~8
팩스 (02)323-4197

ISBN 978-89-6866-680-3

널리 인간을 이롭게 한다는 '홍익인간'을 건국이념으로 하여 세워진 우리나라의 교육목적은 오늘에 이르기까지 언제나 전인교육이었습니다. 무엇보다도 사람다운 사람으로 세우는 덕육德育을 제일 중요하게 보았습니다. 그다음이 건강한 신체를 갖추는 체육體育이고, 마지막이 지식을 가르치는 지육智育이었습니다. 사람다운 인품과 덕목을 갖춘 다음 건강한 신체를 이루고 나서, 그 위에 지식을 쌓도록 해야 한다고 보았습니다. 그래야 개인은 물론이고 이웃과 국가에 이로운 사람을 기대할 수 있다고 보았던 것입니다.

그런데 부끄럽게도 오늘날 교육현실은 이와는 너무나 달라져 버렸습니다. 학교에서는 덕육과 체육은 설 자리를 잃어버리고 말았습니다. 유독 지식 위주의 암기식 교육만 강조되고 있는 실정입니다. 교육목적이 변질되어 방향을 상실해 버린 결과, 청소년 비행, 패륜적 범죄, 학교폭력이 극에 달했고 집단따돌림, 자살, 우울증을 앓는 청소년들이 급증하고 있습니다. 게다가 세월호 참사로 인해 삼백여 명이 넘는 청소년들이 목숨을 잃는 등 끔찍한 비극이 끊이질 않고 있습니다.

이에 다급해진 정부는 인성교육진흥법을 제정하고 시행령(2015.7.21)을 발표하기에 이르렀습니다. 하지만 교육 현장에서는 이를 반기기보다는 오히려 우려하는 목소리가 큽니다. '또 그 얘기야?'라는 냉소적인 반응을 보이는 교사들이 의외로 많다는 얘기지요. 지금까지 인성교육에 관한 법령과 정책들이 번번이 실패를 반복해 왔기도 했으려니와 이번에도 법만 선언적으로 제정되었을 뿐 여전히 실천적 대안이 보이지 않기 때문입니다.

어쨌거나 이제는 더 이상 주저하고 있을 수만 없습니다. 상황이 너무나 시급합니다. 이제야말로 상급학교 진학이 목적이 되어 버린 교육에서 단호히 벗어나야 합니다. 청소년들에게 인간다운 덕목과 품성, 올바른 가치관, 그리고 고결한 윤리의식을 가르치고 그들이 책임 있는 사회인으로 성장할 수 있도록 하기 위한 교육으로 돌아가야 합니다. 단순히 지식 전달 교육은 무의미한 정도가 아니라 위험한 시대에 우리는 살고 있습니다. 마음만 먹으면 누구나 쉽게 획득할 수 있는 정보들을 악용하여 저지르는 끔찍한 범죄사건 사고들을 우리는 보고 있지 않습니까? 오늘과 같은 첨단 정보화시대에 인성교육은 교육의 주요한 일부분으로 다루어서는 안 됩니다. 궁극적인 목적인 동시에 전부가 되어야 합니다.

나는 일평생 놀이를 실험 연구해 오면서 놀이에 모든 해답이 있다는 놀라운 사실을 발견할 수 있었습니다. 청소년들은 집단에서 다른 사람들과 친밀하고 신뢰할 수 있는 인간관계를 맺어 나가는 가운데 건강한 자아개념을 형성해 나갑니다. 그러면서 그들은 스스로 올바른 품성과 덕목들을 계발해 나갑니다. 이러한 점에서 건강한 공동체생활 경험은 필수적입니다.

이 책을 저술하며 목적은 어린이들이 1년 동안 생활하게 될 학교와 학급에서 이러한 즐겁고 행복하며 건강한 공동체를 경험할 수 있도록 하기 위한 데 있습니다. 인성교육은 누가 가르쳐서 절대로 실현될 수 없습니다. 학생들이 건강한 공동체에서 생활해 나가면서 인간다운 품성과 덕목들을 스스로 체득해 나가도록 하는 길밖에 없습니다. 이 책의 특징은 어린이들이 즐거운 놀이를 하면서 자발적으로 학급을 진솔한 만남·사귐·나눔·섬김·돌봄·믿음이 있는 행복한 학급 공동체로 만들어 나가도록 했다는 데 있습니다. 선생님은 탁월한 놀이지도자가 아니어도 됩니다. 단지 놀이정신을 가지고 어린이들이 중심이 되어서 행복한 학급 공동체를 만들어 나가기를 기대하는 마음가짐만 있으면 충분합니다. 분명한 사실은 놀이가 즐거운 학급 공동체를 만들어 주며, 어린이들은 놀이를 하면서 건강한 자아개념 형성과 다른 사람과 더불어 살아가는 데 필요한 덕목과 품성, 가치관, 꿈 등을 키워 나가도록 도와준다는 것입니다.

나는 지금까지 수십 년 동안 청소년들과 캠핑, 동아리활동 등 집단활동을 지속적으로 해 왔습니다. 그러면서 단지 며칠 동안의 집단활동이었는데도 놀라운 변화를 보이고 극적인 치유가 이루어지는 청소년들을 수없이 보아 왔습니다. 그런데 한번 상상해 보세요. 학급에서의 1년은 어떤 문제가 있는 어린이더라도 도움을 줄 수 있는 충분한 시간이 아니겠습니까? 이런 학급을 만들기를 꿈꾸며 어린이들을 사랑하는 선생님들이 어린이들과 함께 건강한 학급(학교) 공동체를 이루어 나가면서 스스로 인성교육을 실현하고자 하는 '놀이로 하는 정6품 인성교육 운동'에 많은 분들이 동참할 수 있게 되기를 기대합니다.

마지막으로 뜻을 함께하고 있는 청소년과 놀이문화연구소 동지들과 이 글을 온 정성을 담아 충실한 책으로 편집해 주신 이지선님, 그리고 사랑하는 아내에게 깊은 감사의 마음을 전합니다.

전 국 재
청소년과 놀이문화연구소 소장

참고

이 책에 들어 있는 모든 놀이는 나의 저서인 〈구조화된 놀이상담 시리즈〉(시그마프레스)와 〈전국재의 놀이백과 시리즈〉(시그마북스)에서 인용한 것입니다. 놀이들은 각자 3개의 숫자로 이루어진 고유번호를 가지고 있습니다. 첫 번째 숫자는 시리즈 종류를 뜻하는 것으로 그중 1은 〈구조화된 놀이상담 시리즈〉이고 2는 〈전국재의 놀이백과 시리즈〉를 나타냅니다. 두 번째 숫자는 해당 시리즈에서 몇 권째 책이라는 것을 나타냅니다. 마지막 세 번째 숫자는 해당 책에서 몇 번째 놀이라는 뜻입니다. 예를 들어, 1.1-85는 〈구조화된 놀이상담 시리즈〉(1)에서 1권째 책인 '놀이로 여는 집단상담기법'(1)에서 85번에 있는 '알쏭달쏭' 놀이라는 뜻입니다. 한 가지 더 예를 들어 보겠습니다. '날아다니는 동전'이라는 놀이의 고유번호는 2.1-191입니다. 이 놀이는 〈전국재의 놀이백과 시리즈〉(2)의 '실내에서 즐기는 놀이 192'(1)에서 191번에서 찾을 수 있습니다. 이렇게 고유번호를 부여한 이유는 출처를 밝히는 데 있는 것만 아니라 독자들께서 스스로 창의적으로 프로그램을 만들어 사용할 수 있도록 지지하고 권유하려는 데 있습니다.

| 일러두기 |

초등학생 어린이들을 대상으로 하는 인성교육 매뉴얼인 이 책에서는,
1. 청소년과 학생을 어린이와 동의어로 사용하고 있습니다.
2. 교사와 지도자를 동의어로 혼용하고 있습니다. 집단지도자도 마찬가지입니다.

1부. 이론적 배경

1.1 ┊ 놀이 이해   002

01 놀이 연구에 대한 역사 개관   002

02 놀이의 정의   003

03 놀이의 교육적 의의   008

04 민속놀이가 들려주는 12가지 지혜   016

1.2 ┊ 놀이와 인성교육   025

01 인성교육에 대한 성찰   025

02 인성교육, 놀이에 해답이 있다   027

03 화랑도 : 놀이로 하는 완벽한 인성교육의 위대한 유산   031

04 인성교육을 위한 네 가지 필수조건   035

1.3 ┊ 정6품 인성교육   054

1.4 ┊ 구조화된 놀이   063

01 구조화된 놀이의 개념   063

02 집단과정에서의 구조화된 놀이   068

03 집단의 발달과정   071

2부. 실제편

2.1 : **학급 초기에 꼭 풀어야 할 과제** 088

01 건강한 학급을 만들기 위한 두 가지 약속 : 경청하기와 시간 지키기 088

02 '경청하기'와 '시간 지키기'의 중요성 090

2.2 : **여는 놀이** 096

01 모두 쉽게 할 수 있는 놀이 097

우린 짝꿍이야 / 쥐와 고양이 / 물건 빼앗기 / 종이 빼앗기 / 손등 치기
내 코, 내 귀

02 이름 소개하기 놀이 103

몸짓으로 이름 소개하기 / 이름 잇기 / 이름으로 삼행시
공이 오가며 나누는 인사 / 실타래 돌리기 / 찍기 / 이름표 / 이름 엮기
몸으로 말해요 / 동물농장 / 내 이름에 한 가지 더

03 함께 노래 부르기 112

앞으로 / 안마사 / 산토끼

04 재치 · 유머 놀이 115

가라사대 / 토끼와 거북이 / 박수치기 / 뻔데기 / 청개구리

05 학급을 여는 활동 117

우리들의 약속 정하기 / 마음씨앗

2.3 자발성을 촉진하는 놀이   124

종이테이프 붙이기 / 내가 누구입니까? / 우째 좀 난처하네요! / 이름 훔쳐보기
쏟아진 과일바구니 / 자서전 / 빨리 풀어오세요

2.4 신뢰 쌓기 놀이   136

마주 서서 함께 앉고 일어서기 / 천막치기 / 반전하기 / 서로 의지하고 받쳐주기
아! 편안해! / 엉킨 실타래 풀기 / 의지하고 받아주기 / 홀쭉이와 뚱보
탑 쌓기로 짝짓기

2.5 협동놀이   151

숨은 그림 찾기 / 함께 공 던져서 받기 / 알쏭달쏭 / 막대기를 지켜라
외나무다리 / 줄줄이 묶어 / 지구는 만원 / 날으는 양탄자 / 집 찾아가기

2.6 대화놀이   165

조해리의 창 / 만나서 반가워요 : 대인관계 및 의사소통 프로그램 / 2분 연설
당신을 아는 기쁨 / 나만이 가진 특징 / 포근한 자리 / 나는 멋쟁이
뜨거운 의자 / 꿈의 의자

2.7 교실놀이   185

짝짓기 놀이 / 수건 돌리기 / 토끼와 농부 / 삿치기삿치기사뽀뽀 / 날아다니는 동전
이웃을 사랑하십니까? / 풍선 터트리기 / 풍선 밟기 / 풍선농구 / 십자 풍선배구
돌 싸움 / 세 번 돌고 절하기 / 사과와 이쑤시개 / 빨대로 과자 나르기
스무고개 / 특별한 만남 / 웃기는 사람들

2.8 운동장 놀이   201

01 공 놀이   202

보디가드 / 원 피구 / 얼음놀이 / 삼각대 쓰러뜨리기 / 찜뽕
독 안에 든 쥐 / 훌라후프 연결하기 / 도깨비 혼내주기 / 골목대장

02 잡기 · 치기 놀이   210

오재미 낚아채기 / 대문 닫기 / 큰길과 오솔길 / 도깨비 방망이
바가지 돌리기 / 무지개축구 / 얼음 땡 / 아이를 찾습니다 / 동물 나라
동그라미 밟기 / 돌아 돌아 / 쥐새끼를 잡아라 / 무릎싸움

03 이어달리기 놀이   220

엿 먹이기 / 번호 바꾸기 / 뒤집어쓰기 / 지네 행렬 / 감자 골프 / 물 나르는 처녀
다람쥐 쳇바퀴 / 럭비공 굴리기 / 깡충깡충 / 징검다리 / 깡통 치기 / 보물 캐기
풍선 쓸기

2.9 ⋮ 골목놀이   227

우리 속 호랑이 / 발자국 뛰기 / 뒷씨름 / 오리망 / 굴 빠지기 / 각도기 사방치기
돌아잡기 / 이사 가는 날 / 토끼 꼬리 / 누구지? / 오재미 넣기 / 토끼와 사냥꾼
겨울잠 자는 곰 찾기 / 물고 물리고 / 새 나라의 어린이 / 문어들의 사냥
저 돼지 누구고? / 오재미 훔치기 / 선녀와 요정 / 한밤중에 도둑 / 자리 차지하기
가로지르기 / 콩 다섯 알 / 알까기 / 여우꼬리

2.10 ⋮ 민속놀이   243

빵 다섯 발 / 숨바꼭질 / 무궁화 꽃이 피었습니다 / 여우야 여우야 뭐하니?
깡통 차기 / 꼬리잡기 / 게줄다리기 / 우리 집에 왜 왔니 왜 왔니? / 장치기
쥐불놀이 / 까막잡기 / 해바라기 / 진놀이 / 기마전 / 혹뿔 놀이 / 깨금 싸움
7자 놀이 / 돼지불알

2.11 ⋮ 환경 · 생태놀이   263

고기잡이 / 토끼와 사냥개 / 먹이사냥 / 동물 이름 맞히기 놀이
조약돌을 찾아라 / 발뒤꿈치 치기 / 때려잡자 / 나무꾼과 천사 / 나는 누구일까?
공으로 하는 어 · 조 · 목 / 그것을 찾아라 / 동물 모양을 만들어 봅시다
동물 가족 / 반달 사냥 / 매와 꿩 놀이 / 계절 탐색 / 한밤중 놀이
장미꽃과 나비 / 새와 포유동물 / 다람쥐와 밤

2.12 ⋮ 북한 어린이 놀이 278

돌아오기 타구 / 곧바로 치기 타구 / 비석치기 / 산가지놀이 / 100점 따기 타구
월화수목금토일 / 하늘밭 망차기 / 구슬치기 / 가위 말차기
알 맞혀 먹기 놀이 / 손 자치기

2.13 ⋮ 특별활동 291

01 놀이로 하는 봉사활동 291

장보고 돌보고(벼룩시장) / 놀이마당 / 마을장 / 내 건강한 몸으로
일만 미터 걷기

2.14 ⋮ 닫는 놀이 299

멋진 성품을 선물하기 / 행복한 선물 나누기 / 하나로 뜻 모아
세상에서 단 하나뿐인 상

부록 307
참고문헌 315

01부

이론적 배경

1.1 놀이 이해

1.2 놀이와 인성교육

1.3 정6품 인성교육

1.4 구조화된 놀이

01 : 놀이 연구에 대한 역사 개관

놀이에 대한 관심은 오래전부터 있어 왔습니다. 아리스토텔레스는 놀이를 그 자체가 목적인 활동이라고 하였으며, 플라톤은 놀이를 인간의 가장 성스러운 행위라고 하였을 정도로 중요하게 보았습니다. 하지만 놀이는 오랫동안 무의미하고, 하찮고, 게으른 짓으로 외면당해 왔으며 죄악으로 여겨지기도 하였습니다. 그러다가 17세기로 들어와 코메니우스부터 시작하여 루소, 페스탈로치, 프뢰벨 등이 놀이의 가치를 인식하게 되면서 아동과 연관하여 이에 대한 연구가 본격적으로 이루어지기 시작했습니다.

놀이의 관한 최초의 가설이 19세기 중반에서 20세기 초에 제기되었는데 이를 고전 놀이 이론이라고 합니다. 대표적인 이론으로 스펜서의 잉여에너지 이론surplus energy theory, 그루스의 연습 이론practice theory, 홀의 반복 이론recapitulation theory, 그리고 패트릭의 휴식 이론relaxation theory 등이 있으며 이들은 모두 진화론에 영향을 받았습니다.

스펜서는 진화가 덜 된 하등동물일수록 생존을 위한 에너지를 더 많이 소모하고, 고등동물일수록 에너지가 덜 들어서 남아도는 잉여에너지가 축적된다는 것입니다. 이렇게 내부에 축적된 잉여에너지는 외부로 분출해야 하는데 '증기가 뿜어 나오듯이' 배출되는 것이 놀이라고 하였습니다. 그루스는 놀이를 성년기에 필요한 기술을 연습하며 익히기 위한 준비라고 보았습니다. 동물은 변화하는 환경조건에 잘 적용해야 생존할 수 있는데, 놀이는 그 생존에 필요한 기술을 연습하여 익히기 위한 본능적인 행동이라는 것입니다. 심리학자 홀은 아동은 배아기embryo의 원생동물류에서 인간에 이르는 진화의 전 과정을 밟는다고 하였습니다. 아동은 연령에 따른 변화와 특징에 따라 원생동물류에서 인간으로 이르기까지의 진화과정을 반복하는 것이 놀이행동이라는 것입니다(Garvey, 1989; Millar, 1984; Caillois, 1994).

패트릭은 놀이는 인간이 정신적으로 피로감을 느끼고 스트레스를 받아서 휴식하고 싶을 때 한다고 하였습니다. 현대인들이 일상에서 가지는 긴장과 피로를 풀기 위해 뛰기, 달리기, 던지기 등과 같은 운동과 레크리에이션을 하는 것이라고 주장하였습니다. 이상의 고전 놀이 이론들은 놀이의 원인과 기능을 이해하고자 하였으나 '놀이가 무엇인가?'라는 근본적 물음에 대해서는 기여하지 못했습니다. 이밖에 독일 사상가인 실러는 인간의 미적 교육(1795)에서 놀이를 힘power을 저장하는 것으로 보고 인간은 인간일 때만 놀고 있으며, 놀고 있을 때에만 참 인간이 된다고 하였습니다. 라자러스는 놀이가 능동적인 오락 recreation으로 원기 회복 활동이라고 하였는데 이는 패트릭의 견해와 흡사합니다(Millar, 1984: 11, 12).

발전된 현대 놀이 이론들은 1920년대 피아제로부터 시작되었습니다. 그는 놀이가 아동의 인지발달에 필수적인 요소라는 사실을 밝혔습니다. 감각 운동적 단계로부터 시작하여 인지발달이 평형을 이루어 가는 과정에서 놀이가 발달하며 놀이를 통해서 아동은 사회적·도덕적 규율까지 자연스럽게 익히게 된다는 사실을 밝혀냈습니다. 피아제의 인지발달 이론을 시작으로 1970년대부터 아동의 놀이에 대한 연구와 이론이 폭발적으로 증가하였습니다.

02 : 놀이의 정의

놀이에 대한 여러 가지 정의[1]들이 있습니다만, 여기서는 네덜란드의 문화사학자 하위징아와 프랑스의 사상가 로제 카이와의 정의를 중심으로 알아보기로 하겠습니다. 하위징아는 그의 저서 '놀이하는 인간'이라는 뜻의 호모 루덴스(김윤수 역, 1997)에서 놀이를 인간의 존재와 행위 양식의 본질이라고 강조했습니다. 놀이가 문화에 속한 것이 아니라 문화 자체가 놀이의 성격을 가지고 있다고 하였습니다. 모든 형태의 문화는 놀이에 기반을

---

1 놀이는 잉여 에너지의 맹목적인 소비이다(Schiller).
  놀이는 어린이가 원해서 하는 활동이다(Gulick).
  놀이는 인간의 가장 순수한 정신적 활동이다(Froebel).
  놀이는 어린이의 삶 자체인 동시에 세상을 이해하는 수단이다(Issacs).
  놀이는 자유롭고 목적이 없으며 즐겁고 재미있는 활동이다(Lazarus).
  놀이는 어떤 결과를 위해 의도적으로 행하는 것이 아닌 모든 활동을 지칭한다(Dewey).

두고 있으며, 인간의 공동생활 자체가 놀이의 형식을 띤다는 것입니다. 놀이는 결코 단순한 즐거움이나 소일거리가 아니며 인간의 이성과 밀접하게 결부되어 있으면서도 순수한 이성의 작용과는 구분되는 별개의 작용을 한다고 하였습니다. 합리의 범위로부터 튀어나오는 것으로 규격화되어 있지 않으며, 무엇보다도 자발성 및 자유성과 함께 정신의 긴장, 평형, 질서를 필요로 하는 문화를 생성하고 문화를 선행하는 원동력이라는 것입니다.

다음은 하위징아가 놀이를 정의한 것입니다.

"놀이는 어떤 고정된 시간과 공간의 한계 안에서 수행되는, 그리고 자유롭게 받아들여진, 그러나 절대적 구속력을 갖는 원칙에 따라 수행되는 자발적인 행위 또는 일로서 그 자체에 목적이 있으며, 또 거기에는 어떤 긴장감과 즐거움이 따르고, '일상생활'과는 '다른' 것이라는 의식이 따른다."(Huizinga, 1993: 47, 48)

하위징아와 대부분 맥을 같이 하는 로제 카이와[2]는 놀이에 대해 다음과 같이 정의하였습니다(Caillois, 1994: 34).

① 자유로운 활동 : 놀이하는 자가 강요당하지 않는다. 강요당하면 곧바로 놀이는 마음을 끄는 유쾌한 즐거움이라는 성질을 잃어버린다.
② 분리된 활동 : 처음부터 정해진 명확한 공간과 시간의 범위 내에 한정되어 있다.
③ 확정되어 있지 않은 활동 : 게임의 전개가 결정되어 있지도 않으며, 결과가 미리 주어져 있지도 않다. 생각해 낼 필요가 있기 때문에 어느 정도의 자유가 놀이하는 자에게 반드시 남겨져 있어야 한다.
④ 비생산인 활동 : 재화도 부도 어떠한 새로운 요소도 만들어 내지 않는다. 놀이하

---

2 하위징아는 또 다른 정의에서 "놀이는 허구적인(fictive) 것으로서 일상생활 밖에 있음에도 불구하고, 놀이하는 자를 완전히 사로잡을 수 있는 자유로운 행위로 간단하게 정의할 수 있다. 그것은 어떠한 물질적 이익도 효용도 없는 행위로서 명확하게 한정된 시간과 공간 속에서 행해지며, 주어진 규칙에 따라 질서 정연하게 진행되는데, 기꺼이 자신을 신비로 둘러싸거나 아니면 가장(假裝)을 통해 평상시의 세계와는 무관하다는 것을 강조하는 집단관계를 생활 속에 생기게 한다."고 하였습니다. 이에 대해 카이와는 놀이가 '어떠한 물질적 이익도 효용도 없는 행위'라는 부분에 대해 이견을 제기하였습니다. 좋고 나쁨을 떠나 도박 따위를 설명할 수 없다고 지적하였습니다. 하지만 도박에서 돈이 오갈 뿐이지 총액은 그대로이므로 하위징아의 주장이 틀리지 않는다며 그의 주장에 동의한다고 하였습니다(Caillois, 1994: 27, 28).

는 자들 간의 소유권의 이동을 제외하면 게임 시작 때와 똑같은 상태에 이른다.

⑤ 규칙이 있는 활동 : 약속이 따르는 활동이다. 이 약속은 일상의 법규를 정지시키고 일시적으로 새로운 법을 확립하며, 이 법만이 통용된다.

⑥ 허구적인 활동 : 현실생활에 비하면 이차적인 현실 또는 명백히 비현실이라는 특수한 인식을 수반한다.

하위징아와는 다르게 카이와는 놀이 자체에 대한 연구와 분류에 관심을 기울인 것 외에는 놀이에 대한 이해가 상당히 일치합니다. 다음은 두 학자가 공통적으로 이해하고 있는 놀이의 속성을 정리한 것입니다.

① 놀이는 현실세계가 아닌 허구적인 또는 가상의 세계에서 이루어진다(허구성).

② 놀이는 놀이하는 자가 내적 동기에 따라 하는 자유로운 활동이다(자기주도성).

③ 놀이는 진지하다.

④ 놀이는 명확하게 한정된 공간과 시간에서 이루어진다.

⑤ 놀이는 놀이 자체가 목적이 되는 재미있는 활동이다(무목적성).

⑥ 놀이는 비생산적인 활동이다(비생산성).

⑦ 놀이는 절대적 영향을 미치는 엄격하고 일관된 규칙이 있다.

⑧ 놀이는 결과가 정해져 있지 않으므로 과정이 더 중요하다.

⑨ 놀이하는 자는 언제라도 임의로 놀이를 시작하고 그만둘 수 있다.

⑩ 놀이는 종결되고 나서도 놀이에서의 경험과 느낌이 현실세계에서 그대로 지속되려는 경향이 있다.

레비는 아동만이 아니라 성인들의 놀이행동을 인간 행동의 내적·외적 동기 모형의 관점에서 연구하였습니다. 놀이는 외적인 힘이 아니라 내적 동기에 의해 이끌리는 자유로운 행동이며 타인과 환경에 반응한다고 하였습니다. 다음은 그가 제시한 놀이의 준거 세 가지입니다.

1) 내적 동기

놀이행동의 두드러진 특성인 내적 동기는 내적 활동에 몰입하려는 추동drive으로서, 유기체나 활동 내부에 기원을 두고 생깁니다. 놀이 활동은 어떤 목적이 없으며 '놀이 그 자체를 위해서' 혹은 단지 '즐거워서' 하는 행동입니다. 놀이에 외적 보상이 개입되면 내적 동기intrinsic motivation가 손상을 받게 되고 놀이하는 자는 즐거움을 잃어버리고 몰두하는 정도가 감소됩니다. 레비는 외적 보상이 전혀 불필요하다고 보지는 않았습니다. 승패의 결과에 따라 외적 보상이 주어지게 되더라도 궁극적으로는 합이 영이 되는 결과를 낳게 된다는 것입니다. 내적으로 동기화된 사람은 외적 보상을 기대하는 사람보다 내적으로 보상받게 되고 더 큰 즐거움을 얻습니다.

그는 내적 동기에 의한 내적 경험을 칙센트미하이의 몰입flow으로 설명하였습니다. 몰입은 자신의 행동이나 느낌을 인식하지 못하고 자신이 활동에 완전히 빠져 있는 상태입니다. 이러한 몰입상태에 있는 사람들은 활동에 대한 최적의 정보를 가지게 되고 이를 처리하게 된다는 것입니다. 이러한 상태는 놀이 이론가들마다 다른 용어를 사용하고 있습니다. 즉 매슬로는 의식의 협소화narrowing of consciousness, 칙센트미하이는 주의 집중centering of attention, 이밖에 각성arousal, 인식epistemic, 감각적 평형sensoristasis 등이 있습니다. 레비는 이러한 최적의 정보처리가 완전 예측 가능한 것은 아니라고 하였습니다. 이와는 반대로 놀이행동은 최고의 동기인 긴장과 불확실성이 따르는 활동을 추구하는 맥락에서 검토되어야 한다고 하였습니다. 이러한 몰입상태에 있던 사람이 자기 의식과 행동을 인식하게 되는 순간 놀이행동의 내적 특성은 사라지게 됩니다.

내적 동기 원리는 다음과 같습니다.

① 내적 요인들은 자아실현, 자아성취 및 자존감self-esteem 등을 갖게 한다.
② 자존감에 대한 만족은 자신에 대한 신뢰 · 가치 · 힘 · 능력 · 적합성 등의 느낌을 갖게 한다.
③ 외적 요인들은 불만 또는 부정적이고 회피적인 측면과 연관되어 있다.
④ 외적 요인들은 불만을 예방하기는 하나 긍정적인 태도를 기르는 데는 거의 효과가 없는 것으로 생각된다.

⑤ 마찬가지로 내적 요인들의 감소는 만족감을 감소시키는 효과는 있으나 불만이 생기게 하지는 않는다.

⑥ 따라서 정신건강을 증가시키는 오락의 주요 역할은 내적 욕구의 만족에 기여할 수 있는 경험을 증대시키고 계획하게 만드는 잠재 능력에 있다. 마찬가지로 정신병은 개인의 내적 욕구를 만족시킬 수 있는 오락 활동을 찾지 못하는 것과 밀접하게 관련되어 있다.

⑦ 기본적인 가정의 하나로서 정신건강과 정신병은 적응의 두 가지 독립적인 차원이며 건강과 질병의 정도는 개인의 외적 욕구, 또는 내적 요구의 일차적 만족에 대한 성향을 반영한다.

2) 현실감의 부재

레비는 하위징아가 말한 놀이의 '허구성'을 '현실감의 부재'suspension of reality라고 설명하였습니다. "현실감의 부재란 현실적인 장의 상실을 뜻하며, 잠시 환상적인 자아나 상상적인 자아를 수용하는 것이다. 사람들은 가작화make-believe의 형태를 통해 현실세계로부터 자유를 얻고 규칙, 역할, 기대 등이 없는 현실적 자아의 상실을 경험할 수 있다." 현실로부터의 이탈은 인간으로 하여금 자신의 능력과 인간적인 힘을 시험해 볼 기회를 제공해 주며, 이에 따라 자아와 환경을 더 강하게 인식할 수 있다고 하였습니다.

3) 내적 통제 신념

내적 통제 신념internal locus of control이란 사람들이 자신의 행동과 행동의 결과를 스스로 통제하고 있다고 지각하는 정도입니다. 내적 통제자는 개인이 무엇을 하든지 스스로 선택하고 스스로 원하기 때문에 하는 것이고 이에 대한 책임도 스스로 지는 경향이 뚜렷합니다. 내적 통제자(또는 집단)는 외적 통제자(집단)보다 여가와 일, 이 두 가지를 더 만족스럽게 생각하는 까닭은 자신의 운명을 통제하고 있다고 믿으면서 사회화된 사람들은 대체로 자신의 삶에 대해 만족스럽게 생각하고 있기 때문입니다. 그들은 외부에서 주어지는 규칙, 통제, 상벌 등에 의존적이지 않고 영향을 받지도 않습니다. 내적 동기에 의해 스스로 선택하여 한 행동에 대한 내적 보상에만 관심이 있을 뿐 외적 보상을 기대하지 않습니다(Levy, 이은해 역: 11-32).

레비는 인간을 가장 창의적이고 심오한 특성을 계발하도록 돕는 역동적인 과정이 이상의 세 가지 특징을 가진 놀이행동이라고 하였습니다. 다음의 그림은 놀이행동을 통한 '개성의 계발'unfolding of individuality을 도형으로 설명한 것입니다.

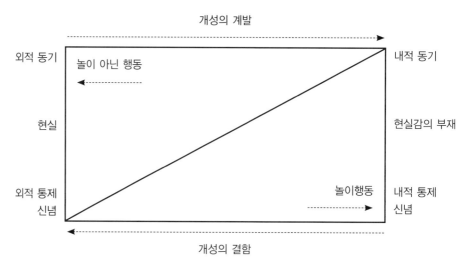

놀이행동 : 개성의 계발(Levy, 1990)

03 : 놀이의 교육적 의의

놀이 연구는 일반적으로 '놀이를 하는 과정' 자체를 교육play as education으로 보는 관점과 놀이를 교육의 도구와 과정play in education으로 보는 두 가지 관점이 있습니다. 교육·문화에 우선하는 놀이는 순히 교육의 도구와 과정으로만 사용되는 것이 아닙니다. 놀이는 교육에 선행하며 놀이가 교육입니다. 놀이를 올바로 하게 된다면 놀이의 탁월한 교육적 기능이 어린이에게 직접 영향을 미치게 됩니다. 다음은 카플란이 놀이의 교육적 기능을 요약한 것입니다.

① 놀이의 힘은 비범하고 대단히 진지한 것이다.
② 놀이시간은 성장을 돕는다.
③ 놀이는 자발적인 활동이다.

④ 놀이세계에서는 유아 자신이 결정권자이며 놀이의 지배자이다.

⑤ 놀이는 아동에게 활동의 자유를 부여한다.

⑥ 놀이는 아동이 다스릴 수 있는 상상의 세계를 제공해 준다.

⑦ 놀이는 모험의 요소를 가지고 있어서 아동의 자발적인 경이감과 탐색적 시도를 유발하는 불확실성과 도전을 내포하고 있다.

⑧ 놀이는 언어습득의 기초를 제공한다.

⑨ 놀이는 대인관계를 형성하는 독특한 힘을 가지고 있다.

⑩ 놀이는 신체적 능력을 숙달시키는 기회를 제공한다.

⑪ 놀이는 흥미와 주의집중 능력을 신장시킨다.

⑫ 놀이는 아동이 물질세계를 탐색해 나가는 방법이 된다.

⑬ 놀이는 성인의 역할을 학습하는 방법이 된다.

⑭ 놀이는 항상 역동적인 학습방법이다.

⑮ 놀이는 아동의 판단력을 돕는다.

⑯ 학교학습은 놀이를 통해서 구체화할 수 있다.

⑰ 놀이는 중요한 활력소의 역할을 한다. 놀이 활동은 성인뿐 아니라 아동에게도 신경생리적으로 중요한 영향을 미친다(Caplan, 1993: 14-20).

나는 아직까지도 '놀이가 이것이다'라고 분명하게 정의하지 못하고 있습니다. 일평생 놀이를 이해하고자 노력해 왔고 저서도 수십 권을 펴내기도 했습니다. 놀이가 왜곡된 교육을 시정하고 청소년을 살릴 수 있는 유일한 대안인 것은 분명한 사실입니다. 그런데도 놀이를 제대로 정의하지 못하고 있는 것은 반드시 무식해서만은 아닙니다. 놀이세계가 하도 넓고 심오해서 알아 갈수록 모르는 것이 더 많아지고 있어서입니다. 미흡하지만 내가 이해하는 놀이의 교육적 의의를 간단하게나마 나누고자 합니다.

1) 놀이의 허구성

놀이는 일상적 또는 실제가 아닌 허구의 세계에서 이루어집니다. 분명히 놀이는 현실세계와 따로 구분되어 있습니다. 놀이에 폭 빠져 정신없이 놀고 있는 어린이의 모습을 보면 쉽게 이해할 수 있습니다. 예를 들어, 소꿉놀이를 하는 아이는 자기가 마치 엄마, 아빠,

언니, 그리고 아기인 것처럼^{as if} 놉니다. 아이는 단지 '~하는 척'하고 있는 것이 아닙니다. 엄마, 아빠, 언니, 그리고 아기를 자유롭고 넘나들면서 실제로 그들이 되어 있습니다. 벽돌을 돌로 으깨어서 만든 빨간 벽돌가루가 놀이에 빠진 아이에게는 진짜 고춧가루가 됩니다. 때로는 '~하는 척'하고 있음을 인식하더라도 놀이에 완전히 몰입하지 못하게 하지는 못합니다. 놀이하는 순간 아이는 단지 '~하는 척'하는 느낌에서 완전히 벗어나게 됩니다. 놀이가 허구적이라는 것은 놀이의 비현실성을 나타내는 것이지 가짜라거나 거짓이라든가 무의미한 허튼 짓이라는 뜻이 아닙니다. 놀이에 폭 빠져 있는 어린이를 '정신 나갔다', '제 정신이 아니다' 또는 '딴 세상에 가 있다'라고 하는데 이것은 놀이세계가 따로 있음을 반영하는 것입니다. 놀이는 현실세계에서 벗어나 저절로 또는 의도적으로 구획되어진 제한된 공간에 빠져들어 그 안에서 절대적인 영향을 미치는 고유한 규칙과 질서에 따라 하는 행동입니다.

그러면 '허구적'인 놀이가 청소년들에게 중요한 이유는 무엇일까요? 유년기에 '허구적'(또는 '가상의')인 놀이세계를 충분히 경험해 보지 못하고 자라게 되면 장차 꿈, 이상, 비전을 가진 진취적이고 건강한 인간으로 성장하지 못하게 됩니다. 놀이하는 자는 허구세계에서 주인공이 되어 현실세계를 초월하는 초현실적인 느낌, 생각, 행동을 맘껏 하면서 자기만의 특별한 방법으로 경험을 합니다. 비현실적인 놀이는 동심 또는 어린이 세상과 같습니다. 놀이는 생애 발달주기마다 반드시 해 보고, 느끼고, 경험해 보아야 하는 활동입니다. 동화·동시·동요가 어린이들에게 중요한 이유가 여기에 있습니다. 어린 시절 비현실적인 놀이세계에서 충분히 놀아 보지 못하고 자란 청소년들이 비전·자유·이상과 같은 이상향을 향유하기는 매우 어렵습니다. 비현실 세계에서 가진 놀이 경험은 허황된 것이 아니라 오히려 현실을 초월하여 보다 의미롭게 살아가게 하는 힘이 되어 줍니다.

인본주의 심리학자인 올포트는 신경증적인 사람들은 일반적으로 자기를 일관성 있게 이끌어 주는 꿈·희망·이상·열정이 결여되어 있다고 하였습니다. 프랭클은 신경증 환자들의 특징을 무의미·무의도·무목적·공허감이라고 하였습니다. 사람을 가치 있게 하는 꿈·비전·희망·기적·열정·이상은 현실세계에서는 비현실적입니다. 이것들은 오히려 비현실 세계인 놀이에서 경험하면서 획득하고 발전시킬 수 있는 것입니다. 분명한 사실은 비현실적인 고백이 현실을 살아가는 사람들에게 초월적인 삶을 살아가게 해 주는 힘이 된다는 것입니다.

죽은 시인의 사회라는 영화에는 학생들이 은밀히 찾아가는 동굴이 나옵니다. 학생들은 매일 밤 교사의 눈을 피해 학교 담장을 넘어서 아지트인 동굴에 모였습니다. 학생들은 거기서 학교에서는 할 수 없었던 일탈 행동을 하기도 했습니다. 그 동굴은 심리학자 트루니에가 그의 저서 비밀(소승연 역, 2005)에서 말하는 아이들의 비밀스러운 자리입니다. 트루니에는 어린이들이 성장하면서 자기만 아는 비밀을 가지기 시작하는데, 이러한 비밀은 아이가 독립적인 인간으로 성장하는 데 필수적이라고 하였습니다. 자식이 비밀을 가지기 시작한 것을 알게 된 부모는 이를 서운해하거나 거짓말을 한다고 오해하기 쉽습니다. 하지만 아이가 비밀을 갖기 시작했다는 것은 독립적인 인간으로 성장하게 되었다는 예증이므로 부모가 이를 캐묻지 말고 존중해 주어야 한다고 하였습니다. 어린이에게 비밀은 자기만의 세계이며 거기서 진정한 자기가 되어 갑니다. 죽은 시인의 사회의 동굴과 트루니에의 비밀은 바로 청소년들의 놀이입니다.

사례 나는 캠프에서 틱 장애Tick Disorder를 가진 청소년들이 지지적이고 안전한 공동체에 빠져드는 순간 놀랍게도 틱 증상에서 벗어나는 모습을 자주 목격하고 있습니다. 평소 부모의 강압적인 양육과 과도한 학업부담 등으로 인한 스트레스 때문에 틱 장애가 나타났던 것인데 놀이세계로 빠져들면서 현실세계에서 겪고 있는 틱 장애에서 무의식적으로 벗어나는 기적이 일어나게 되던 것입니다.

2) 내적 동기에 의해 발현된 자발성

놀이는 놀이하는 자가 자발적으로 하는 것이지 강제로 시켜서는 도무지 할 수 없습니다. 놀이는 강요당하는 순간 망가져 버립니다. 놀이하는 자는 온전히 자신의 의지에 따라 능동적으로 놀이를 즐깁니다. 그는 자유의지에 따라 생각하고 느끼고 행동합니다. 놀이는 내적 동기가 발동하여 자발적으로 참여하게 될 때 비로소 실현되는 것입니다. 놀이세계에 빠져드는 순간 한동안 망각하였던 내면의 자기를 만나는 신비로운 일이 벌어집니다. 이는 놀이의 허구성과도 직접 관련이 있습니다. 놀이하는 자가 딴 세상인 놀이세계에 몰입하게 되면서 그는 현실세계에서 자기를 괴롭히던 문제에서 벗어나 잊어버리게 되는 뜻밖의 일을 경험하게 됩니다. 적어도 놀이하는 순간만큼은 현실에서 이탈하여 부지불식간에 해방감 자유와 기쁨을 맛보게 됩니다.

우리나라 교육은 학생 개개인을 독립적인 인격체로 세우는 데 실패를 거듭해 왔습니다. 교사가 학생을 일방적으로 가르쳐만 왔기 때문입니다. 교사 중심의 일방적인 주입식 교육으로는 청소년을 자발적이고 창의적이고 책임 있는 인간으로 성장시킬 수가 없습니다. 진정한 교육은 학습자를 독립된 인간으로 존중하여 그가 가진 잠재적 가능성을 최대한 발현할 수 있도록 도와주는 것이며 이것이 놀이입니다. 놀이하는 사람은 자발적으로 참여하여 스스로 즐기며 놀이에서 다른 사람들과 만남과 사귐을 가지게 됩니다. 놀이에서 자유·자율·절제·책임의식을 자연스럽게 체득해 나가면서 사회인으로서의 덕목을 배워 나갑니다. 놀이야말로 사회적으로는 문화 활동을 촉진하고 발전시키고, 개인적으로는 정신교육과 지적 발달의 원동력입니다.

3) 절대적이고 일관성 있는 규칙

심리학자 아들러는 응석받이로 자란 아이가 장차 정신분열증 환자나 범죄자가 될 가능성이 높다고 경고하였습니다. 원칙이 없는 부모가 자녀를 응석받이로 만든다는 것입니다. 이것은 비단 부모의 양육태도만이 아니라 우리나라 사회 전반의 문제이기도 합니다. 막무가내로 떼를 쓰는 아이에게 지는 원칙 없는 부모들, 무분별한 시위가 통하는 지금의 학교와 사회가 응석받이들을 양산하고 있으니 보통 큰 문제가 아닙니다.

자라나는 청소년들에게 놀이가 꼭 필요한 이유가 여기에 있습니다. 놀이에는 절대적인 규칙이 있어서 놀이하는 자가 규칙을 어기면 놀이판은 여지없이 깨져 버립니다. 놀이 규칙은 질서를 창조하며 불완전한 세계와 혼돈된 삶에 일시적으로나마 제한된 완벽성을 가져다줍니다. 주목할 사실은 지도자 또는 교사와 같은 성인이 규칙을 정해 주는 것이 아니라 놀이하는 자(청소년)들이 직접 놀이규칙을 만들고 이를 지켜 나간다는 점입니다. 타인(외부인)이 만든 규칙을 어쩔 수 없이 따라야 하는 것이 아니라 청소년들이 합의하에 규칙을 만들기 때문에 그들은 책임감을 가지고 규칙을 자율적으로 준수하게 됩니다. 그러는 가운데 청소년들은 자유·자율·질서·책임감·준법정신·공동체 정신, 그리고 절제self-control와 같은 소중한 덕목들을 은연중에 체득하게 됩니다. 이러한 덕목들은 가르쳐서 되는 것이 아닙니다. 청소년들은 놀다가 옥신각신 다투고 싸우기도 합니다. 이렇게 이런저런 위기와 혼동을 겪으면서 청소년들은 규칙의 중요성을 이해하게 되고, 협력하고 타협하면서 질서를 만들어 나갑니다.

'놀이파괴자'라는 개념이 있는데 놀이규칙을 어기는 사람을 놀이파괴자라고 하지 않습니다. 이는 놀이규칙을 지키지 않는 것이지 놀이를 인정하지 않는 것은 아니기 때문이지요. 놀이파괴자는 놀이 자체를 부정하는 그런 사람입니다. 예를 들어, 〈소꿉놀이〉에 폭 빠져 있는 아이의 놀이판을 뒤집어 놓는다든지, 아이가 모래성을 쌓고 있는데 갑자기 뛰어들어서 모래성을 짓밟아 버린다든지, 고무줄놀이를 하는 아이들의 고무줄을 싹뚝 잘라 버리는 그런 사람이 바로 놀이 파괴자입니다. 정신없이 놀고 있는 아이에게 어른이 끼어들어서 "너 지금 왜 놀고 있니?" 하고 물어봤다고 합시다. 그 아이의 기분이 어떻겠습니까? 아무 생각 없이 놀고 있는데 "왜 노느냐?"고 물어봤으니 기분이 무척 상했을 것입니다. 그러니 이런 사람도 놀이파괴자라고 하겠습니다. 그런 놀이 파괴자가 있으면 놀이를 아예 할 수 없게 됩니다. 어린 시절에 실컷 놀아 보지 못한 공부벌레들이 놀이파괴자가 되기 쉽습니다.

4) 놀이의 무목적성

놀이는 아무런 목적이 없습니다. 놀이는 그냥 재미있고 즐거워서 하는 것이지 어떤 목적을 가지고 이를 성취하기 위해 하는 행동이 아닙니다. 재미가 놀이의 목적이 되는 것도 아닙니다. 놀다 보니 재미있고 행복해지는 것이지 재미와 행복을 목적으로 놀이를 하는 것이 아닌 것이지요. 서머힐의 니일은 정신없이 놀고 있는 아이에게 끼어들어서 가르치려고 하는 교사를 가장 혐오했다고 합니다. 예를 들면 이런 경우입니다. 개울에서 돌을 주워서 둑을 쌓고 있는 어린이가 있습니다. 교사가 이를 보고 "애야, 둑은 이렇게 쌓는 것이야."라는 식으로 가르치는 것 말입니다. 놀이에 목적이라는 불편한 의도가 개입되는 순간 놀이는 산산조각이 나 버립니다. 놀이는 놀이하는 자가 마음이 이끌리는 대로 제 멋대로 해야 합니다. 누구라도 이래라저래라 하고 간섭하면 어린이는 놀고 싶은 기분이 싹 사라져 버리고 맙니다. 어린이가 스스로 놀 수 있도록 놓아두는 인내와 자신이 직접 할 수 있도록 하는 지혜를 배워 나가는 것이 지도자의 역할인 것입니다. 지도자의 역할은 가르치는 것이 아니라 학생들이 스스로 알아 가는 방법을 배워 나가는 데 있습니다. 지도자가 가르치기를 포기해야 비로소 청소년들은 재미와 즐거움, 자유와 행복의 자리로 들어가 자신이 주인공이 되어 자기주도적으로 학습하는 구도자가 되어 갑니다. 이것이 아무런 목적 없는 놀이의 역설입니다.

5) 놀이의 무생산성

놀이에 대해 무관심한 사람도 놀이가 생산적인가 그렇지 않은가 물어보면 대부분 생산적이라고 대답합니다. 이에 대해 전혀 생산적이지 않은 것이 정답이라고 말하면 이내 수긍하기 어려워합니다. "놀이만큼 훌륭한 교육은 없다."는 말을 들어 왔기 때문일 것입니다. 어린이들은 놀이를 하면서 협동심을 배우고 대인관계기술도 익히는데, 이것만 보더라도 놀이가 생산적인 것이 당연하지 않느냐고 말합니다. 지적인 사람일수록 이렇게 생각하는 경향이 있는데 놀이를 경험해 보지 못하고 논리적으로만 생각하기 때문입니다. 다시 말하지만 놀이는 아무런 물질이나 재화를 생산하지 않습니다. 이 점은 어린이들에게 매우 중요한 메시지를 가지고 있습니다. 요즈음에는 어린이들이 노는 것조차 귀찮아합니다. 재미있게 놀아 본 기억이 없어서 그렇습니다. 그래서 "얘들아, 우리 놀자." 하고 말하면 많은 청소년들은 "싫어요.", "귀찮아요.", "유치해요.", "재미 없어요."라거나 "그거 왜 해요?"라고 말합니다. 그래도 선생님이 "재미있는 놀이니까 한번 하자꾸나." 하고 다시 권하면 큰 선심이나 쓰는 듯이 "놀면 뭐 줘요?"라고 물어보는 청소년들이 꽤 많습니다. 뭘 주면 놀아 주겠다는 것입니다. 청소년들은 놀이를 즐기지 못하고 보상받기만을 기대합니다. 예전에는 그렇지 않았습니다. 자기들끼리 놀았지 상품이 오고가는 일이 없었습니다. 현대사회는 놀이를 대신하여 프로 스포츠와 도박이 성행하고 있습니다. 놀이가 벌이가 되어버린 나머지 놀이정신이 심각하게 훼손되어 버리고 말았습니다. 그 결과 청소년들은 외적 보상이 없는 놀이는 생각조차 할 수 없는 지경에 이른 것입니다. 카이와는 도박도 주고받는 돈을 합하면 항상 제로섬zeru-sum이라고 하였습니다. 스포츠 자체가 재화를 생산하지 않는데 프로 스포츠는 벌이를 목적으로 하는 것이므로 이미 놀이가 아닙니다.

6) 과정 중심

놀이에서는 결과보다 과정이 더 중요합니다. 놀이가 이루어지는 과정은 예측할 수가 없어서 놀이하는 자는 잠시라도 긴장을 풀지 못하고 놀이세계에 빠져들게 됩니다. 놀이 과정이 워낙 변화무쌍하고 예측불허여서 어린이가 '지금-여기'here and now에 집중하게 만듭니다. 이것이 놀이하는 자를 승패의 결과에 영향을 받지 않고 자유로울 수 있게 해 줍니다. 비록 패했어도 과정상에서 겪은 온갖 경험들이 드러난 결과와는 비교할 수 없을 정도로 소중하기 때문입니다. 과정에 대한 배려 없이 결과만을 강조하는 학교에서 자라나는 청소년들에게 놀이가 시급한 이유가 여기에 있습니다. 과정 중심의 놀이는 청소년이 지금-여기에서 자기가 주인공이 되어 생동감 있고 도전적이고 창의적인 인간으로 성장하도록 해 줍니다.

7) 공동체성

놀이의 특성 중 하나가 공동체성입니다. 김광언(1982)이 조사한 바에 의하면 우리나라 민속놀이는 개인놀이가 거의 없고 대부분이 공동체놀이(94%)라고 하였습니다. 〈소꿉놀이〉나 〈인형놀이〉와 같은 개인 놀이도 공동체 정신이 배어 있습니다. 〈소꿉놀이〉 하는 아이를 유심히 살펴보면 거기에는 그 아이만 있는 것이 아닙니다. 놀이세계에서 아이는 엄마, 아빠, 언니, 동생, 아기를 임의로 창조하여 그들과 함께 놀고 있는 것입니다. 놀이에는 다른 사람과의 만남과 사귐이 있습니다. 인간은 타인과의 관계를 통해서 자기가 누구인지 알아 가고 자기를 만들어 나가는 사회적 동물입니다. 어린이는 친구들과 어울려 놀이를 하면서 대인관계와 사회적 기술을 은연중에 배워 나갑니다. 그래서 놀이는 아동과 청소년들이 건강한 사회인으로 성장하는 데 필수적입니다. 친구들과의 교제는 어떤 교육보다 더 많은 학습의 가능성을 제공해 줍니다. 놀이를 통하여 친구들과 자유롭게 어울려 놀면서 공동체의식을 함양하며 사회성을 개발해 나갑니다. 청소년들은 놀면서 자신을 둘러싸고 있는 사람들의 생활로부터 모든 행위를 경험하게 됩니다.

8) 놀이는 오늘 우리의 삶에 영향을 미칩니다

지금까지 놀이의 속성들을 알아보았습니다. 놀이 속성들은 각기 분리되어 있지 않고 상호 연관되어 하나로 통합되어 있다는 사실을 확인할 수 있습니다. 놀이는 분명히 현실세계에서 이루어지는 것이 아닙니다. 그런데도 허구의 세계에서 가졌던 그 경험이 허구세계에서 그치지 않고, 놀이를 마치고 현실로 돌아와서도 실생활에 고스란히 내재되어 작용하게 됩니다. 하위징아는 이에 대해 특수 상황 속에 함께 있다는 감정, 무엇인가 중요한 것을 공유한다는 감정, 일상의 규범을 함께 배격한다는 감정은 개개의 놀이가 지닌 마력이 계속된 시간을 넘어서까지 지속된다고 하였습니다. 허구세계에서 목적이 없고 전혀 생산적이지 않은 놀이를 하면서 가졌던 느낌, 생각, 그리고 경험들이 오늘의 나를 있게 만들어 주었으며 지금-여기를 살아가는 동안 지속적으로 영향을 미치고 있습니다. 놀이는 오늘 우리가 현실을 초월하여 살아가도록 해 주는 힘입니다.

> "인간은 놀이를 통해 우리의 존재를 확인하고 우리의 가치를 인식한다."
> – Kusyszyn

04 : 민속놀이가 들려주는 12가지 지혜

요즈음 어린이들은 놀 줄을 모릅니다. 놀고 싶어도 어떻게 놀아야 하는지조차 모르고, 놀 수 있는 시간도 없으며, 함께할 친구들도 없는 삭막한 세상이 되어 버렸습니다. 실컷 놀고 싶어 하면서도 정작 공부에 대한 부담 때문에 불안한 나머지 맘 편하게 놀지도 못합니다. 사람들은 놀이가 무엇인지조차 모르는 세상에 살고 있습니다. 우리 어린 시절에는 친구들과 어울려서 산과 들판, 골목을 누비면서 맘껏 뛰어놀았었지요. 그러면서 어린이들은 건강한 사람으로 무럭무럭 자라났습니다. 어른들은 잘 놀아야 심신이 건강해진다면서 그런 어린이들을 대견스럽게 생각했습니다. 이제는 그런 놀이들이 사라진 자리를 스마트폰과 컴퓨터 게임이 대신 차지하고 청소년들의 영혼을 망가트리고 있으니 참담하기 이를 데 없습니다.

나는 지금까지 교육운동가로 살아오면서 청소년들에게 놀이를 돌려주기 위해 부단히 노력해 왔습니다. 청소년과 놀이문화연구소를 통하여 놀이운동을 전개해 왔으며, 그동안 놀이와 캠핑에 관해 저술한 책들이 사십여 권이 넘습니다. 그러는 가운데 나는 청소년들에게 놀이할 수 있는 기회와 놀이거리를 제공해 주는 것만으로도 그들은 놀이세계에 빠져들어서 잃어버렸던 자기를 찾고 성장해 나가는 감격스러운 광경을 목격할 수 있었습니다. 무슨 특별한 전문적 지식이나 도움이 필요하지도 않았습니다. 다만 간섭하지 않고 스스로 놀 수 있도록 그냥 가만히 놓아두고 함께하는 것만으로도 충분했습니다.

민속놀이에는 소중한 놀이정신이 가득 담겨져 있습니다. 그 놀이정신은 지금도 여전히 유효합니다. 그래서 나는 어린이들을 그 놀이자리에 초대하고 있습니다. 〈숨바꼭질〉, 〈자치기〉, 〈오리망〉, 〈전쟁놀이〉, 〈돌싸움〉, 〈말타기〉, 〈줄넘기〉, 〈구슬치기〉, 〈땅따먹기〉,

〈딱지치기〉, 〈돼지불알〉, 〈다방구〉, 〈달팽이 놀이〉, 〈우리 집에 왜 왔니〉, 〈무궁화꽃이 피었습니다〉와 같은 놀이를 어린이들과 함께 즐기고 있습니다.

다음은 민속놀이가 나에게 가르쳐 준 교육적 교훈을 12가지로 요약한 것입니다.

하나, 민속놀이에서는 놀이하는 사람이 주인공이 됩니다.

어린 시절 우리는 팽이, 제기, 꽈리, 풀피리, 산가지, 연, 윷, 딱지, 자치기, 바람개비, 고누 등 수많은 놀이기구를 직접 만들어서 놀았습니다. 그러다 보니 놀이거리가 없어서 놀지 못하는 일은 상상할 수 없었습니다. 놀잇감을 만드는 것부터 놀이였고 그러면서 어린이들은 창의성을 키워 나갔습니다.

우리나라 민속놀이의 7할 이상이 〈오징어〉, 〈말치기〉, 〈십자돌기〉, 〈8자놀이〉, 〈달팽이 놀이〉 등과 같이 땅바닥에 줄을 긋기만 하면 즐길 수 있는 놀이들입니다. 예전에는 오늘날처럼 상품화된 장난감은 거의 없었습니다. 놀이하는 사람이 주인공이 되는 민속놀이에서 인간 존중의 지혜가 녹아 있습니다.

이와는 달리 오늘날의 놀이 환경은 예전과 판이하게 다릅니다. 컴퓨터 · 인터넷 게임부터 시작하여 보드게임, 장난감들은 모두 돈을 내고 구입해야 하는 상품화된 게임입니다. 직접 만들 수 있는 게임기기는 찾아볼 수 없게 되어 돈이 없으면 아예 놀 수조차 없습니다. PC방이나 노래방도 마찬가지여서 찾아가서 돈을 지불해야 놀 수 있습니다. 이런 현상은 청소년들에게 매우 해롭습니다. 민속놀이는 놀이하는 사람이 주인공이 되어 놀이감을 직접 만들어 놀면서 놀이를 지배하고 통제할 수 있었는데, 오늘의 청소년들은 오히려 게임의 노예가 되어 버리고 말았습니다.

팽이를 칼로 깎고 다듬어서 만들어 놀았었는데, 탑블레이드라는 팽이가 나오고부터는 팽이를 만들 수 있다는 것은 상상조차 할 수 없게 되어 버렸습니다. 게다가 값싼 장난감이 절대로 비싼 장난감을 이길 수 없게 되었으니 놀이에도 돈이 지배하는 꼴이 되었습니다.

둘, 민속놀이에서 사람들은 자기주도적으로 참여하여 즐깁니다.

자녀를 둔 부모세대의 어른들은 어린 시절 친구 집 대문 앞에서 "애들아 놀자!"라고 외쳐본 기억이 있을 것입니다. 아이들은 자기가 놀고 싶을 때 놉니다. 억지로 놀 수 없고 다른 사람들을 강제로 놀릴 수도 없습니다. 놀이는 자아가 건강한 사람만이 누릴 수 있는 것입니다. 놀이는 타인에 의해 강요당할 수 없으며 전적으로 내적 동기가 발현될 때 하게 됩니다. 내적인 동기에서 비롯되어 행동하는 사람은 자기 행동에 대해 책임을 질 줄 압니다. 놀이가 청소년들이 자기주도적인 책임감 있는 사람으로 성장하는 데 반드시 필요한 이유가 여기에 있습니다. 오늘날 교육의 가장 큰 고민거리인 학습자의 자기주도적 참여와 책임의식을 해결하는 데 민속놀이가 분명한 길을 알려 주고 있습니다.

셋, 숲, 개울, 그리고 들녘 등 자연에서 놀이를 즐겼습니다.

도시 어린이들은 거의 모든 시간을 아파트와 학교에서 살아가기 때문에 자연과 만날 수 있는 기회를 가지지 못하고 있습니다. 자연에서 멀어진 아이들(김주희 역, 2007)의 저자 리처드 루브는 사람의 정신·신체·영적인 건강은 자연과 밀접한 관련이 있다고 하였습니다. 사람이 자연과 멀어지면 '자연결핍 장애'nature-deficit disorder가 발생하는데 감각이 둔화되고, 폭력적이 되고, 주의집중력 결핍과 육체적·정신적 질병의 발병률이 증가합니다. 자연결핍 장애는 아토피성 피부질환, 우울증, 자폐증, ADHD(주의력결핍 및 과잉행동장애) 등의 원인이 됩니다. 이밖에 도시 청소년들의 스트레스, 비행과 일탈, 범죄, 약물남용, 자살 등은 모두 자연결핍 장애와 관련이 있다고 하였습니다.

인간과 자연과의 관계를 연구한 웰즈와 에반스는 자연환경이 풍부한 곳에 사는 아이들은 그렇지 않은 아이들에 비해 스트레스를 덜 받으며 스트레스를 크게 받은 아동일수록 자연에서 얻는 위안의 효과가 크다는 사실을 밝혀냈습니다. 아이들의 집과 집 주변의 자연환경의 정도를 구분하여 그 아이들의 행동과 심리상태를 검사한 결과 자연환경 속에서 사는 아이들은 자연을 접하기 힘든 곳에 사는 아이들보다 행동장애, 불안, 우울증 정도가 훨씬 더 낮았습니다. 또한 자연이 더욱 풍부한 환경에서 사는 아이들일수록 자존감이 높고 스트레스와 불행에 잘 대처한다는 것입니다. 자연에서 시간을 보내다 보면 대인관계도 좋아지고 그로 인한 사회적 지지가 높아지는 데 그 원인이 있는 것으로 보았습니다. 도시의 청소년들에게 나타나는 질병과 병폐의 근원이 자연과 단절되어 버린 결과입니다.

어린 시절 우리는 맨땅에서 마구 딩굴고 넘어지고 숲속을 기어다니면서 놀며 지냈습니다. 그러다 보니 온 몸이 온통 흙먼지로 뒤범벅이었고 신발 속에는 모래가 수북하고 주머니를 뒤집으면 흙이 쏟아져 나왔습니다. 요즘 엄마들은 더럽다고 아이들에게 흙장난 하지 못하도록 하기 때문에 오히려 아토피성 피부질환에 고생하는 아이들이 많습니다. 흙

장난을 하면서 자라면 질병에 대한 면역력이 생겨서 요즘 아이들처럼 A형 간염 같은 병에 걸리지도 않았습니다. 자연은 신나는 놀이터이고, 놀잇감이었으며, 친구였습니다.

넷, 민속놀이는 공동체 정신을 가지고 있습니다.

우리나라 민속놀이의 9할 이상이 공동체 놀이여서 혼자 즐기는 놀이는 거의 없습니다. 민속놀이는 원래 경쟁놀이가 아닙니다. 대부분의 사람들은 경쟁 없이 어떻게 놀 수 있느냐고 의아해합니다. 사실 경쟁적 요소가 없는 놀이가 거의 없지만 경쟁은 놀이의 조건이고 환경인 것일 뿐 경쟁 자체가 목적이나 결과물이 되어서는 안 되는 것입니다. 따라서 경쟁하는 것을 목적으로 삼거나 경쟁을 결과에 결부시키지만 않으면 격렬한 경쟁 가운데서도 사람들 간에 만남과 사귐이 이루어지고 공동체를 실현할 수 있습니다. 민속놀이에는 소중한 공동체 정신이 담겨져 있습니다. 선조들은 명절날 온 동네 사람들이 한자리에 모여 놀이를 즐기면서 하나 됨을 느끼고 공동체의식을 공고히 다져 왔습니다. 우리 조상들은 굳이 명절이 아니어도 수시로 씨름판과 같은 놀 거리를 만들어서 난장을 한바탕 벌이곤 하였습니다.

다섯, 민속놀이에서는 남녀노소가 모두 어울려서 즐깁니다.

우리나라 '놀이'가 가진 의미는 플레이play와는 상당히 다릅니다. 플레이를 유아기의 본능적 행동양태로 보고 있으나 우리의 놀이는 어린이들만의 전유물이 아니라 남녀노소 구분 없이 즐기는 모두의 것으로 보았습니다. 그래서 우리 민속놀이에서는 놀이가 어린이들만 하는 것이 아니라 남녀노소 모두가 한데 어울려 즐깁니다. 어린이들은 어른들 사이에 끼어 놀면서 일체감과 함께 더불어 사는 지혜를 익혔으며, 어른들로부터 삶의 지혜와 예절의 미덕을 자연스럽게 배워 나갔던 것입니다. 우리의 놀이는 게임, 플레이, 레크리에이션, 그리고 레저의 의미를 모두 품어도 넉넉할 만큼 그 정신이 얼마나 크고, 깊고, 넓은지 모릅니다.

여섯, 민속놀이에는 매우 격렬하고 과격한 놀이가 많습니다.

대표적인 예로 〈돌싸움〉을 들 수 있습니다. 〈돌싸움〉은 약속 장소에서 각자 진영을 정하고 상대방 사람들을 주먹만 한 돌을 던져서 맞추는 살벌한 패싸움입니다. 이렇게 무시무시한 〈돌싸움〉을 벌이다 보니 부상자가 속출하였고 어떤 때는 돌에 맞아서 사람이 죽기까지 했다고 합니다. 그런데 이렇게 〈돌싸움〉을 벌이다가 사망자가 발생했어도 가해자에게 아무런 처벌도 하지 않았던 것은 주목할 만한 일입니다. 불행한 일이기는 하지만 놀다가 벌어진 일이었으니 어쩔 수 없어서 문제 삼지 않고 그냥 넘어갔던 것입니다. 놀이라는 허구세계에서 벌어진 일을 현실세계로 가지고 들어와서 문제 삼고 책임을 묻는 것은 옳지 않다고 보았던 것입니다. 마을 간에 벌어진 〈돌싸움〉이 진짜 싸움으로 번지지 않았던 것도 이러한 맥락에서 이해할 수 있습니다. 일단 〈돌싸움〉을 마치면 이웃 마을 사람들은 아무 일도 없었던 것처럼 일상으로 돌아갔습니다. 기록에 의하면 〈돌싸움〉은 전국 각처에서 하고 있었는데 일제 강점기에 일본 경찰이 강제로 금지시켰다고 합니다. 한국인들의 그런 혈기왕성함과 용맹스러움을 보고 무서웠던 것이었겠지요.

돌싸움 정도는 아니어도 〈길내기〉, 〈ㄹ자놀이〉, 〈사다리 놀이〉, 〈7자놀이〉, 〈칸막기〉, 〈오징어〉, 〈개뼉다귀〉, 〈돼지불알〉, 〈기마전〉 같은 놀이도 상당히 과격합니다. 어린이들은 두 패로 갈라서 상대방을 세게 밀치고, 당기고, 치고받고 하는 놀이입니다. 이런 놀이를 하다 보면 넘어져서 무릎이 터지고, 팔꿈치가 깨져서 피가 나고, 옷이 찢어지고, 울고, 실제로 싸움이 벌어지기도 합니다. 이렇게 격렬하게 몸싸움을 벌이면서 어린이들은 도전적이고 패기 왕성한 사람으로 성장했습니다. 그러면서 다른 사람들과 화해하고 타협하면서 살아가는 지혜를 배워 나갈 수 있었던 것입니다.

원래 놀이에는 위험한 요소가 있습니다. 어린이들은 위험하니까 그 놀이를 하는 것이지 위험하지 않으면 싱거워서 놀 맛이 나지 않습니다. 큰 나무를 보면 오르고 싶고, 애써 바위에 올라가려고 하는 것도 위험하기 때문입니다. 이제 막 기기 시작한 아기가 계단을 보면 기어 올라가려고 하는 것도 이러한 맥락에서 이해할 수 있습니다. 아이들은 모험에 도전하여 이를 극복하면서 성취감을 즐기고 자기 존재를 만끽합니다. 성장통이란 말이 그래서 나왔는지도 모릅니다. 이러한 점에서 위험하다는 이유 때문에 아이들이 아예 놀지 못하도록 막는 것은 문제입니다. 이렇게 보호만 받고 자란 아이는 장차 소심하고 수동적인 미성숙한 사람이 될 수밖에 없습니다. 그래서 오늘날 학교와 사회가 허약한 응석받이를 양산하고 있습니다. 교육개혁이 안 되는 것은 책임을 지려는 사람이 없고 학생들이 위기에 도전하여 스스로 극복할 수 있도록 하는 용기가 없기 때문입니다.

일곱, 민속놀이는 원래 경쟁이 아니라 비경쟁ㆍ협동놀이입니다.

우리나라 민속놀이는 원래 경쟁놀이가 아니라 비경쟁ㆍ협동놀이였습니다. 어린 시절 친구들과 놀다가 지면 "또 하자."고 하든지 "한 번 더 하자."라고 졸라서 이길 때까지 계속하곤 했었습니다. 그런 놀이들이 모두 경쟁놀이입니다. 그런데 격렬한 경쟁 가운데서도 협동놀이가 될 수 있었던 것은 승패의 결과에 대해 어떤 보상이 없었기 때문입니다. 놀이에서 경쟁적 요소는 놀이의 조건과 환경일 뿐입니다. 놀이에서 이기고 지는 것은 별로 문제가 되지 않습니다. 승패에 따라 보상과 벌이 주어지니까 문제가 되는 것입니다. 놀이규칙을 상호 존중하고 준수하면 격렬히 경쟁하면서도 만남과 사귐이 가능합니다. 우리 민속놀이에는 계속 져서 상심한 아이를 놀이판에 깍두기로 슬쩍 껴 주는 따스한 공동체 정신이 들어 있습니다.

어린이들이 놀면서 상을 받는 데 익숙해져 있어서 대부분의 어린이들은 "이기면 뭐 줘요?"라고 물어봅니다. 외적인 보상을 받는 순간 놀이는 변질되어서 진정한 재미와 즐거움은 사라져 버립니다. 결과와 무관하게 놀이를 즐기고 사람들이 행복하고 행복한 만남과 사귐을 가지게 하기 위해서는 상품으로 경쟁을 부추기는 기만적인 행동을 당장 그만두어야 합니다.

여덟, 민속놀이에는 나라와 민족을 사랑하는 정신이 배어 있습니다.

〈강강술래〉, 〈타구〉 등 그 유래를 더듬어 보면 그 안에는 민족을 사랑하는 정신이 깃들어 있습니다. 그 대표적인 예가 화랑도입니다. 화랑들은 공동체를 이루어 전국 산하를 돌아다니면서 가무유희를 즐기는 가운데 자기를 세워 나갔으며 가족과 이웃에 대한 책임과 애국 애족의 정신을 키워 나갔습니다. 그 결과 화랑들은 통일 신라의 주역이 될 수 있었던 것입니다. 놀이를 통해 나라와 민족에 대한 사랑과 정신을 일깨웠던 선조들의 놀이정신을 계승하는 것이 시급한 때입니다.

아홉, 민속놀이에는 두레와 품앗이 정신이 살아 있습니다.

민속놀이에는 어려운 이웃을 헤아리고 돌보는 봉사정신 정신이 담겨 있습니다. 한가윗날 가졌던 〈거북놀이〉가 그런 놀이 중 하나입니다. 질라아비가 수숫대나 볏짚으로 엮어 만든 거북이 등을 씌운 사람을 앞세우고 온 마을을 돌아다녔습니다. 그 뒤로 마을 사람들과 아이들이 따라 다녔으며 온종일 이집 저집을 다니면서 차려 놓은 음식과 막걸리를 먹고 마시면서 신명나게 즐겼습니다. 이렇게 하여 마을 안 모든 집들을 찾아다니면서 십시일 반으로 풍성하게 모은 햇곡식과 과일을 동네 어른들이 의논하여 농사를 망쳤거나 특별히 형편이 어려운 이웃들에게 나누어 주었습니다. 신명나게 놀면서도 은연중 이웃을 보살피고 나누는 훈훈한 명절이 되었습니다. 어린아이들은 이웃을 살피고 더불어 사는 어른들의 품앗이 정신을 즐기는 가운데 자연스럽게 배워 나갔습니다.

열, 민속놀이 규칙은 엄격하면서도 융통성이 있습니다.

규칙이 없이는 놀이가 존재할 수 없습니다. 민속놀이에는 절대적인 영향을 미치는 고유한 규칙이 있어서 엄격하게 지켜지고 있습니다. 주목할 만한 사실은 어린이들이 규칙을 의논하여 동의과정을 거쳐서 스스로 정한다는 점입니다. 그리고 규칙은 엄격하면서도 상황에 따라 융통성이 있습니다. 놀이를 하다가 아이들끼리 서로 옥신각신하는 일이 자주 벌어집니다. 그러면서 그들은 놀이규칙을 의논하여 바꾸기도 합니다. 그들은 옥신각신 다투고 옳고 그름을 가리고 타협하면서 놀이를 이어 갑니다. 우리나라 민속놀이에는 인간미가 있습니다.

열하나, 민속놀이에는 지도자가 따로 없습니다.

놀이는 하는 사람이 스스로 참여하여 제 법대로 하게 됩니다. 어린이들이 노는 자리에 성인 지도자가 없었습니다. 어린이들은 논의를 거쳐 합의한 규칙을 준수하기로 약속하고 이를 존중했기 때문에 어른들의 통제가 필요 없었던 것입니다. 어린 시절 동네 친구들과 놀던 자리에는 놀이규칙을 정해 주고 심판을 보는 어른들을 찾아볼 수 없었습니다. 어린이들 사이에 지도자가 따로 있었던 것도 아닙니다. 그들은 스스로 규칙을 정했으며 그러다가 다툼이 일어나면 이를 조율하고 타협하면서 놀이를 이어 갔습니다. 어린이들은 비로소 규칙, 자유, 그리고 자율이 무엇인지 이해할 수 있게 되고, 한 발짝 한 발짝 절제의 미덕을 갖춘 자기주도적인 책임 있는 인격체로 성장해 나갈 수 있었습니다.

열둘, 민속놀이는 몸이 참여한 전인교육입니다.

민속놀이 치고 몸을 움직이지 않고 할 수 있는 놀이는 거의 없습니다. 생각하기 전에 몸이 먼저 움직이는 놀이들이었습니다. 그런데 컴퓨터나 인터넷 게임은 전혀 그렇지 않습니다. 의자에 꼼짝 없이 앉아서 모니터를 응시하고 기판만 두드리면 됩니다. 손가락 외에는 몸을 전혀 움직일 필요가 없습니다. 이밖에 유행하는 〈진실게임〉이나 〈마피아게임〉 같은 게임도 마찬가지여서 머리만 굴려서 하는 것들입니다.

원래 우리나라 교육의 목적은 지·덕·체가 온전한 조화를 이룬 통합된 전인全人 완성에 있습니다. 그중에서 가장 우선적인 것이 덕육德育이었지요. 무엇보다도 건강한 인격과 올바른 품성을 갖춘 인간이 되어야 한다는 것입니다. 그런 다음 체육體育으로 건강한 몸을 갖추고 나서, 그 위에 지육智育, 즉 지식을 쌓아야 한다고 보았습니다. 올바른 인격과 가치관을 갖추고 신체적으로 건강하지 않은 상태에서 지식만 가득 쌓인 사람은 본인에게 덕이 되지 않을 뿐만 아니라 다른 사람들에게 도리어 해롭다고 보았습니다. 상급학교 진학이라는 명분에 밀려 인성교육과 체육이 실종되어 버린 오늘날 제도교육의 문제가 여기에 있습니다.

영·혼·몸 중에서 어느 한 영역에서 문제가 생기면 그 부분만 병드는 것이 아니라 사람 자체가 병들어 버리고 심하면 죽어 버리게 됩니다. 이런 맥락에서 이를 역으로 생각하면 문제가 있는 영역에 활기를 불어넣어 주면 그 영역만 살아나지 않고 사람 전체가 살아나게 됩니다. 그러므로 지치고 병든 몸을 일깨워 주면 몸만 살아나지 않고 영과 혼이 더불어 힘을 받아서 사람 전체가 건강을 회복하게 되는 것입니다. 오늘날 전인교육에서 체육體育을 중요시해야 하는 이유가 여기에 있습니다.

지금까지 민속놀이에 담겨진 놀이정신과 교육적 의미를 간단하게나마 알아보았습니다. 어린 시절에 가족이나 형제들과 같이 중요한 타자들로부터 사랑을 충분히 받고 자란 사람이 사랑스럽고 사랑할 줄 아는 사람으로 성장한다고 합니다. 이와 마찬가지로 행복을 경험해 본 아이라야 행복해지기를 꿈꿀 수 있고 장차 어른이 되어서도 행복해질 수 있는 것입니다. 행복을 경험해 보지 못한 사람이 행복한 사람이 되기는 쉽지 않습니다. 즐거움과 행복은 이성과 사고의 영역이라기보다는 직접 경험하고 느껴야만 알 수 있는 감성의 세계입니다. 그러므로 놀아 본 사람이라야 즐거움과 행복을 느끼고 앞으로도 누릴 수 있는 것입니다. 행복을 느껴 본 사람이라야 장차 행복을 꿈꾸고 행복해질 수 있습니다.

놀이는 청소년들의 삶이고 권리이며 특권입니다.
우리는 그들에게 놀이를 보장해 주어야 할 의무가 있습니다.

1.2 : 놀이와 인성교육

01 : 인성교육에 대한 성찰

"널리 인간세계를 이롭게 한다."는 뜻의 홍익인간弘益人間을 건국이념으로 세워진 우리나라의 교육목적은 언제나 전인교육이었습니다. '신체적 성장, 지적 성장, 정서적 발달, 사회성 발달 등을 조화롭게 하여 넓은 교양과 건전한 인격을 갖춘 인간을 육성'하려는 것이 우리의 교육정신입니다.

이를 위해 지육智育, 덕육德育, 그리고 체육體育이 고르고 조화로이 통합된 교육을 중요하게 여겼습니다. 그중에서 우리 선조들은 덕육을 근본으로 보고 가장 중요하게 여겼으며 그다음으로 체육을, 마지막이 지육이었습니다. 무엇보다도 사람다운 사람이 되어야 한다고 보았던 것입니다. 그래서 덕목과 품성을 갖추도록 한 다음, 건강한 신체를 이루고, 그 위에 마지막으로 지식을 쌓도록 해야 본인은 물론 가정과 나라를 이롭게 하고 덕을 끼치는 사람이 된다고 보았습니다.

그런데 실제로 오늘날 우리 교육의 실상은 어떻습니까? 덕육은 해묵은 구호가 되어 버렸으며 체육은 학교에서 외면당하고 있고, 유독 지육에만 집중하고 있는 실정입니다. 그 결과 교육의 본질을 잃어버리고 목적을 상실하여 극심한 혼란에 빠져 있습니다.

아래의 글은 김인회 교수가 용재상을 수여받으면서 발표했던 논문인 '한국 기층문화의 사상과 교육철학'(2015)에서 인용한 것입니다. 본질에서 벗어나 방향을 잃고 표류하고 있는 오늘날의 교육현실을 안타까워하는 원로 학자의 심경이 이 글에 여실히 배어 있습니다.

"교육을 왜 하나? 사람답게 살아가는 착하고 좋은 사람을 만들고자 한다. 당연한 답이다. 그러면 교육을 많이 받았다는 사람들 중에서 나쁜 사람으로 살아가는 이들이 많은 이유는 무엇인가? 언필칭 교육학을 전공한다는 전문가의 처지에서는 대답하기가 쉽지 않은 질문이다. 그런데 전문가들이 정말로 대답을 못하는 더 중요한 질문이 있다. 교육을 전혀 받지 못했음에도 불구하고 평생을 착하게 좋은 사람으로 살아가는 수많은 민초들의 인격은 어떤 교육 이론으로 설명할 수 있단 말인가?"

학교붕괴는 더 이상 외면할 수 없는 정도로 심각한 지경에 이르렀습니다. 학교폭력, 집단따돌림, 성폭행, 패륜적 살인, 우울증 환자가 급증하고 있는데다가 설상가상으로 세월호 참사로 300여 명의 학생들이 목숨을 잃는 비참한 사고들이 연이어 발생하자 국회가 인성교육진흥법(2014.12.29)을 서둘러서 제정하고 2015년 7월 21일자로 시행하게 되었습니다. 인성교육법이 있는 나라가 우리나라밖에 없다고 하니 자랑스러워할 일이 아닙니다.

인성교육진흥법이 실행되면서 벌써 걱정스러운 것이 있습니다. 인성교육을 실현하기 위한 마땅한 대안을 찾아볼 수 없기 때문입니다. 1991년에 제정된 청소년기본법도 마찬가지였습니다. 집단따돌림이 전국적으로 심각해지고 학교폭력과 성폭행 등이 폭증하자 학교에서 하지 못하는 인성교육을 수련 활동을 통해서라도 하기 위해 제정되었습니다. 하지만 결실을 맺지 못하고 실패할 수밖에 없었던 것은 실천적 대안을 마련하지 못한 데 있습니다. 부실한 연구와 준비, 인성교육에 적합한 지도력, 프로그램, 제도 및 여건 등을 마련하지 않은 상태에서 졸속으로 시행했기 때문입니다. 인성교육진흥법도 대안 없이 실행한다면 또 다시 청소년기본법의 전철을 밟을 수밖에 없습니다. 결국 그로 인한 피해는 또다시 청소년들에게 고스란히 돌아갈 수밖에 없습니다.

정보화시대의 청소년들에게 단순히 정보를 제공하는 교육은 무의미합니다. 제국주의 시대에는 강국이 정보를 독점하고 약소국을 지배할 수 있었습니다. 하지만 이제는 엄청난 양의 정보가 공개되어 있어서 누구든지 마음만 먹으면 온라인을 통해서 쉽게 입수할 수 있는 세상이 되어 버렸습니다. 이러한 때에 우리나라에서는 아직까지도 학교에서 지식과 정보를 전수하는 교육만을 고집하고 있으니 부끄러운 일이 아닐 수 없습니다. 이제는 교사가 일방적으로 가르치는 주입식 교육은 종말을 고해야 합니다. 이제는 정보와 지식을 많이 소유하는 것은 결코 중요하지 않습니다. 지식 중심의 주입식 교육에서 벗어나 학생들이 바른 가치관과 덕목을 갖추도록 하여서 온전한 인간으로 성장할 수 있도록 최선을 다해야 합니다.

획득한 지식을 모든 사람들에게 더불어 유익하게 선용할 수 있도록 청소년들에게 공적 가치, 지혜, 덕목, 품성들을 가르쳐야 합니다. 이러한 점에서 인성교육은 이제 교육의 일부분이 아니며 전부가 되어야 합니다. 학생들이 다른 사람들과 더불어 사는 데 필요한 덕목과 품성을 익힘으로써 이웃과 사회에 공헌하는 책임감을 갖춘 성숙한 사회인이 되도록 도와주어야 합니다. 나아가 다른 문화, 민족, 종교를 이해하고 수용하고 수용, 소통, 공감, 관용, 평화를 실현하는 지구촌 시민으로 성장시켜야 합니다.

참고로 인성교육진흥법이 정의한 인성교육은 다음과 같습니다(인성교육진흥법 제2조).

1. "인성교육"이란 자신의 내면을 바르고 건전하게 가꾸고 타인·공동체·자연과 더불어 살아가는 데 필요한 인간다운 성품과 역량을 기르는 것을 목적으로 하는 교육을 말한다.

2. "핵심 가치·덕목"이란 인성교육의 목표가 되는 것으로 예(禮), 효(孝), 정직, 책임, 존중, 배려, 소통, 협동 등의 마음가짐이나 사람됨과 관련되는 핵심적인 가치 또는 덕목을 말한다.

3. "핵심 역량"이란 핵심 가치·덕목을 적극적이고 능동적으로 실천 또는 실행하는 데 필요한 지식과 공감·소통하는 의사소통능력이나 갈등해결능력 등이 통합된 능력을 말한다.

02 : 인성교육, 놀이에 해답이 있다

인성교육이 중요하다는 사실에 대해 부인할 사람은 아무도 없을 것입니다. 문제는 인성교육을 어떻게 해야 할지를 모르고 있다는 데 있습니다. '인성교육이 무엇인가?'에서 시작하여 '인성교육을 어떻게 해야 할 것인가?', '인성교육의 대안과 방법이 준비되어 있는가?', '누가 인성교육을 할 것이며 이를 위한 지도력이 준비되어 있는가?'라는 질문들 앞에서 대답하기가 옹색해집니다. 부끄럽게도 우리는 인성교육에 필요한 구체적이고도 실천적인 대안을 마련해 놓고 있지 못한 총체적 난국상태에 처해 있습니다. 그러다 보니 인성교육은 늘 공허한 구호로만 머물러 왔을 뿐입니다.

그러면 이처럼 궁색해진 이유가 어디에서 있는 것일까요? 나는 그 첫 번째 이유가 교육의 목적 상실과 본질이 훼손되어 버린 데 있다고 봅니다. 교육하는 이유와 목적이 변질되고 왜곡되어 버려서 이제는 교육을 왜 하는지조차 모르는 지경에 이르릅니다. 두 번째 이유는 무관심에 있습니다. 무관심은 무책임한 태도를 낳습니다. 교육의 방향 상실은 수많은 교사들의 의욕을 꺾어 놓고 용기를 잃어버리게 만들어 놓았습니다. 셋째, 인성교육에 필요한 실천적 대안, 방법, 그리고 지도력 등이 통합된 대안을 가지고 있지 못한 데 있습니다.

나는 1984년 서울YMCA에서 간사로 활동하기 시작한 이래 지금까지 교육자로 살아오면서 크게 안타까운 일이 있습니다. 그것은 그동안 우리가 '교육, 이것이 문제다', '교육은 이렇게 해야 한다'는 문제를 가지고 논쟁을 벌이느라 너무나도 많은 시간을 허비해 왔다는 사실입니다. 청소년을 살리는 올바른 교육을 실현하기 위해 씨 뿌리고 가꾸는 노력은 게을리 한 채 투쟁만 해 왔습니다. 논쟁을 벌이고 투쟁하는 일에 빠져 정작 바른 교육을 위한 진지한 연구와 실천적 노력을 소홀히 했던 것은 크나큰 손실이며 비극이 아닐 수 없습니다. 그 결과 우리는 교육개혁을 할 수 있는 절호의 기회를 놓치고 말았습니다.

그러면 '이제는 어떻게 할 것인가?'라는 과제로 넘어가 보기로 합시다. 내가 20대에 교육자가 되기로 결단하였을 때 가졌던 큰 고민이 있었습니다. 그것은 '교육은 사람다운 사람이 되도록 하기 위해 있는 것인데 교육을 받으면 받을수록 사람들이 교육의 대상으로 전락해 버리고, 인권이 유린당하고 인간소외와 비인간화되어 가는 이유가 무엇일까?'였습니다. 이러한 모순 앞에서 나는 오랫동안 고민해야 했습니다. 그러던 중 그 원인이 바로 학생들을 살벌한 경쟁 속으로 내몰아 줄 세우는 잘못된 교육에 비롯된 것이라고 확신하게 되었습니다. 비교당하고 경쟁시키는 가운데서는 한 인간의 개성, 독립성, 인격은 철저히 외면당할 수밖에 없습니다. 비교와 경쟁이 지배하는 분위기에서 일방적인 주입식 교육에서는 어떤 학생도 독립된 인간으로 존중받을 수 없는 것이 분명했습니다. 나도 없고 너도 없게 만드는 교육, 그래서 공동체를 상상조차 할 수 없게 만드는 잘못된 교육이 문제였던 것입니다. 우리나라 교육은 비교와 경쟁으로 인간관계를 단절시키고 있는 것이 문제였습니다. 결국 모든 학생을 각자 특별하고 독립적인 인격체로 세우는 일과 공동체를 세우는 이 두 가지 모두를 실패하고 있는 것이 분명했습니다.

사람 인人자는 너와 나는 함께 의지하고 살아가는 필연적 관계라는 사실을 말해 줍니다. '너가 없으면 내가 쓰러지고, 내가 없으면 너를 쓰러뜨리게 되는 사이'라는 뜻이지요. '사람과 사람 사이'를 뜻하는 인간人間도 마찬가지입니다. 사람을 '사람과 사람 사이'라고 설명하고 있음을 골똘히 생각하다 보면 묘한 기분이 듭니다. 사람은 다른 사람들과 떨어져서 혼자 따로 살 수 없습니다. 그런데도 우리는 청소년들을 끊임없이 비교하고 경쟁으로 내몰아 그들 사이를 갈라놓고 있으니 큰 문제가 아닐 수 없습니다.

'아자!' 워크숍에 참여하셨던 분들은 위 그림의 놀이들을 기억할 것입니다. 이 놀이를 해 본 사람은 내가 너를 믿지 못하거나 너가 나를 믿지 못하면 도무지 할 수 없다는 사실을 몸으로 깨닫게 됩니다. 너와 나 중에 어느 한 사람이라도 믿고 의지하지 않거나 못한다면 할 수 없는 놀이입니다. 사람 인人이 무엇을 뜻하는지가 절실히 느껴집니다. 학생과 학생, 학생과 교사와의 관계도 마찬가지입니다. 학생들이 '우리는 함께야', '너가 없으면 안 돼'라는 분위기에서 모두 행복해야 하는데,오늘의 학교 현장은 불행하게도 전혀 그렇지 않습니다. 학교에서 학생들은 살벌한 경쟁 가운데서 '너 때문에 안 돼', '너를 짓밟고 일어서야 내가 살아', '왕따를 당하면 어쩌나' 하는 두려움 가운데서 힘겹게 살아가고 있습니다.

놀이는 사람들이 함께 어울려서 즐기는 공동체입니다. 교실에 놀이가 없다는 것은 공동체를 상실하였음을 의미합니다. 결국 학생들 사이에 인간관계가 단절되어 버림으로써 모든 학생이 자기가 누구인지를 이해하기 어렵게 되었고 건강한 사회인으로 성장하지 못하게 만들어 놓았습니다. 또래친구들과 친밀하고 신뢰할 수 있는 우정을 나누어야 할 청소년들을 살벌한 경쟁으로 잔인하게 갈라놓은 것은 잔인한 범죄행위와 다를 바 없습니다.

어린 시절 맘껏 놀면서 행복하게 지낼 수 있었던 것은 나에게 특별한 축복이었습니다. 어찌나 정신없이 놀았던지 중 · 고등학교 6년 동안 내내 학업 성적이 밑바닥에서 맴돌았을 정도였습니다. 그러다가 스물여섯 살이었을 때 어린 시절 가졌던 캠프, 동아리활동(그 당시는 클럽 또는 서클이라고 불렀습니다), 여행에서 교육의 주제를 찾을 수 있었던 것도 전적으로 놀이 때문이었습니다. 어린 시절 그 자리에서 나는 언제나 주인공으로 있었습니다. 다른 사람들과 공동체를 이루어 자유, 꿈, 상상, 희망, 기쁨, 만남, 사귐, 나눔, 사랑을 나누었던 황홀한 놀이터였습니다.

그로부터 나는 놀이 연구에 매달리기 시작했습니다. 1980년대 서울YMCA 간사로 있었을 때는 캠프, 동아리활동, 지역사회개발 프로그램을 실험 · 연구하는 일에 정열을 바쳤습니다. 그러던 중 보다 철저하게 준비해야 할 필요를 절감하고 미국으로 유학을 떠났습니다. 대학원에서 놀이와 캠프에 관한 교육학을 전공하였으며, 여러 단체를 통하여 캠핑 인턴십을 수료하였습니다. 그동안 100곳이 넘는 수많은 캠프장과 청소년단체들을 둘러보면서 우리나라에 적합한 실천적 대안을 마련하기 위해 심혈을 기울였습니다. 사람들은 캠프, 동아리활동과 같은 놀이에 미쳐 거기에서 교육의 대안을 찾으려고 하는 나를 이해하지 못했으며 오히려 이상하게 생각했습니다. 하지만 나는 아랑곳하지 않았습니다. 놀이에 대한 신뢰와 확신이 날이 갈수록 더욱 굳건해졌기 때문입니다.

03 : 화랑도 : 놀이로 하는 완벽한 인성교육의 위대한 유산

우리는 이미 신라시대에 화랑도라는 완벽한 전인교육 유산을 가지고 있는 자랑스러운 민족입니다. 화랑도는 청소년들이 공동체를 이루어 전국 산하를 누비면서 가무유희를 즐기던 놀이집단이었습니다. 화랑도는 공동체 놀이집단이었으며 온전히 놀이를 통해 이루어진 완벽한 전인교육 모델입니다. 다음은 나의 박사학위 논문인 '조직캠프의 전인교육적 모형 연구'(2002, 연세대학교 대학원)에서 발췌한 글입니다.

고구려, 백제, 신라 삼국은 원시신앙과 단군신화를 바탕으로 4~7세기에 중국으로부터 전래된 유교 · 불교 · 도교 사상을 주체적으로 흡수, 융합시켜 각자 나름대로 국가 이념으로 활용하고 있었다. 김인회는 그의 저서 한국무속사상연구(1987)에서 崔致遠, 鄭寅普, 崔南善, 申采浩의 지론들을 종합하여 볼 때 이들은 화랑도를 유불선 삼교가 합쳐서 된 것이 아니라고 하였다. 오히려 고대로부터 있어 오던 巫敎의 이념이 三敎의 내용을 통하여서도 응용 실현될 수 있는 것이었기 때문에 삼교가 받아들여진 것이라고 해석하는 것이 논리적으로 타당하다는 것이다. 弘益人間, 光明理世하기 위한 在世理化라는 고대무교의 이념이 외래종교들과 통합되었다거나 한국사상이 외래종교들에 의해 흡수된 것이라거나, 또는 기존 한국 원시종교 위에 외래의 고등종교가 터를 구축한 것이 아니라, 외래의 종교들을 한국의 무교가 흡수 이용하였다고 보는 것이 타당하다고 본다. 화랑도가 유 · 불 · 선, 삼교 중 어느 것으로도 설명될 수 있고, 삼자의 성질을 공히 지니고 있는 것은 이들 외래의 제종교와 사상이 신라 무교의 관점에서 볼 때 제각기 실용적인 가치가 있다고 판단되었기 때문에 무교적 목적 달성(홍익인간 실현)을 위한 수단의 일부로 받아들여졌다고 하였다(김인회 1987, 117~127). 이러한 점에서 우리의 전통적인 문화인 巫敎가 유 · 불 · 선, 삼교의 요소를 이미 소유하고 있었기 때문에 화랑도는 무교가 주체가 되어 유·불·선을 흡수한 주체적인 전통제도라고 보았던 유동식(1983)의 견해와 일치한다.

그중에서 고구려와 백제보다 상대적으로 낙후되어 있던 신라는 국가적 단결과 인재양성, 그리고 외부로부터 유입되는 외래문화와 종교들을 주체적으로 수용하고 소화해야 하는 과제를 가지고 있었다. 신라는 화랑도를 통하여 인재들을 양성함으로써 이러한 시급한 문제를 해결하려고 했던 것이다.

김충열은 그의 저서 한국유학사(1998)에서 신라는 고구려와 백제가 한족 문화의 충격으로부터 지켜 주는 방파제 역할을 하여 주었으며, 고구려와 백제라는 두 방파제에 걸려 일단 약화된 한족의 문화와 만나면서 그것을 용이하게 소화해 낼 수 있다고 하였다. 신라는 이처럼 자기 문화의 틀을 다지는 동시에 남의 문화를 흡수할 수 있는 역량을 갖추어 나갈 수 있었기 때문에 중국문화의 충격에 흔들리지 않을 수 있었다. 신라는 고구려와 백제에 뒤졌으나 오히려 '뒤늦게 일어난 것이 누릴 수 있는 빼어남'後起之秀과 같은 문화적 승기를 잡을 수 있었던 것이다. 결국 신라는 한민족 문화가 지닌 포용성을 발휘함으로써 유·불·선, 삼교를 회통하여 자기의 문화 속에 용해시켜 재창조해 내는 입체성과 유용성을 보여 주었다. 이것이 삼교를 회통시킨 신라의 조화정신이며, 이를 다시 현세 속의 이상 국가 건설을 위한 동력으로 승화시킨 것이 화랑도라고 하였다.

화랑도의 교육목적은 국가와 민족을 중흥시킬 인재를 양성하고 선택하는 데 있었다. 이에 관해 삼국사기는 "무리들이 구름같이 모여들어 혹은 서로 도의를 연마하고 혹은 가악歌樂을 즐기면서 산수山水를 찾아다니며 즐겼는데 멀어서 못간 곳이 없다. 이로 인하여 그 사람의 옳고 그름을 알게 되고 그중에서 좋은 사람을 가려 뽑아 이를 조정朝廷에 추천하였다."고 기록하였다. 이에 대해 손인수(1998)는 "올바른 정서교육으로 대인관계에 공정·화목·관대함을 체득시키고 노래와 풍류로 서로 알게 하여 명랑함과 쾌활함을 길러 주며 한반도 산하를 찾아다니도록 함으로써 국토에 대한 애착심과 견문을 넓히게 하였다."고 하였다.

화랑도의 교육목적은 6세기말 진평왕 때 원광이 제정한 세속오계로 집약된다. 첫째, 임금을 충성으로 섬겨라事君以忠. 둘째, 효도로써 부모를 섬기라事親以孝. 셋째, 믿음으로써 벗을 사귀라交友以信. 넷째, 싸움에서 물러나지 말라臨戰無退. 다섯째, 함부로 죽이지 말라殺生有擇이다. 김대문은 화랑세기에서 이를 통하여 어진 재상과 충성된 신하가 여기서 빠져 나오고 뛰어난 장사와 용감한 병사가 생겨났다고 하였다.

김인회는 화랑도 교육의 특징을 교육방법과 내용에 있어서 철저하게 무교적이라고 하였다. 그는 史記의 기사를 들어 화랑도 교육의 특징을 다음의 네 가지로 요약하였다.

첫째, 화랑교육은 개인적인 것이 아니라 집단적이었다徒衆雲集. 화랑도의 교육은 집단을 통해서 수행되었으며 낭도들은 그러한 화랑집단 속에서의 경험에 의해서 자기 정체성을 형성했다.

둘째, 화랑은 제도적인 유교 교육기관이 아니며, 교육과정에 의해 교육받은 것도 아니었다. 신라에 유교식 교육기관인 '國學'이 통일 후 신문왕 2년(682)에 설립된 것이 이를 뒷받침해 준다. 이에 관해 손인수도 화랑도는 인재 양성을 위한 교육기관으로 출발한 제도이지만 법률로 제정된 국가기관은 아니라고 하였다.

셋째, 화랑교육의 내용은 상마이도의相磨以道義라는 것이다. 여기서 말하는 화랑들의 도의는 궁극적으로 홍익인간 광명이세弘益人間 光明理世를 위한 지행합일知行合一이라고 요약할 수 있다.

넷째, 화랑교육은 교육방법으로 상열가악相悅歌樂 유오산수遊娛山水 무원부지無遠不至이다. 김인회는 세속오계를 실천할 원동력을 기르는 교육방법으로서 가악歌樂, 유오산수遊娛山水를 택한 것은 유교나 불교의 것으로 해석할 수 없으며 우리나라의 무교적 제의습속으로 밖에 해석할 수 없는 것이라고 하였다. 즉 국내산천을 유오遊娛했다는 것은 단순한 놀이로서가 아니라 다분히 종교적 성지순례와 같은 수련방법으로서의 교육적 의미를 갖는다. 화랑도는 이성적, 논리적 인식의 차원을 넘어서, 고대 무교의 국토 성역의식, 종족적 자존심 등과 결부된 종교적이며 감상적인 체험을 바탕으로 하여서 더욱 효과적으로 체득할 수 있는 교육이라고 하였다(김인회, 1987: 118).

상열가악相悅歌樂 역시 단순한 놀이와 즐거움을 넘어서서 종교적 의미와 함께 교육적 의미를 지닌 방법으로서 대단한 효과를 거두었을 것이다.[3] 화랑의 교육에서 음악

---

3 손인수(1998)는 저서 '한국교육사연구'(상권)에서 "화랑도가 즐긴 노래와 춤은 그들의 명승지 순례와 더불어 놀이로서의 성격을 강하게 띠고 있다. 이 놀이는 화랑도의 인격형성, 나아가 그 세계관 형성에 큰 역할을 한 것으로 생각된다(227, 228)."고 하였다 유동식(1983)은 저서 '한국무교의 역사와 구조'에서 "화랑도들은 청년무사집단이기도 하였으나 그들의 중요

이 대표적인 위치를 차지했으며, 향가鄕歌는 국선화랑들이 보편적으로 불렀던 형태의 노래였던 것으로 추정된다. 相悅歌樂, 遊娛山水만이 화랑도의 교육방법은 아니었을 것이나, 弘益人間 실현을 위한 국혼도國魂道로서의 화랑도교육의 모든 내용을 상마이도의相磨以道義가 함축하고 있듯이 相磨以道義를 지행합일知行合一하는 무교적 교육의 다종다양한 방법과 수단들의 성질을 함축할 수 있는 개념으로는 相悅歌樂, 遊娛山水가 가장 적절한 표현이라고 보았다(김인회, 1987: 120~125).

화랑도는 일정한 기간을 정해 놓고 단체생활을 했다. 수련기간이 3년이었던 것으로 짐작되며, 화랑은 대개 15~18세의 청소년들이었다. 반관반민半官半民으로 구성된 화랑집단의 구성원들은 경주의 남산 · 금강산 · 지리산 같은 명산 대첩들을 순례하면서 도의를 연마했다(손인수, 1998: 223~227).

김충열은 화랑도의 성격과 역할을 다음과 같이 설명하였다. 첫째, 화랑도는 국가 차원의 운동을 이끄는 주역이었으나 국가가 이를 직접 관장하거나 규제하지 않고 자율적으로 운영한 일종의 사조직이었다. 둘째, 신라는 원래 부족 구성의 복잡성과 문화 요소의 다양성을 조화시킨 공동체였기 때문에 화랑도는 부족과 문벌이 자율적으로 운영하도록 하였음에도 국가적 목적 달성을 위한 운동의 총화로 집적될 수 있었던 다양성과 자율성에 기초한 공동체였다. 셋째, 화랑은 대개 15세 즈음에 귀족들 가운데 선발된 엘리트 계층이었으나 그를 따르는 낭도들은 대부분 서민들의 자제였을 것으로 보여진다. 화랑은 국가가 평안할 때 전국의 명산대천을 순례하면서 수련 활동을 하였으며, 유사시에 국가의 흥망을 좌우하고 민족의 미래를 책임지는 동량이었다(김충열, 1998: 109~110).

이상에서 볼 때 우리나라의 화랑도는 조직캠프의 골격을 완벽하게 갖춘 야외집단 활동이었다. 조직캠프의 관점에서 화랑도의 성격을 정리해 보면 다음과 같다.

가. 화랑도는 주로 15~18세의 화랑들로 구성된 청소년집단이었다.

나. 화랑도는 전국 산하를 돌아다니며 자연에서 가졌던 야외활동이었다.

다. 화랑도는 다양성과 자율성에 기초한 공동체였다.

한 기능은 가락으로써 서로 즐기며 산수를 찾아 노는 風流에 있었다."고 하였다.

라. 화랑도는 세속오계와 知行合一이라는 교육목적을 가진 집단활동이었다.

마. 화랑도는 교육방법으로 음악·춤·놀이를 적극 사용한 문화활동이었다.

바. 화랑도는 국가기관이나 정규교육단체로 시작된 것이 아니라 화랑들이 자발적
으로 참여하여 이루어진 집단활동이었다.

공동체 안에서 누리는 놀이의 즐거움, 이것은 우리에게 분명한 대안을 제시해 줍니다. 이것이 놀이의 힘입니다. 그것이 우리 선조에 가지고 있던 화랑도입니다.

인성교육의 자랑스러운 유산인 화랑도는 국가 정규 교육기관이 아니었습니다. 한국교육사연구에서 손인수 교수는(1998) "화랑도는 촌락 공동체 내부에서 발생한 자생적인 청소년 조직이었고 반관반민의 성격을 띠는 조직으로서 법률로 제정된 정식 국가기관이 아니었다."고 이야기합니다. 그래서 화랑도에 참석한 청소년들을 풍월도, 풍류도, 국선이라고 부릅니다. 즉 노는 신선이라는 말입니다. 여기에 교육이라는 말이 어디 있습니까? 그렇기 때문에 정리를 해 보면 화랑도는 15~18세의 청소년들이 집단을 이루어 전국 산하를 돌아다니며 가무유희를 즐겼던 자발적인 놀이집단입니다. 아이들이 실컷 어린 시절에 놀고 자유롭게 자기표현을 충분히 하고 꿈을 키우다 보니까 나라를 생각하게 되는 것입니다. 그래서 세속오계라는 게 나중에 교육목적으로 정리가 된 것이지, 세속오계를 목적으로 세워진 국가기관이 아니었다는 것이죠. 놀이 집단. 이것은 굉장히 중요한 메시지를 담고 있다고 봅니다.

04 ⋮ 인성교육을 위한 네 가지 필수조건

우리나라 교육은 학생 개개인을 독립된 온전한 인간으로 세우고, 사회와 국가에 공적 책임을 가진 사회인으로 세우는 일 이 두 가지를 실현하는 데 줄곧 실패해 왔습니다. 이를 실현하기 위한 여건들이 제대로 마련된 것이 하나도 없습니다. 독립된 온전한 인간과 더불어 사는 공동체를 실현하고자 하는 의지가 있는지조차 의심스럽습니다. 그래서 나는 새 술(새 생명, 새로운 세대의 탄생)을 빚기 전에 새 술을 담는 데 필요한 새 부대(네 가지 선결과제)를 마련하는 것이 선결과제라고 판단했습니다. 생명을 살리는 교육, 새로운 세

대를 탄생시키기 위해 우선적으로 해결해야 할 선결과제는 다음의 네 가지였습니다.

첫째, 청소년을 피교육자로 보지 않고 독립적인 인격체로 인정하고 존중할 수 있어야
한다.
둘째, 청소년과 수평적 관계를 맺는 동반자적 지도력을 갖추어야 한다.
셋째, 청소년의 자기주도적인 참여를 기반으로 스스로 학습, 성장하고 책임질 수 있도
록 하는 프로그램을 개발해야 한다.
넷째, 소집단을 지원하는 통합적 제반 여건을 갖추어야 한다.

이러한 맥락에서 작금의 학교 현실과 상황이 어떠한지 돌아볼 필요가 있습니다. '학교
는 지금 인성교육에 적합한 지도력, 프로그램, 공간 및 시설, 예산, 관리 · 행정 등이 절절
하게 준비되었고 지원되고 있다고 생각하십니까?'라는 질문에 대해 대뜸 '그렇다'고 대
답할 교사는 아마도 없을 것입니다. 어느 것 하나 제대로 준비되어 있지 않은 총체적 난
국상태인 것이 사실입니다. 워낙 시급해서 인성교육진흥법이 시행되기는 하였으나 정작
교사들은 무엇을 어떻게 해야 할 것인지 몰라 당황하고 있습니다. 의욕적으로 하고 싶은
교사들도 여건이 열악하고 지원이 없어서 힘들어하고 있는 것이 우리 교육의 초라한 민
낯입니다.

전인교육의 기초를 세우는 데 크게 공한한 청소년단체가 YMCA입니다. 역삼각형인
YMCA 로고는 영spirit · 지mind · 체body, 즉 덕德 · 지知 · 체體가 조화롭게 통합된 온전한
인간을 상징합니다. 역삼각형은 이상의 세 가지 영역에 우열은 없지만 덕이 지와 체를 든
든히 받쳐 준다고 보고 있기 때문입니다. 19세기 몸을 천하게 취급하던 때에 미국 YMCA
에서 체육體育을 중요하게 판단하고 전인교육의 필수 영역으로 포함시킨 것은 가히 혁명

YMCA 로고

적인 결단이었습니다. 이렇게 하여 영성과 덕성, 지성과 감성, 그리고 신체가 온전히 하나로 통합된 건강한 전인교육의 기초가 YMCA에서 탄생하게 되었습니다. YMCA에서 농구, 배구, 야구, 핸드볼 등의 현대 스포츠가 탄생하여 전 세계로 보급된 것은 우연한 일이 아니었습니다.

그런데 나는 지·덕·체가 온전히 통합된 전인全人을 이해하는 데는 위의 역삼각형보다는 우리나라의 고유정신인 삼태극이 훨씬 낫다고 생각합니다. 세 가지 영역이 어우러져서 완전히 통합된 온전한 인간을 아래의 삼태극이 완벽하게 설명해 주고 있습니다.

YMCA는 전인교육 정신에 기초하여 전인교육 프로그램원리를 개발하였는데 그것이 4중 중첩 프로그램four-fold program입니다. 세 가지 영역에 사회적(대인관계) 영역을 첨가시킨 것입니다. 다시 말해서 기존의 덕·체·지에 사회적social 영역을 포함시킴으로써 4중 중첩 프로그램이 탄생하게 되었습니다. 아래의 정삼각형뿔 모양의 도형은 지성mental·덕성spiritual·신체physical 영역의 조화와 통합을 상징하는 역삼각형에 사회성 영역을 첨가한 4중 중첩 프로그램을 설명한 것입니다.

4중 중첩 프로그램 원리

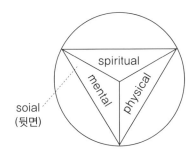

나는 위의 도형도 마찬가지로 부적절하다고 판단하여 삼태극을 적용하였습니다. 아래의 겹삼태극에서 계란의 노른자위에 해당하는 안쪽 삼태극은 전인을 상징합니다. 계란의 흰자위에 해당되는 바깥쪽 삼태극은 전인을 실현하는 데 필수적인 조건 네 가지 중에서 세 가지, 즉 지도력, 공동체, 프로그램을 상징합니다. 지ㆍ덕ㆍ체 각 영역이 골고루 건강하고 조화롭게 통합되어야 온전한 인간이 될 수 있듯이 전인을 실현하기 위해서는 이에 적합한 지도력, 프로그램, 그리고 공동체가 반드시 필요합니다. 그렇지 않으면 인성교육은 불가능하며 지금까지 실패를 반복할 수밖에 없었던 이유를 여기에서 찾을 수 있습니다.

"전체는 부분들의 총합 이상이다."라는 명제의 독일어 게슈탈트gestalt가 이를 이해하는 데 큰 도움이 됩니다. 단순히 부분들이 모여서 전체가 되는 것이 아니라는 말입니다. 어느 한 부분이 없으면 부족하거나 불완전한 정도가 아니라 아예 전체가 되지 않습니다. 이를 사람을 예로 들어서 설명해 보겠습니다. 손은 손이고, 발은 발이고, 눈은 눈이고, 코는 코입니다. 손이 발이 될 수 없고, 눈이 하는 것을 코가 할 수 없습니다. 신체의 일부분인 각 지체는 각기 특별한 기능과 역할이 있어서 다른 지체가 대신할 수 없습니다. 신체의 한 부분이 아프면 그 부분만 아프지 않고 병이 들어서 죽을 수도 있습니다. 심장이 없는 사람은 존재할 수 없듯이 어느 한 부분이 없으면 부족한 것이 아니라 전부가 될 수 없습니다.

인성교육에서도 마찬가지로 필수조건들이 있는데, 그것이 앞에서 언급한 세 가지, 즉 지도력, 프로그램, 공동체, 여기에 제반 여건 및 환경으로 인성교육에 관한 법령ㆍ시설 및 공간ㆍ장비ㆍ재정ㆍ관리 행정 등의 지원체계가 네 번째로 이에 해당합니다. 그러면 이제 이 네 가지 영역들을 간략하게나마 알아보기로 합시다.

하나, 청소년과 함께 하는 동반자적 지도자

인성교육을 위한 지도자는 일방적으로 학생들을 가르치는 사람이 아니라 그들과 함께 하는 동반자입니다. 지도자는 학생들을 존중하고 그들과 인격적인 관계를 맺을 수 있어야 합니다. 학생들이 자발적으로 참여하도록 지지하고 후원하며 촉진하고, 때로는 안내자가, 때로는 상담자가 되기도 합니다. YMCA에서는 이러한 지도자를 맏형Big Brother이라고 하지요. 그러한 지도자는 학생들에게 친근하고 따뜻한 맏형이 되면서 그들로부터 지도자의 권위를 인정받습니다.

나는 그러한 지도자를 '감추어진 지도자'hidden leader로 부릅니다. 나는 감추어진 지도자를 자전거로 설명해 보겠습니다. 두 바퀴를 가진 자전거는 앞바퀴와 뒷바퀴가 함께 돌아가면서 전진해 나갑니다. 두 바퀴 중에서 어느 하나라도 돌아가지 않으면 자전거는 이내 멈춰 버리거나 쓰러지게 됩니다. 앞바퀴에는 핸들이 연결되어 있어서 방향을 잡아 주는 역할을 합니다. 뒷바퀴는 페달로부터 힘을 받아서 굴러가고 앞바퀴는 따라서 굴러갑니다.

이제 자전거의 앞바퀴를 지도자(교사)로, 뒷바퀴를 청소년(학생)으로 보고 인성교육에 적합한 지도력을 상상해 봅시다.

첫째, 자전거의 두 바퀴는 따로 떨어져 있듯이 지도자와 학생은 서로 다른 인격체입니

다. 따라서 지도자는 무엇보다도 학생을 독립된 인격체라는 사실을 인정하고 존중해야 하며, 그들과 인격적인 관계를 맺을 수 있어야 합니다.

둘째, 앞바퀴와 뒷바퀴는 함께 돌아가야 합니다. 그렇지 않으면 전진하지 못하고 멈추거나 쓰러지고 맙니다. 이처럼 지도자는 학생들의 동반자입니다.

셋째, 자전거는 뒷바퀴가 굴러가면서 앞바퀴는 따라서 굴러가듯이 지도자는 청소년들이 자기 의지와 생각에 따라 자기주도적으로 해 나갈 수 있도록 그들을 신뢰하고 후원하고 지지해 주어야 합니다.

넷째, 핸들이 달린 앞바퀴가 방향을 잡듯이 지도자는 청소년들이 힘든 상황이나 위기에 처했을 때 그들을 보호하고 인도할 책임이 있습니다. 그렇다고 학생들을 강제적으로 이끌 수 있다는 것이 아닙니다. 그들과 함께 하면서 때로는 도와주고 인도하고 보호해 주어야 하는 책임이 있다는 말입니다. 앞바퀴가 핸들을 움직여서 위험한 지형지물을 멋지게 피해 나가듯이 말입니다. 지도자와 청소년은 상호 독립적이면서 목표를 향해 함께 전진해 나가는 공동운명체입니다.

이를 요약하면 인성교육 지도자는,

① 청소년을 독립적 인격체로 인정하고 존중하는 지도자입니다.
② 청소년과 함께 하는 동반자적 지도자입니다.
③ 청소년을 주인공으로 세우는 섬기는 지도자입니다.
④ 청소년과 목표를 향해 나아가면서 더불어 성장하는 지도자입니다.

신기하게도 나는 이러한 지도력을 놀이에서 배우고 있습니다. 놀이는 자기가 스스로 할 때만이 가능합니다. 절대로 다른 사람을 억지로 놀게 만들거나 대신해서 놀아 줄 수도 가르칠 수도 없습니다. 따라서 지도자는 그들과 함께하면서 그들이 스스로 할 수 있도록 촉진하는 도와주는 길밖에 없습니다. 그러다가 보면 어느 순간 놀이에 빠져들게 되지요. 그 사람은 금세 현실에서 벗어나 놀이세계에 몰입하여 한동안 잊고 살았던 자기가 되어서 다른 사람들과 어울리게 됩니다. 놀이터에는 지도자가 필요 없으며 또한 없어져야 합니다. 이처럼 지도자가 없어진 그 자리에서 청소년들이 자기가 되어서 자기를 만들어 나가는 주인공이 됩니다. 청소년이 그런 멋진 인간이 되기를 기대하며 애쓰는 그런 지도자를 나는 감추어진 지도자라고 부르고 있습니다.

감추어진 지도자는 노자가 **도덕경** 17장에서 말하는 훌륭한 지도자와 매우 흡사합니다.

> 가장 훌륭한 지도자는 국민들이 그가 있는지조차 모르는 지도자이다. 국민들이 순종하고 그를 환호할 때는 그리 훌륭한 지도자가 아니다. 국민들이 그를 경멸한다면 가장 나쁜 지도자이다. 그러나 훌륭한 지도자는 그가 말도 거의 없이 할 일을 다하고 목적을 완수했어도 오히려 국민들은 모두 우리가 스스로 이 업적을 성취했다고 말할 것이다.
>
> – 노자, **도덕경** 제17장

참으로 우리가 그토록 그리워하는 지도자이지 않습니까? 큰 나무는 시원한 그늘을 만들어 주어 많은 사람들에게 쉴 수 있도록 해 줍니다. 하지만 큰 나무 아래에서는 나무 한 그루, 풀 한 포기도 자라나지 못하게 할 수도 있습니다. 이와 마찬가지로 지도자가 크면 클수록 청소년은 더 위축되고 왜소해집니다. 지도자가 자기를 내려놓고 자리를 비운 자리에서 청소년들은 힘을 얻어서 자라납니다. 내 자리를 비운 만큼 청소년들은 자기를 만들어 나가면서 성장하게 됩니다.

둘, 청소년에 의해 이루어지는 프로그램
(청소년의, 청소년에 의한, 청소년을 위한 프로그램)

지도자가 일방적으로 이끄는 식의 기존의 주입식 프로그램에서 단호히 벗어나야 합니다. 청소년들이 자발적으로 참가하여 스스로 결정하고 시행하여 목표를 성취할 수 있도록 하는 프로그램이 마련되어야 합니다. '청소년의of the youth, 청소년에 의한by the youth, 청소년을 위한for the youth' 프로그램을 말입니다. 그러기 위해서는  청소년 개개인의 관심과 욕구에 부합하고, 그들이 필요를 느껴서 스스로 선택할 수 있도록 하고, 자기주도적으로 결정하고 시도하고 책임까지도 질 수 있도록 하는 필요를 충족해야 합니다.

그렇다고 지도자가 아예 필요 없다는 말은 아닙니다. 또 그래서도 안 되고 그럴 수도 없습니다. 지도자가 아무런 대안도 없이 청소년들에게 무조건 내어 맡기는 것은 무책임한 직무 유기여서 비난받아야 마땅합니다. 그런 지도자는 청소년들을 오히려 망가트립니다. 지도자는 청소년들과 친밀하고 서로 신뢰하는 관계를 맺어 나가면서 목표에 대한 확고한 신념과 확신을 가지고 있어야 합니다. 주목할 점은 지도자가 청소년들을 이끄는 것이 아니라 그들이 스스로 자기의 방법으로 목표를 성취하는 것을 가능하게 하는 프로그램을 개발해야 한다는 것입니다. 이러한 점에서 청소년 중심의 프로그램 마련이 필수적입니다.

나는 1980년대부터 청소년 중심으로 이루어지는 프로그램을 개발하기 위한 실험을 거듭해 왔습니다. 그러는 동안 굿리치가 저술한 *Decentralized Camping*(1959)이라는 책에서 '분산형 프로그램' 원리를 처음 접하게 되었습니다. 듀이의 실용주의교육에 기반을 두고 학생 스스로 '하면서 배우도록'learning by doing 하는 프로그램이었습니다. 소집단에서 청소년들이 각자 자기가 원하는 활동을 직접 선택하도록 하는 프로그램으로 꿈꾸며 찾아왔던 것이었습니다. 하지만 문제는 분산형 프로그램을 한 번도 본 적도 없었고 경험해 보지도 못했다는 데 있었습니다.

그에 대한 관심이 더욱 간절해지던 중에 드디어 기회가 찾아왔습니다. 1987년 여름에 미국으로 캠프연수를 갔을 때 세계 최초의 조직캠프인 Camp Dudley YMCA를 방문하여 분산형 프로그램의 실체를 직접 목격할 수 있게 되었던 것입니다. 캠프 더들리는 1920년대 미국에서 분산형 프로그램이 시작되었을 때 최초로 이를 도입하여 운영해 온 대표적인 분산형 캠프였습니다. 캠프가 어떻게 운영되고 있는지를 식당 입구에 세워져 있는 게시판을 가지고 설명해 드리겠습니다. 나는 청소년들이 게시판에 쪽지를 핀으로 꽂아 놓고 식당으로 들어가는 것이 궁금해서 게시판을 들여다보았습니다. 거기에는 놀랍게도 이러한 식의 메모들이 꽂혀 있었습니다. "○○캐빈의 △△who는 친구(또는 지도자) ○○와 함께, 어디에서where, 어떤 활동을what, 언제부터 언제까지when 합니다."

캠프에서의 일과는 이렇게 시작되었고 끝이 났습니다. 청소년들은 하고 싶은 활동을 자기가 직접 정하여 즐기면서 하루를 보냈습니다. 그러한 경험을 한 번도 해 보지 못했던 나는 큰 충격을 받았습니다. 드넓은 캠프장에 널려 있는 수많은 종류의 스포츠와 게임, 하이킹, 야영장에서 청소년들을 하고 싶은 활동을 스스로 선택하여 맘껏 즐기고 있는 그들이 얼마나 부러웠는지 모릅니다.

그러면 프로그램 유형에 대해 알아봅시다. 일반적으로 프로그램 유형은 집중형cent-ralized program과 분산형 프로그램decentralized program으로 구분합니다. 집중형 프로그램은 강사 중심speaker-centered이고 프로그램 중심program-centered인 것이 특징입니다. 대집단을 대상으로 주최측이 만든 프로그램을 한 사람 또는 소수의 지도자가 일방적으로 진행됩니다. 분산형 프로그램의 특징은 지도자 중심counselor-centered이고 활동 중심activity-centered입니다. 참가자들은 소집단에서 원하는 활동을 직접 선택하는데 소집단 지도자counselor가 그들과 함께합니다.

나는 분산형 프로그램이 미국처럼 여건이 좋고 풍요로운 나라에서나 할 수 있지 우리나라처럼 열악한 상황에서는 할 수 있다고 생각해 본 적이 없습니다. 여건이 좋아서 할수 있고 그렇지 못해서 할 수 없는 것이라면 진리도 아니고 보편적 대안이 될 수 없는 것이기 때문이지요. 게다가 자존심이 걸린 문제이기도 하였습니다. 그로부터 나는 우리나라에 적합한 청소년의, 청소년에 의한, 청소년을 위한 프로그램 모델을 만들어 내기 위해더욱 심혈을 기울였습니다.

인성교육에서는 대집단을 대상으로 지도자에 의해 진행되는 집중형보다는 소집단에서 참가자가 중심이 되어 그들에 의해 이루어지는 활동 중심의 분산형 프로그램이 적합한 것이 분명합니다. 그렇다고 집중형 프로그램이 잘못되었고 분산형 프로그램만 옳다고보아서도 안됩니다. 나름대로 장단점들을 가지고 있습니다. 다만 청소년들의 자발적인참여와 선택, 그리고 그들이 스스로 성장해 나가도록 하기 위해서는 분산형 프로그램이적합한 것이 분명합니다. 마지막으로 집중형과 분산형을 장단점을 보완한 프로그램 유형이 절충형 프로그램eclectic program입니다. 처음에는 참가자인 청소년들의 성격과 수준을 고려한 절충형 프로그램으로 시작했다가 점차 지도자의 역량을 청소년들에게 이전함으로써 종국에는 전적으로 참가자 중심의 분산형 프로그램이 되도록 하는 의지와 노력이필요합니다.

셋, 공동체를 통한 삶의 교육

(공동체에서 참가자 중심으로 이루어지는 체험학습과 협동학습)

부버는 "사람은 상대방을 통해서만이 자기 자신에 도달한다."고 하였습니다. 인간은 태어나는 순간부터 가정이라는 공동체에서 부모와 형제자매의 보호를 받고 성장합니다. 아기는 가족구성원들로부터 신체적, 정신적으로 가장 기본적인 사랑과 욕구를 공급받습니다. 아기는 자라면서 점차 가정을 벗어나게 되고 초등학생이 되면서부터는 학교와 가정을 오가면서 대인관계의 폭을 넓히게 됩니다. 성인이 되어서는 직장생활을 시작하게 되고 또 하나의 가정을 꾸립니다. 이렇게 인간은 탄생부터 인생을 마감하기까지 전 생애에 걸쳐 수많은 집단에 소속되어 타인들과 관계를 맺고 살아갑니다.

인간은 삶 가운데 만나는 중요한 타자significant others들을 통해서 자아개념을 형성해 나갑니다. 집단 안에서, 집단을 통해서만이 자기를 이해하고 존재 의미를 찾을 수 있습니다. 타인들로부터 이해, 수용, 신뢰, 지지, 존중, 그리고 사랑을 받고 자란 사람은 건강하고 온전한 독립된 인격체로 만들어지게 됩니다. 자기를 사랑self-esteem하는 건강한 사람으로 성장하고 다른 사람들과 더불어 사는 지혜를 가진 넉넉한 사람이 됩니다. 서로 다른 나와 너가 만나 화합하고, 일치하고, 협동하고, 섬기며, 나누고, 봉사하고, 사랑하며 이웃과 사회에 대해 책임의식을 가질 수 있게 됩니다.

특히 자기 정체성을 확립하는 데 중요한 시기인 청소년기에 집단생활 경험은 필수적입니다. 그런데도 우리는 청소년들에게 그런 기회를 막고 있으면서 살벌한 경쟁과 비교로 내몰고 있는 것은 큰 문제가 아닐 수 없습니다. 조용하는 "일찍이 청소년들은 가정이나 지역사회에서 자연과의 접촉이나 또래집단에서의 놀이, 자발적 행동, 근로 체험, 지역행사에의 참가경험을 통해 일상생활에서 사회적 역할학습을 익혀 왔다. 그렇지만 최근의 급격하게 진행되는 사회구조의 변화는 청소년의 생활에서 자연환경을 빼앗고 정신적·문화적 측면을 포함한 총체적인 지역 환경의 파괴로 인해 청소년들은 자연 접촉이나 사회적 활동의 기회를 잃어버리고 있다."라고 하였습니다. 조용하가 그의 저서 청소년교육의 동향(1990)에서 밝힌 글입니다. 하물며 이십여 년이 지난 지금 청소년들의 현실은 이와 비교할 수 없을 정도로 더 비참합니다. 오늘의 수많은 청소년들은 무기력하고 무반응이고 매사에 무관심하고 무책임해져 가고 있는 것은 모두 인간관계가 단절되었기 때문입니다.

우리는 청소년기에 꼭 해 보아야 하는 생각, 행동, 그리고 느낌을 경험할 수 있도록 청소년들에게 그들의 삶을 돌려주어야 합니다. 자신이 주인공이 되어서 삶의 목적과 의미에 대해 고민하고 스스로 판단하고 발견하고 행동하며 나아가 책임을 질 수 있도록 해야 합니다. 그러기 위해서는 청소년기에 반드시 건강한 공동체를 경험을 할 수 있도록 도와주어야 합니다. 이제는 청소년들을 일방적으로 교육하고, 훈육하고, 보호해서는 안 됩니다. 독립적 인격체로 인정하고 존중하며 그들의 삶을 돌려주려는 결단이 시급한 때입니다.

하루 일과 중에서 대부분의 시간을 학교에서 보내는 학생들에게 학교와 학급에서 건강하고 안전하고 행복한 공동체생활을 경험할 수 있도록 하는 것은 매우 중요하고도 시급히 해결해야 할 과제입니다. 건강한 공동체 경험을 통해서만이 청소년들은 올바른 품성과 덕목들을 계발하고 함양할 수 있습니다. 인성교육은 강의와 훈육과 같은 방법으로 불가능합니다. 학생들이 직접 온전한 공동체를 이루어나가는 가운데 가지는 체험을 통해 성장해 나가도록 해야 합니다. 학생들은 공동체의 일원으로 역할을 해 나가면서 체험학습experiential learning과 협동학습cooperative learning을 통해 온전한 인간으로 성장해 나가게 됩니다.

넷, 인성교육에 필요한 제반 지원체계

(시설 · 공간 · 장비 · 재정 · 법령 · 관리 행정 등의 지원체계)

지금까지 인성교육을 위한 필수조건인 지도력, 프로그램, 공동체를 알아보았습니다. 이밖에 마지막 네 번째 필수조건이 제반 지원체계인데 적절한 시설 · 공간 · 장비 · 재정 · 법령 · 관리행정 등이 이에 해당됩니다. 이러한 지원체계들이 효과적이고 일관성 있게 지원되어야 합니다. 열악한 환경과 여건에서는 인성교육은 불가능합니다. 많은 교사들이 힘들어하고 있는 것도 모두 이 때문입니다.

그중에서 시설과 공간에 관해 알아봅시다. 현재 대부분의 학교에서는 활동 가능한 독

립된 시설이나 공간이 마련되어 있지 않습니다. 교실에서 활동을 하다 보면 당장 옆 교실 수업에 불편을 주어서 항의를 받기 일쑤입니다. 인성교육을 위해서는 교실 외에 따로 떨어진 독립된 공간이 필요합니다. 여러 가지 활동과 놀이들, 그리고 열띤 토론을 맘껏 편하게 벌일 수 있는 별도의 공간 말입니다.

영국의 수상이었던 처칠경은 "사람이 건물을 만들고, 이렇게 만들어진 공간은 사람을 지배한다."는 명언을 남겼습니다. 개인의 사적 공간, 그리고 소집단의 프라이버시를 보장해 주는 공간이 마련되지 않은 상태에서는 인간 중심의 인성교육은 매우 힘들어집니다. 이와 마찬가지로 인성교육을 위해서는 이에 맞는 적절한 법령, 학교 관리행정, 재정 지원, 장비, 그리고 별도의 시간 배정 등이 통합적으로 지원되어야 합니다.

이상의 네 가지 필수요건─청소년과 함께하는 동반자적 지도자, 청소년에 의해 이루어지는 프로그램, 공동체를 통한 삶의 교육, 인성교육에 필요한 제반 지원체계─이 갖추어질 때 인성교육은 비로소 실현될 수 있게 됩니다. 여러 번 언급하였듯이 어느 한 영역이라도 미흡하면 전체가 영향을 받고 때로는 불가능해질 수도 있습니다. 하지만 바른 교육을 실현하고자 하는 의지와 신념을 가지고 청소년을 사랑하는 교사는 아무리 환경이 열악하고 문제가 많아도 이를 극복할 수 있다는 사실을 잊어서는 안 됩니다. 교사가 희망의 전부입니다. 교사가 준비된 만큼 그의 품안에서 청소년들은 자라나며 자기가 되어 갑니다.

이제 네 가지 필수요건(새 부대)이 구비된 학교와 학급에서 어떤 일들이 벌어지는지를 상상해 보기로 합시다. 새 학기를 맞아 학생들을 신뢰하고 존중하는 교사가 학생들의 동반자가 되어서 그들이 협동하여 자기주도적으로 학급을 아름답고 건강한 공동체로 만들어 나갈 수 있도록 지지하고 후원해 줍니다. 학생들은 조금씩 용기를 얻게 되면서 해 보고 싶은 의욕이 생깁니다. 그들은 학급 운영 규칙을 스스로 만들어서 지켜 나가고, 각자 맡은 역할을 충실히 해 나가는 처음 해 보는 시도를 감행합니다. 그러면서 실망하기도 하고 여러 가지 우여곡절을 겪으면서 좌절할 때도 있지만, 선생님이 언제나 함께 해 주시고 든든히 지켜 주시는 덕분에 학급은 점차 즐겁고 행복하고 건강한 공동체가 되어 갑니다.

학생들은 전에는 느껴본 적이 없었던 안정감과 행복을 학급에서 느낍니다. 따뜻한 온정을 학급 친구들에게서 느낍니다. 불안감이 사라지면서 친구들을 따돌리지 않게 되고 학교폭력은 점차 사라집니다. 대신 학생들 간에, 그리고 학생들과 교사들 간에 신뢰가 쌓이면서 행복한 만남과 사귐, 나눔, 섬김, 돌봄, 믿음, 사랑이 넘치게 됩니다. 예전에는 경쟁해야 하는 대상이었던 친구들이었는데, 이제는 서로 사귀고 즐기면서 우정을 나누는 친구가 됩니다. 교사와 학생들은 시간이 갈수록 하나가 되는 감격을 누립니다. 지긋지긋하고 왜 해야 하는지 몰랐던 공부가 이제는 재미있어집니다. 나, 너, 우리가 있는 학급에서 학생들은 서로 도와주며 선한 영향력을 미치게 됩니다. 그러면서 학생들은 모두 한결같이 지·덕·체가 조화를 이루어 통합된 온전한 인간으로 성장해 나갑니다. 1년은 교사가 학생들과 함께하면서 그들이 더불어 행복한 학급을 만들어 나가는 동안 학생들이 모두가 행복하고 건강한 인간으로 자라도록 하는 데 충분한 시간입니다.

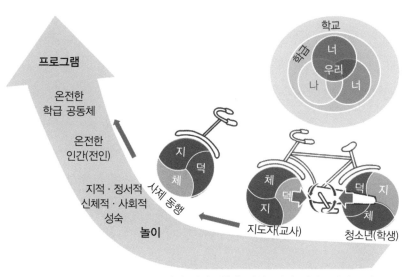

법령, 관리·행정, 시설·장비, 안정·위생 등의

인성을 갖춘 미래인재 어떻게 키워낼 것인가[4]

홍순명
밝맑도서관장

한 사람 한 사람이 귀하다

내 나이 사람들은 일제통치, 해방, 한국전쟁을 겪었는데, 청소년 때 읽은 책으로 기억되는 것이 함석헌 선생의 성서적 입장에서 본 한국역사와 유달영 선생의 새 역사를 위하여, 그리고 전택부 선생이 번역하신 에밀 브루너의 정의와 사회질서 등이었습니다. 모두 어려웠던 시절 심혈을 기울여 내신 책들입니다. 나는 그분들의 책이 인연이 되어서 지금의 풀무농업고등학교에 오게 되었고 일평생 교사의 길을 걸어왔습니다.

지난 2015년 7월 21일 인성교육진흥법이 실행된 것으로 인성교육에 대한 관심이 높아지고 한 편으로는 그만큼 우려하는 목소리가 커지고 있습니다. 우선 인성을 논하기 전에 나는 교육이 무엇인가, 다 아는 것 같으나 기본적인 문제를 짚고 넘어가고자 합니다. 글자대로 보면 教는 가르치는 것이고 育은 자라게 한다는 것입니다. 가르치는 것, 즉 밖에서 주입하는 것이 일차적이고 자라게 하는 것은 이차적인 것으로 글자의 순서가 되어 있습니다. 그런데 교육의 어원을 보면 학생 속에 원래 있는 것을 자라게 하는데 원래의 의미가 있다고 합니다. 교육이란 말은 '철학', '과학'같이 서구문명을 먼저 받아들인 일본에서 번역을 했습니다. 밝맑도서관 개관식에 오다 다카시(동경대) 민주교육학회장이 기념강연을 했는데, 교육이란 용어는 당시 정부가 국가주의적 의도를 가지고 명백히 잘못 번역했다고 하더군요. 교육으로 용어가 통일되고 곧 천황의 '교육칙어'가 나왔으니까요. 교육educate은 싹을 자라게 하듯 끄집어내고draw out, 기르고bring up, 돌보는 것nurse, care 이 원래 뜻이라고 합니다. 싹은 자기 속에 설계도를 가지고 햇빛과 물을 받아 스스로 자라는 것이고 옆에서는 그것을 도와주면 되는 것입니다. 그러니까 원래 뜻을 살리자면 조육助育이 맞지 않을까 싶습니다. 주입을 위주로 하는 교육은 학생을 밀가루 반죽처럼 주물러서 떡이든 면이든 만두든 주물러 사람 마음대로 만드는 것입니다. 일본에서는 그런 교육으로 개인을 부국강병, 전쟁의 도구를 만들어 국가 재난을 당했지요. 학생이 타고 난

---

4 풀무학교 교장을 역임하셨고 현재 밝맑도서관장으로 계신 홍순명 선생님께서 현대차 정몽구재단이 주최한 2015년 제1회 온드림스쿨 교육포럼에서 기조강연으로 발표하셨던 원고입니다.

개성, 능력, 소질이 잘 자라도록 돕느냐, 국가나 사회, 기성세대가 요구하는 기준에 학생을 맞추느냐 이것은 교육에 대해 생각할 때 큰 선택지이고, 현실적으로 그 폐단이 나타나고 있는 문제라고 생각합니다.

여기 대하여 나는 전택부 선생을 예로 들어서 설명해 보고자 합니다. 선생의 이름은 연못 택澤에 오리 부鳧자입니다. 한자 뜻으로 논과 연못의 오리를 뜻합니다. 얼마나 시적인 이름입니까? 그런데 친구 되시는 면장이 왜 오리 같은 벽자를 쓰느냐며 그 대신 발음이 같은 가멸 부富로 맘대로 고쳤는데, 전택부 선생은 21살에 기를 쓰고 면사무소와 대서방을 다니며 오리 부자로 환원시켰다지요? 그것은 "이름을 지어 주신 아버지 생각과 두고 온 북한 고향 땅이 불쌍해서였다."고 했습니다. 그 이야기는 뒤에 하겠습니다.

연못에서 헤엄치는 오리는 아름답지만, 한국에서 오리는 닭에 비해 상대적으로 별로 알아주지 않는 새입니다. 속담을 보아도 '낙동강 오리알'이나 '오리 제 알에 똥 묻은 격', '오리걸음' 하는 식으로 오리가 들으면 다 서운할 표현만 있어요. 새벽에 시간을 알리지도 않고 걸을 때는 뒤뚱거립니다. 그런데 이 오리가 농민과 생태를 살리는 주인공이 됐습니다. 훈련을 안 시켜도 알아서 벌레와 풀을 먹어 유기농업을 돕고, 수면을 휘저어 흙을 좋게 하면서 메탄 발생을 억제하여 온난화를 방지합니다. 닭과 달리 한 번 각인하면 끝까지 사람을 따릅니다. 오리걸음은 육지에서만 그렇지, 물에서는 그렇게 민첩할 수 없어요. 논에서 농업과 축산을 같이 하는 유축 복합 농업을 하게 되었어요. 소득증대가 되고 오리고기는 건강식입니다. 오리는 희망의 새입니다.

그런데 땅에서 걷거나 아침 첫새벽에 우는 데 기준을 맞추면 오리는 만년 F학점을 받고 평생 자신을 낙오자로 알고 비관할 것입니다. 오리는 오리대로 닭은 닭대로 귀한 존재입니다.

나는 학생 한 사람 한 사람의 다양한 능력을 존중하고 그것이 잘 자라도록 격려하고 돌보는 것이 인성교육에 첫째로 필요하다고 생각합니다. 보통 '돌본다'고 하면 잘 나가는 학생만 돌본다든지, 모자란다고 생각되는 학생만 돌봄이 필요하다고 생각하기 쉬운데 이는 안 된다고 생각합니다. 잘 나가는 학생이 우월감을 갖지 않도록 더 돌봄이 필요할지도 모릅니다. 모든 학생은 있는 그대로 다 귀한 존재입니다.

더불어 사는데 인성이 자란다

학생의 능력을 존중하고 그것이 잘 자라도록 돌보는 데 거슬리는 말은 '아이'라는 말입니다. 중고생을 보통 아이라고 부르지요? 아이는 초등학생을 이르는 '어린이'보다 퇴화한 말입니다. 고등학교를 졸업하면 시민으로 투표권이 있는데, 그 직전까지 아이로 지냅니다. 인생의 중요시기에 인격의 자각이나 책임, 자존감을 가르치지 않습니다. 아이란 말은 어른사회에서도 계층 소속에 따라 차별어로 쓰이고 있습니다. 유대민족이 열 살 때부터 준비하여 열두 살에 성인식을 치러 주는 것과는 대조적입니다. 인성교육은 아무개 학생, 학생 여러분, 그렇게 인격으로 존중하는 데서 시작해야 한다고 생각합니다.

인성교육의 둘째는 모든 사람의 소질, 능력, 개성을 존중하듯이 다른 개성들이 서로 존중하며 더불어 사는 법을 배워야 합니다. 나 혼자의 well-being과 함께 co-living이 균형을 잡아야 합니다. 오리가 닭보고 "넌 왜 헤엄도 칠 줄 모르니?"라고 하거나 닭이 오리보고 "아침에 울지도 못하는 주제에." 하고 비웃거나, 오리가 꼬끼오 하고 울려고 하거나, 닭이 물 속에 헤엄치려 하거나, 나처럼 걸으라고 오리걸음을 교정하려고 하면 웃음거리가 되겠지만, 우리 현실에는 그런 일이 일상적으로 일어나고 있지 않는지요?

어떤 이들은 생존경쟁은 자연의 법칙이라고 합니다. 1858년에 다윈과 월리스가 종의 기원에서 개체 간에 경쟁을 선택, 반복하는 동안 진화가 이루어진다고 한 뒤, 경쟁은 과학과 사회경제의 가치관이 되어 버렸습니다. 1979년에 독일의 생물학자 하인리히 안톤 드 바리는 'symbiose의 현상'이라는 논문을 발표합니다. '공생의 현상'이지요. 모든 생물은 겉보기에 경쟁하는 것 같지만 공생이 바탕이라는 법칙을 발표한 겁니다. 벌과 나비가 꿀과 꽃가루를, 동물과 식물이 산소와 이산화탄소를, 미생물과 식물이 분해한 유기물과 당분을 교환하고 포식자가 초식동물의 건건한 적정수를 유지하는 것 등 사례가 무수합니다. 학문의 발달로 요즘은 자연은 경쟁만 하는 것이 아니라 개체 속에 전체를 간직하고 있으며, 역동적인 균형을 유지하면서 촘촘한 그물망으로 짜여 있고 상호 의존하는 다양성, 순환, 태양에너지의 흐름, 끊임없이 환경이나 조건에 따라 적응 변화 발전하면서 창조적인 힘을 발휘하는 것으로 파악하고 있습니다. 그러니까 적자생존이나 약육강식 자연도태만으로 자연법칙은 설명할 수 없게 되었습니다. 그러므로 과도한 경쟁구조로 사회를 몰고 가는 것은 생태파괴나 경제위기를 초래하여 선량한 생태법칙에 위반하는 현상으로 볼 수 있습니다. 또 하나 자연계를 지배하는 선량한 생태법칙은 인간사회 공동체에도 같은 원리가 적용되는 평화법칙이라고 생각합니다.

21세기에 개인과 지역의 최대 도전은 지속 가능한 개발이 세계의 현실이 되는 것이라는 관점에서 현재 지속 가능한 사회를 위한 교육Education for sustainable Society이 유엔을 비롯하여 전 세계에서 논의되고 있습니다. 지속 가능 사회란 환경(생태), 경제, 사회, 문화가 상호작용을 하면서 건전하게 발전하는 사회인데, 그런 사회를 위한 교육은 무엇을 내용으로 할까요?

자기실현과 사회공동체 기여, 시민정신과 참여, 생태를 지키는 관리자 의식과 책임, 미래세대의 고려, 과학의 사회적 책임, 다양성의 존중, 생태와 평화를 중심 가치로 하는 공동체의 실현, 지역을 학습의 장으로 하는 교육, 협동과 공감의 학습전환, 삶의 양보다 질 추구 등 키워드로 삼을 말이 많습니다.

비정상abnormal 사회는 규범norm을 안 지키는 사회입니다. 교통규칙을 안 지키는 사회를 생각해 보면 사회적으로 합의한 중요성을 알 수 있습니다. 요즘 많이 소개되는 덴마크 사례는, 개인 소감으로는, 가장 보통의 규범이 지켜지는 정상작인 나라라고 생각됩니다. 평범한 보통 사람이 자기 소질, 능력, 개성을 공적으로 곧 더불어 사는 데 쓰면, 본인도 행복하고 사회가 건강하게 변화하고 발전한다는, 보통 상식 속에 교육과 사회의 진리가 있다고 생각합니다. 풀무학교는 '더불어 사는 평민'을 교훈으로 시작했습니다. 가난하거나 웃학교를 갈 사정이 못되었던 평범한 학생들이 풀무에 들어와서 최초로 지역 신문을 만들고, 오리농업을 들여오고, 신용조합과 생산자조합을 만들고, 도와서, 일하고 배우고 협력하는 작은 지역 공동체를 만들어 오고 있습니다. 다른 지역이나 도시도 자신이 속한 공동체를 그리 바꾸자는 신호를 깜빡이고 있습니다.

청소년 학생에게 비전을

한국 헌법에 국민이 주체이듯이 교육법에는 학생이 주체입니다. 교육법에는 한 사람 학생의 인권을 존중하여 자주적 생활능력과 공민의 자질과 민주주의 발전, 인류평화 기여라는 기본으로 돌아가는 것이 중요하다고 생각합니다.

① 학교교육의 목적은 취직을 위한 경제적 동기보다 자기실현과 사회공동체 기여에 두어야 하며, 그 사회공동체는 경제, 환경, 사회, 문화가 서로 관련하여 발전하는

지속 가능 사회 실현이라야 합니다.

② 학생을 획일적으로 보거나 성적에 따라 도태, 배제하는 태도는 개선되어, 개성을 존중하고 전인적인 발달을 도모해야 합니다.

③ '캣맘 사건'같이 학생들이 참고서나 게임에 몰두하다 보면 현실과 가상세계를 분간하지 못하는 일이 있으므로 자치, 취미, 현장 체험활동으로 실험하고 실패하고 좌절하면서 자라게 하고, 학생 주체로 공동 주제 학습을 하고 책을 읽어 사고력, 판단력을 기르고 또 그런 모든 활동에서 인정받고 격려되며 기쁨을 발견해야 합니다.

④ 교육은 중앙관리보다 지역의 특수성을 고려하여 학교와 주민이 협의하고, 학교는 주민 교사, 현장교실 등 지역의 교육력을 활용하고, 마을은 학교와 함께 지역의 재생에 협력해야 합니다.

지금은 자본과 경쟁으로 사회의 노모스가 약화된 아노미 현상이 일어나고 있지만 역사적으로 우리 사회는 유교의 사단(측은, 수오, 사양, 시비지심)에서 불교의 카루나(자비) 기독교의 사랑이 면면히 흐르지 않은 때가 없었습니다. 사랑은 정의를 포함하는 초자연적 세계의 영역입니다. 이런 자비나 사랑을 평화국가의 이상으로 말한 이가 김구로, 그는 동학에서 불교, 기독교를 섭렵한 진정한 민족주의자였고, 비극적인 생의 마감으로 더욱 추앙을 받는 분입니다. 다음은 그가 쓴 '내가 원하는 우리나라'의 요지입니다.

우리가 오직 한없이 가지고 싶은 것은 경제나 군사력보다 높은 문화의 힘이다. 현재에 불행한 근본 이유는 인의仁義가 부족하고 자비가 부족하고 사랑이 부족한 때문이다. 필요한 것은 이런 인의 자비 사랑에 바탕 둔 문화의 힘이다. 이 문화의 힘으로 진정한 세계 평화가 우리나라에서, 우리나라로 말미암아 세계에 실현되기를 바란다. 우리 민족의 재주와 정신과 과거의 단련이 이 사명을 달하기에 넉넉하고 우리 국토의 위치와 조건이 그러하다. 나는 우리의 힘으로 특히 교육의 힘으로 반드시 이 일이 이루어질 것을 믿는다.

더불어 사는 평민은 이런 자비와 사랑에 의해 생태와 공동체를 살리는 보통 사람의 나라, 평화국가의 초석이라고 생각합니다. 모두에 전택부 선생이 굳이 오리 부자를 살린

것은 '북한의 고향을 불쌍히 여긴 때문'이라고 하셨는데, 나는 불쌍히 여김compassion은 고통을 같이 느낀다는 뜻으로 사랑의 가장 깊은 경지로 생각합니다. 가정이고 학교고 일터건 자기가 속한 공동체에서 자기를 실현하고 공적으로 공동체의 향상과 변화를 추구하면서, 크게는 북한 동포에 대한 연민과 동북아시아 공동체 구축을, 인성을 갖춘 미래 세대인 우리 청소년들이 품을 시대적 과제고 기본 주제라고 일깨워 주어야 한다고 생각합니다.

1) 취지

널리 인간을 이롭게 한다는 '홍익인간'을 건국이념으로 세워진 이래 우리나라의 교육목적은 언제나 전인교육이었습니다. 무엇보다도 사람다운 사람이 되는 것이 가장 우선이라고 보고 덕육德育을 강조하였으며 그 다음이 건강한 신체를 갖추는 체육體育이었습니다. 그리고 마지막이 지식을 가르치는 지육智育이었습니다. 무엇보다 사람다운 인품과 덕목을 갖추고 건강한 신체를 이루고 나서, 그 위에 지식을 쌓도록 해야 본인은 물론이고 이웃과 국가에 이로운 사람이 된다고 보았던 것이 우리 선조들이 가지고 있었던 교육정신이었습니다.

그런데 부끄럽게도 오늘날 교육현실은 너무나 달라졌습니다. 학교에서는 덕육과 체육은 설 자리를 잃어버린지 오래 되었고 오직 지식교육에만 집중하고 있습니다. 그 결과 교육을 많이 받은 사람일수록 오히려 더 의존적이고, 무의미하고, 무책임하고, 무기력한 사람이 되어 가고 있는 비극이 벌어지고 있습니다. 청소년 비행, 패륜적인 범죄, 학교폭력, 집단따돌림, 자살, 우울증 환자가 폭증하는 등 학교붕괴가 극에 달한 것은 모두 교육목적을 상실하고 변질되어 버렸기 때문입니다.

정부는 인성교육진흥법을 제정하고 시행(2015.7.21)하고 있습니다. 하지만 교육 현장에서는 이를 환영하고 기대하기보다는 염려하고 있으며 냉소적인 반응을 보이는 교사들이 많은 것이 사실입니다. 이는 지금까지 실시된 인성교육 정책들이 실패를 거듭해 왔기 때문입니다. 인성교육 관련법과 정책들만 난무했을 뿐 정작 이를 실현하기 위해 꼭 필요한 실천적이고 통합적 대안을 마련해 놓고 있지 못하기 때문이었습니다. 그래서 인성교육을 선언적으로 외쳐 왔을 뿐 결실을 맺지 못하고 있으며, 그로 인한 피해는 고스란히 청소년들이 입고 있습니다.

이제는 더 이상 주저할 시간이 없습니다. 당장 교육의 원래 목적인 인성교육으로 돌아가야 합니다. 지식 위주의 교육은 오늘의 청소년들에게 무의미합니다. 정보와 지식 자체가 중요한 것이 아니라 그것들을 바른 가치관을 가지고 분별하고 공익을 위해 올바로 사용할 수 있는 높은 윤리의식과 책임감을 갖추도록 해야 합니다. 청소년들에게 의미, 가치, 소명 등을 가르치는 품성교육, 가치관 교육이 시급합니다. 인성교육은 교육의 일부분으로 다루어서는 안 됩니다. 정보화시대에 인성교육은 교육의 전부이며 목적이 되어야 합니다. 정6품 인성교육은 이러한 시대의 요청에 부응하여 청소년들이 고결한 윤리의식과 가치관을 갖추고 사회와 국가, 나아가 세계평화와 공영에 공헌하는 인간으로 성장하도록 하기 위한 인성교육 실천운동입니다.

2) 정6품 인성교육의 성격과 의의

인성교육은 교사에 의해 일방적으로 가르치는 강의교육으로는 기대할 수 없습니다. 지금까지 생활지도, 수련활동, 봉사학습 등의 이름으로 실행되어 왔던 인성교육이 성과를 거두지 못하고 있는 이유가 여기에 있습니다. 인성교육은 학생들의 자발적 참여를 기초로 하여 경험학습experiential learning과 협동학습cooperative learning으로 이루어지는 삶의 교육이 되어야 합니다. 인성교육진흥법에서 인성교육의 핵심가치로 규정한 여덟 가지 덕목, 즉 예禮, 효孝, 정직, 책임, 존중, 배려, 소통, 협동은 공동체를 경험하면서 그 안에서 계발할 수 있습니다. 이상의 덕목들을 청소년들이 공동체에서 체득해 나가도록 해야 합니다. 이를 위해 정6품 인성교육은 교사가 학생들과 함께 안전하고 건강한 학급 공동체를 만들

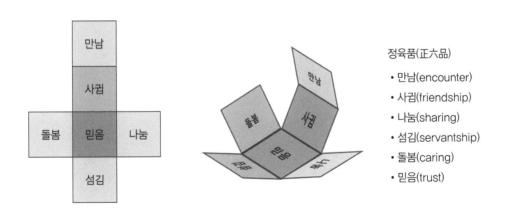

만남 · 사귐 · 나눔 · 섬김 · 돌봄 · 믿음이 있는 행복한 학교

어 나가는 가운데 학생들이 스스로 인간다운 덕목과 품성들을 계발해 나가도록 하는 데 의의가 있습니다.

정6품正六品이란 온전한 공동체를 이루는 데 필요한 진솔한 만남·사귐·나눔·섬김·돌봄·믿음, 이상의 여섯 가지 가치 또는 덕목들입니다. 정6품 인성교육은 학생들이 합력하여 이상의 여섯 가지 품성(또는 가치)들을 학급에서 실현해 보도록 함으로써 행복하고 안전하고 건강한 학급 공동체를 만들어 나가는 가운데 온전한 인간으로 성장하도록 하기 위한 인성교육 실천운동입니다. 정6품 인성교육은 학생들의 능동적 참여를 촉구하고 교사는 그들의 동반자가 되어 도와주고 지지하며, 촉진하고, 후원하고, 정보를 제공하는 후견인의 역할을 하게 됩니다. 이를 위한 실천적 대안으로 정6품 인성교육은 놀이와 동아리활동을 적극 활용하게 됩니다.

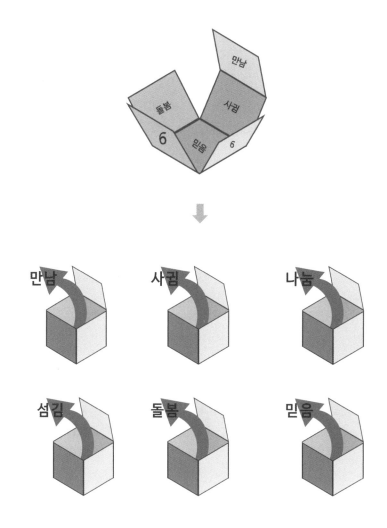

3) 목적

인성교육에 대한 사명과 의지를 가진 전국의 교사, 상담, 사회복지사, 그리고 청소년지도자들에게 실천적이고 구체적인 대안과 정보들을 제공해 줌으로써 인성교육이 학교에서 교사가 학생들과 함께 인성교육을 실현할 수 있도록 하는 것을 목적으로 합니다.

4) 일반적 목표

① 인성교육에 관한 프로그램을 연구ㆍ개발하여 전국의 현직 교사들에게 보급합니다.

② 워크숍ㆍ강좌ㆍ세미나 등 교육 프로그램을 통하여 교사들의 인성교육 역량을 강화합니다.

③ 협력학교들을 중심으로 인성교육의 실천적 대안 마련을 위한 실험을 추진합니다.

④ 실무교사들과의 네트워크 구축과 연대를 통하여 인성교육운동을 전개합니다.

⑤ 인성교육의 개념 정의와 학문적 기초에 관한 체계적인 연구를 병행합니다.

5) 구체적 목표

① 교사-학생, 학생-학생들 간에 진솔한 만남ㆍ사귐ㆍ나눔ㆍ돌봄ㆍ섬김ㆍ믿음을 실현합니다.

② 학생들이 행복하고 즐거운 학급 공동체를 만드는 경험을 가집니다.

③ 학생 중심의 자기주도적 학급을 실현합니다.

④ 학교(학급)에서 학교폭력과 집단따돌림을 추방합니다.

⑤ 이상의 목표들을 놀이를 통하여 즐겁고 행복한 학급 공동체를 실현합니다.

6) 기간

매 학년 개시 일부터 종료하기까지 1년

7) 대상

① 인성교육에 대한 사명을 가지고 이를 실천하고자 하는 전국의 초ㆍ중ㆍ고등학교 교사

② 학교상담사, 학교복지사, WE 센터ㆍWE 클래스ㆍ지역아동센터 실무지도자들도 포

함합니다.

③ 시범 · 결연 및 자매학교, 시도 교육청, 그리고 청소년단체들과 연계합니다.

8) 정6품 인성교육 사업 개요

정6품 인성교육은—프로그램 연구 · 개발 · 보급, 지도자 교육 및 양성, 학교 및 교사들과의 정보 교류를 통한 유대 강화 및 슈퍼비전—의 사업을 통합적으로 추진합니다.

제1차년도 정6품 인성교육의 기본 틀은 다음과 같습니다.

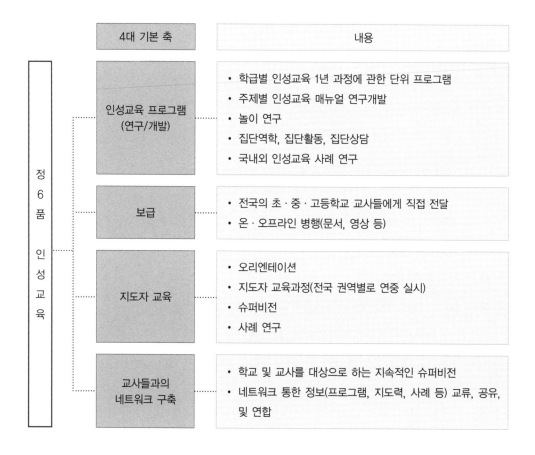

4대 기본 축	내용
인성교육 프로그램 (연구/개발)	• 학급별 인성교육 1년 과정에 관한 단위 프로그램 • 주제별 인성교육 매뉴얼 연구개발 • 놀이 연구 • 집단역학, 집단활동, 집단상담 • 국내외 인성교육 사례 연구
보급	• 전국의 초 · 중 · 고등학교 교사들에게 직접 전달 • 온 · 오프라인 병행(문서, 영상 등)
지도자 교육	• 오리엔테이션 • 지도자 교육과정(전국 권역별로 연중 실시) • 슈퍼비전 • 사례 연구
교사들과의 네트워크 구축	• 학교 및 교사를 대상으로 하는 지속적인 슈퍼비전 • 네트워크 통한 정보(프로그램, 지도력, 사례 등) 교류, 공유, 및 연합

(정6품 인성교육)

(1) 인성교육 프로그램 연구 및 개발

① 인성교육 논단

매월 인성교육에 관한 이론을 소개하게 됩니다. 여기에는 인성교육의 정의에서 시작하여 학문적 기초, 청소년 이해, 학급 운영, 청소년 집단활동, 지도력, 상담기법, 국내외의 인성교육 정보 및 사례 연구 등 인성교육에 관한 자료 및 정보들을 통합적으로 다룹니다.

② 놀이와 활동들(1년 학급운영에 관한 단위 프로그램)

학급에서 시행할 수 있는 놀이(활동)들을 연중 지속적으로 제공합니다. 학급의 '초기단계
-과도기-진행단계-종결단계'에 따라 적절한 프로그램을 매주 소개합니다.

- 구조화된 놀이(심성계발, 감수성계발, T-그룹 프로그램 등을 적용)
- 체육활동(몸작업)
- 음악활동(청각작업)
- 미술활동(시각작업)
- 동아리활동
- 봉사학습
- 조직캠프, 수련회 활동
- 절기활동
- 민속 · 절기놀이
- 환경 · 생태놀이
- 협동 · 모험놀이
- 특별활동 : 학예회, 운동회, 수련회, 캠프 등

(2) 보급

인성교육에 대한 관심과 의지를 가진 교사들에게 이론과 실제에 관한 수준 높은 정보와
자료들을 온라인과 오프라인을 통해 보급합니다. 인성교육 관련 강의 및 정보, 그리고 단
위 프로그램을 담은 영상을 온라인을 통해 제공합니다. 아울러 관련 문서(또는 책자) 보
급을 병행합니다. 자료 보급은 청소년단체 및 지도자(상담사, 사회복지사, 청소년지도사
등)들과도 공유하게 됩니다. 이렇게 하는 이유는 첫째, 자료가 없어서 인성교육을 실시하
지 못하는 교사, 학교, 청소년 단체가 없도록 하는 데 있으며, 둘째, 인성교육이 더 이상
사교육 세력의 전유물이 되는 일이 없도록 함으로써 학교와 학생을 살리는 진정성 있는
교육운동을 전개하려는 데 있습니다.

(3) 지도력 개발

인성교육의 성패는 이를 수행할 수 있는 능력과 자질을 갖춘 지도력이 준비되었는지 그 여하에 따라 결정됩니다. 매뉴얼이 완벽하더라도 이를 올바로 활용할 수 있는 지도자가 없으면 무의미합니다. 그러므로 지도자 양성과 개발은 최우선적인 선결과제입니다. 다음은 지도력 개발 및 양성과정을 그림으로 나타낸 것입니다.

지도력개발 구조도

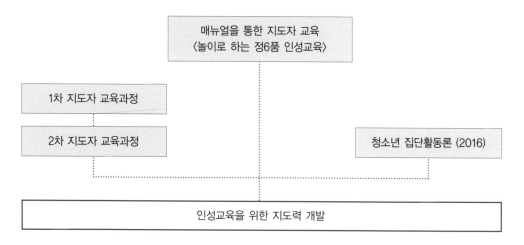

① 매뉴얼을 통한 지도자 교육

인성교육 논단, 다양한 청소년활동 프로그램, 청소년 문화에 대한 정보 자체로도 청소년 지도자 지도력 개발에 큰 도움을 줄 수 있을 것입니다.

② 지도자 오리엔테이션

이 과정은 놀이로 하는 정6품 인성교육 매뉴얼과 함께 인성교육운동에 동참하는 담당교사들의 첫 번째 모임입니다. 이 모임에서는 인성교육의 의의, 놀이 이해, 집단활동의 기초이론, 프로그램 운영원칙, 효과적인 활용 방안, 학급 운영 방안 등이 논의될 것입니다.

③ 지도자 교육

인성교육 프로그램 참여 교사들은 제공된 다양하고 구체적인 프로그램과 청소년 문화 정보를 올바로 활용하는 안목이 중요합니다. 본 과정에서는 인성교육론, 조직과 운영, 동아리 활동의 의의와 전망 등의 내용을 다룹니다(1차). 이어서 회원이나 회원학교의 인성교육 및 동아리활동을 보다 적극적으로 지원하기 위하여 매뉴얼에 담겨 있는 프로그램 응용, 관찰 기록, 사례 연구, 의견수렴, 정보교류 및 공유를 위한 네트워크 이용 등에 관한 내용을 다룹니다(2차).

　아울러 핵심 교사들이 정보를 교환하고 창조적이고 전문적인 인성교육 학급 운영 사례를 수집합니다. 인성교육의 이해와 비전, 전망, 그리고 청소년 활동 네트워크 강화 등에 관한 논의가 이루어집니다.

(4) 네트워크 구축

사업을 추진해 나가면서 점차 참가학교와 기관들과의 정보교환과 회원가입이 이루어지면 이들에게 보다 개별적이고 구체적인 지도감독과 정보를 제공하게 됩니다. 예를 들어, 청소년에 관련된 정보나 문화소식, 법령에 관한 정보들을 나누고 학교별로 특별한 사항에 대해 슈퍼비전을 제공합니다. 이 밖에도 청소년 지도자에게 필요한 교육과정, 세미나, 심포지엄 등에 관한 정보와 특집 주제에 관한 참고서적, 전문기관, 교육용 비디오, 오디오 등의 정보, 청소년활동 우수학교에 관한 정보 등 지도자에게 필요한 다양한 정보를 전달합니다. 프로젝트의 정보서비스는 지도자가 청소년활동을 계획할 때 필요로 하는 자세한 정보를 제공하는 데 목표를 둡니다. 다음의 도표는 정보서비스의 과정에 관한 설명입니다.

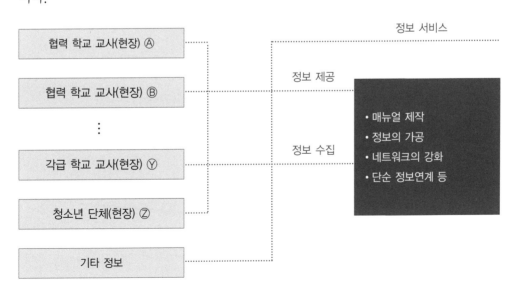

9) 정6품 인성교육 3개년 방안

아래 그림은 정6품 인성교육 3개년 계획을 설명한 것입니다. 이를 통해 우리나라 초·중·고등학교에서 인성교육 정착의 기틀을 마련하고자 합니다. 이 기간 동안 연구, 매뉴얼 보급에서 시작하여 지도력 개발과 정보서비스에 이르는 종합적인 인성교육 및 청소년 활동 활성화 방안에 관한 연구이자 청소년문화운동의 초석을 마련하는 사업을 단계적으로 추진합니다.

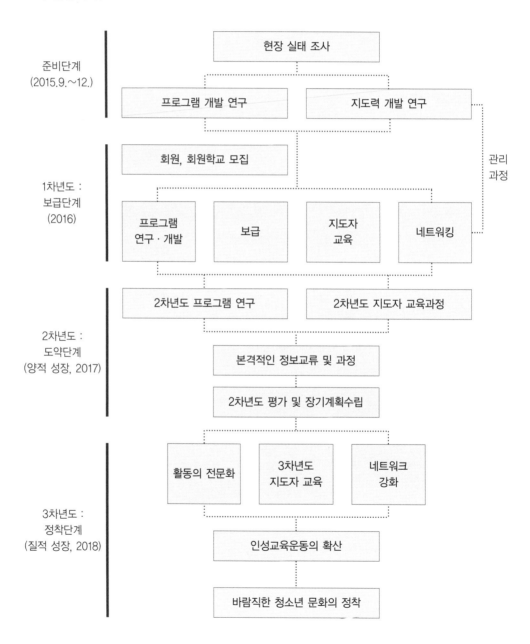

1.4 | 구조화된 놀이

학급에서 놀이로 하는 정6품 인성교육을 효과적으로 수행하기 위해서는 집단 및 집단상담
에 관한 기본적인 이해가 필수입니다. 그러한 점에서 이 장에서는 놀이로 하는 집단상담
인 구조화된 놀이를 소개합니다.

　나는 1970년대 말부터 오늘에 이르기까지 캠프와 동아리활동을 통해 생명을 살리는
데 적합한 실천적 대안을 찾는 실험을 계속해 왔습니다. 1980년대에는 YMCA에서 활
동하였고, 미국으로 유학을 가서는 Camp Forest Springs에서 1년의 인턴십, Honey Rock
Camp와 Camp Dudley YMCA에서 연수과정을 거쳤습니다. 대학원에서 교육학을 전공할
때도 관심은 캠프와 동아리활동이었습니다. 1992년 12월 청소년과 놀이문화연구소를 설
립하면서 보다 구체화된 것이 여기에 소개하는 구조화된 놀이입니다. 구조화된 놀이는
훈련집단T-group, 성장 집단Growth Group: Encounter Group, Sensitivity Training, Human Relationship
Training, 모험기반상담Adventure Based Games 등을 활용하여 참가자 중심의 집단들을 운영
하면서 발전하였습니다. 구조화된 놀이 프로그램은 참가자들의 자발성·창의성·경험
및 체험학습을 촉진하기 위해 놀이를 적극 활용한 참가자 중심의 집단활동입니다.

01 : 구조화된 놀이의 개념

나는 온전한 인간 실현과 공동체 정신을 동시에 회복할 수 있는 해답이 놀이에 있다고 믿
습니다. 그렇다면 그냥 놀이면 되었지 '구조화된structured 놀이'는 또 무엇입니까? 나는
이를 로저스의 참만남집단encounter group을 가지고 설명해 보겠습니다. 위대한 심리학자
이자 교육자인 로저스는 참만남집단의 특징을 다음의 네 가지로 설명하였습니다.

　① 참만남집단은 집단지도자에 의해 사전에 준비된 집단의 목적과 목표를 가지고 있

지 않다. 상담자가 집단의 목적과 목표를 일방적으로 정하는 것이 아니라 집단참가자들이 직접 결정하도록 하고 있다.

② 참만남집단은 비구조화된 집단으로 구조화된 프로그램을 사용하지 않는다.

③ 참만남집단에서는 상담자가 성패에 대한 모든 책임을 지지 않는다. 상담자는 집단의 주인공인 참가자들의 동반자가 되어 이들과 함께하면서 촉진자의 역할을 하는 것이지 집단을 통솔하거나 이들 위에 군림하지 않는다.

④ 참만남집단에서 집단의 전 과정이 집단참가자들에 의해 이루어지므로 모든 책임은 우선적으로 집단참가자들에게 있다.

이러한 참만남집단을 이해한다는 것이 쉬운 일이 아닙니다. 하지만 전술한 놀이의 맥락에서 보면 참만남집단이 놀이의 속성과 일치한다는 사실을 발견하게 될 것입니다. 즉, ㉮ 참가자 중심의 집단, ㉯ 참가자의 자발적 참여를 보장, ㉰ 참가자에게 상담의 일차적 책임을 부여, ㉱ 촉진자로서 상담자의 역할은 놀이의 속성과 같습니다. 상담자가 집단참가자에게 일방적으로 해답을 제공하는 것이 아니라 참가자가 자기의 실현경향성을 신뢰하고 스스로 해결하고 성장하도록 촉진하는 참만남집단은 놀이와 신기하게도 정확하게 일치합니다.

로저스는 인간은 원래 완전성과 자아실현성을 가지고 있다고 보았습니다. 그의 상담 목표는 실제로는 존재하지 않으나 완전한 인간을 향해 나아가는 과정상의 인간 실현에 두고 있습니다. 여기서 완전이란 완전에로의 끊임없는 전진을 의미합니다. 인간의 이러한 무한한 가능성을 신뢰하는 로저스는 상담자의 기술을 중요하게 생각하지 않습니다. 인간은 누구나 자아실현 경향성을 이미 가지고 있으므로 상담자의 역할은 내담자가 자신의 실현경향성을 스스로 인식하고 충분히 기능하는 인간으로 나아가도록 촉진하는 데 있다고 하였습니다(Barrett-Lennard, 1998; Rogers, 1961; Rogers, 1967; Rogers, 1994; Shutz, 1974; Corey, 1995; 이형득, 1992).

나는 인간의 무한한 가능성에 대한 기대와 신뢰를 가지고 있는 로저스의 입장에 전적으로 동의합니다. 그는 충분히 기능하는 인간으로의 완성은 사람들이 집단에서 구성원들과 상호작용을 통해서 가장 효과적으로 이루어진다고 하였습니다. 인간 중심의 참만남집단은 인간의 무한한 가능성과 자아실현성에 대한 신뢰를 바탕으로 인간의 전인적인 변화와 성장을 상담의 목표로 하고 있습니다. 참만남집단은 객관적인 주제보다는 개인에게 초점을 맞추고 개개인의 행동 변화에 관심을 둡니다. 의도적인 목적을 가진 프로그램을 사용하지 않습니다. 참가자의 개인적 욕구와 의견을 존중하고 집단의 전 과정이 참가자의 자발적인 참여에 의해 이루어지도록 하고 있으므로 상담과정에서 결과에 이르기까지 모든 책임이 상담자에게 있는 것이 아니라 참가자에게 있다고 봅니다.

그는 집단과정에서 내담자의 적극적인 참여와 책임을 처음으로 촉구하였던 사람입니다. 인간은 타고난 실현경향성을 가진 능동적이고, 자율적이며, 전진적인 존재입니다. 상담자는 내담자를 일방적으로 진단·분석·처방·치료하는 치료자가 되어서는 안 된다고 하였습니다. 내담자 스스로 자신의 문제를 인식, 이해하고 해결해 나갈 수 있도록 도와주는 촉진자라고 하였습니다(Rogers, 1961, 1967; Barrett-Lennard, 1998; 이형득, 1992).

훈련집단T-group, 감수성훈련 집단, 마라톤 집단, 게슈탈트 집단, 실험실 집단 등과 같이 인본주의적 입장을 배경으로 하는 참만남집단의 제1의 목표는 개인의 성장과 개인 간의 의사소통 및 대인관계의 발전과 개선입니다(Rogers, 1970: 4). 이를 위해 인간 중심의 촉진적 지도력, 상담기술보다는 상담자의 자질을 강조하고 집단의 목적을 정하는 일부터 프로그램 진행까지 모든 것을 참가자들이 주도적으로 진행하도록 촉구합니다. 이러한 계획된 집중적인 집단경험planned, intensive group experience은 참가자들이 개인적 성장과 발달, 그리고 대인관계 의사소통과 인간관계를 증진해 나가도록 합니다(Rogers, 1970: 4).[5]

참만남집단은 게슈탈트 집단, 훈련집단, 인간관계훈련, 감수성훈련, 실험실 집단에서 구조화된 프로그램과 기법을 적극 사용하고 있는 것과는 달리 전적으로 비구조화unstructured된 집단입니다. 나는 구조화된 프로그램을 놀이로 진행하게 되면 비효율적이되기 쉬운 비구조화된 집단의 약점을 극복할 수 있을 것이라고 가정하였으며, 이를 구조화된 놀이라고 칭하게 되었습니다. 참가자가 구조화된 놀이를 주도적으로 함으로써 구조화된 집단이 점차 비구조화된 집단으로 변화해 나가도록 하였습니다.

---

5 로저스는 집중적 집단경험(intensive group experience)에는 훈련집단(T-group), 참만남집단(Encounter Group 또는 Basic Encounter Group), 감수성훈련 집단(Sensitivity Training Group), 과제지향 집단(Task-Oriented Group), 감각자각 집단(Sensory Awareness Group), 창의성 워크숍(Creativity Workshop), 조직개발 집단(Organization Development Group), 팀 만들기 집단(Team Building Group), 게슈탈트 집단(Gestalt Group), 시나논 집단 또는 '게임'(Synon Group 또는 Game) 등의 집단 유형이 있다고 하였습니다(Rogers, 1970).

구조화된 프로그램을 놀이로 하게 되면 집단참가자들은 보다 극적인 경험을 할 수 있을 것이라고 보았습니다. 참가자들은 구조화된 놀이를 통해 경청·수용·지지·공감·건설적인 피드백, 그리고 바람직한 의사소통을 자연스럽고 명료하게 경험할 수 있게 됩니다.

이러한 구조화된 놀이 개념은 김춘경·정여주(2001)의 상호작용놀이와 매우 흡사합니다. 상호작용놀이는 "집단행동을 촉진시키는 촉매제로써, 집단을 유지시키는 도구로써, 집단상담의 문제들을 해결하는 중요한 조력수단으로써 기능한다. 또한 상호작용놀이는 집단과제를 해결하기 위한 요구와 각 개인이 지니고 있는 개인적 욕구들을 연결해 주는 역할을 한다. 참가자들은 자신의 사회적 능력은 물론이고 지적 가능성을 놀이 속에 반영할 수 있다. 개인적이고 생산적인 상호작용놀이과정에서 참가자들의 잠재된 자원과 능력이 발휘되고, 이를 통해서 집단의 목적이 달성된다. 상호작용놀이의 장점은 무엇보다 집단 상황과 많은 주제와 문제영역에 실제적으로 적용할 수 있다는 데 있다. 개인적이거나 직업적인 활동에서 활용하는 상호작용놀이는 다음과 같은 자세와 태도, 능력 등을 훈련하고 발전시키고 좀 더 세련되게 향상시키는 데 도움을 줄 수 있다. 의사소통 향상, 인식능력, 관계 설명, 자신과 타인의 감정과의 관계, 성격발달, 집단지도, 인생설계, 창의성과 상상력, 결정과정, 사적이고 직업적 역할, 갈등 관계, 협동작업, 경쟁적 태도, 지위와 세력의 관계 등이 있다."고 하였습니다.

상호작용놀이는 집단을 보다 쉽고 편안하고 수용적인 분위기를 형성하도록 해 주면서 치료적 힘을 발휘하게 됩니다. 놀이 활동은 참가자의 지적이고 감정적 에너지가 문제를 해결하는 방향으로 집결하여 참가자가 집단의 구조와 인간의 관계를 좀 더 잘 경험하게 하고 쉽게 설명할 수 없는 현실을 잘 이해하게 해 줍니다. 이런 식으로 참가자들은 실제적으로 위험부담 없이 새로운 행동방식을 배울 수 있고 배운 입장과 태도들을 시험해 볼 수 있게 된다고 하였습니다(김춘경, 정여주, 2001).

집단상담에서 구조화된 활동structured exercise 또는 activity을 최초로 활용한 사람이 T-집단을 개발한 르윈입니다. 그는 집단의 구체적인 목표를 달성하기 위해 다양한 활동들을 개발하였습니다. 그가 집단에서 활동을 사용한 이유는 다음과 같습니다.

① 활동은 안정수준을 증가시키는 데 도움이 된다.

② 활동은 지도자에게 유용한 정보를 제공한다.

③ 활동은 토론을 할 수 있게 하고 집단을 집중시키는 데 도움이 된다.

④ 활동은 초점을 이동시킬 수 있다.

⑤ 활동은 초점을 심화시킬 수 있다.

⑥ 활동은 경험학습의 기회를 제공해 준다.

⑦ 활동은 재미와 긴장을 완화시켜 준다(Jacobs et al., 2003).

그러면 구조화된 놀이와 집단에서의 활동exercise 또는 activity이 다른 점은 무엇일까요? 우선 내가 사용하고 있는 대부분의 구조화된 놀이들은 기존의 구조화된 프로그램과 동일한 것들입니다. 그런데도 구조화된 놀이가 기존의 것들과 현저히 다른 점이 있는데 그것은 활동을 진행하는 지도자의 태도와 집단과정에 있습니다. 지도자는 집단참가자들이 자기 주도적으로 활동에 몰입하여 놀이가 되도록 촉진합니다. 이와 같이 활동이 놀이가 될 때 놀이가 가진 상담과 치료의 힘이 자연스럽고 강력하게 발휘하게 됩니다. 놀이는 집단원들을 '지금-여기'here and now의 놀이세계로 순식간에 빠져들게 만듭니다. 놀이는 집단원들이 집단에 안전하고 편안하게 참여하도록 이끌어 주고 집단에 대한 기대를 한층 높여 줍니다. 아울러 집단원들의 상호작용을 촉진함으로써 집단의 역동을 활성화합니다.

구조화된 놀이에도 목적과 목표가 있습니다. 하지만 그것들은 집단원들이 스스로 그들만의 독특한 방법을 통해 실현되도록 촉진합니다. 집단원들은 지도자의 의도한 목표와 기대에 따라 움직이지 않습니다. 때로는 집단원들은 지도자가 전혀 의도하지 않은 방향으로 나아가기도 합니다. 놀이의 힘은 집단원들이 스스로 그들만의 독특한 방법으로 느끼고 경험하면서 지도자가 의도한 목적지에 도달할 수 있다는 데 있습니다. 지도자가 의도적으로 이끌지 않았는데도 집단원들과 지도자는 함께 목적을 공유하고 성취하는 감격을 누리게 됩니다. 그들만의 느낌, 생각, 그리고 방법으로 말입니다. 그러므로 지도자가 집단의 목적과 목표를 세운 것이기도 하고 아니기도 한 것입니다.

구조화된 놀이에 시나리오가 존재할 수 없는 이유가 여기에 있습니다. 지도자의 생각이 옳아도 집단원들이 의도한 대로 움직이지 않습니다. 그러므로 놀이집단에서 지도자는 집단원들에게 놀이과정에서 겪는 다양한 느낌과 생각들에 대해 일일이 피드백을 주기보다는 때로는 그대로 놓아두는 마음가짐이 필요합니다. 특히 놀이에 대한 의미부여나 해석을 해 주는 일이 없어야 합니다. 지도자는 집단이 기대하는 방향으로 나아가고 있다고 신뢰하게 되면 그대로 놓아두는 것이 바람직합니다. 그래야 집단원들은 지금-여기에 더욱 집중하여 몰입할 수 있습니다. 이렇게 될 때 집단원들은 비로소 지도자가 사전에 의도한 목적에 따라 이끌려 가는 것이 아니라 각자 자기 스스로 자기 방법에 따라 그곳에 도달하여 지도자와 만나는 감격을 함께 나눌 수 있게 됩니다. 지도자는 집단원들로 인해 전혀 예상치 못한 느낌과 깨우침의 자리로 초대받는 경우도 종종 발생합니다. 지도자와 집단원들은 의미를 찾는 구도자들의 여정에서 동반자로 만나게 되는 것입니다.

그러므로 구조화된 놀이에서 가지는 경험은 의도적으로 조작된 경험과는 성격이 전혀 다릅니다. 구조화된 놀이의 목적은 집단원들이 이를 통해 가진 경험을 스스로 인식하고, 이해하고, 명료화하고, 나아가 그들의 실생활에서 이를 발현해 보도록 하는 데 있습니다. 구조화된 놀이에서는 집단원들이 자발적으로 참여하여 스스로 경험하고, 느끼고, 이해하고, 변화합니다. 구조화된 놀이에서 가지는 경험은 조작적이지 않으며, 그렇게 되어서도 안 됩니다.

02 ⋮ 집단과정에서의 구조화된 놀이

구조화된 놀이는 집단원들의 자발성, 자기주도적인 참여, 그리고 집단의 응집력을 강화시켜 주는 탁월한 힘이 있습니다. 구조화된 놀이는 무조건성, 무의도성이라는 놀이의 특성을 고스란히 살리면서 집단원들이 주인공이 되어서 스스로 느끼고 경험하면서 변화하고 성숙하도록 도와줍니다.

구조화된 놀이는 인간은 원래 실현경향성을 가지고 있다고 한 로저스의 인간 이해와 맥을 같이 합니다. 구조화된 놀이집단에서 놀이 그 자체를 목적으로 두고 있는 것은 인간중심 상담에서 계획된 어떤 절차나 프로그램을 사용하지 않는 것과 마찬가지입니다.

상담자가 어떤 절차를 시도할 경우에도 집단원들이 이를 알고 있어야 하며 그 절차를 선택하는 것은 전적으로 집단원에 달려 있습니다. 로저스가 의도적이고 조작적인 기법을 사용하지 않은 것은 집단원들의 자율과 선택을 중요시하기 때문입니다(Rogres, 1970).

구조화된 놀이집단에서 상담자는 집단원이 가지는 경험들을 스스로 지각하도록 도와주고 이를 촉진하는 데 그칩니다. 여기에 구조화된 놀이가 놀이로 이루어지고 놀이로 남아 있어야 하는 그런 긴장이 있습니다. 구조화된 놀이가 놀이로써 이루어질 때 놀이가 원래 가지고 있는 상담과 치유의 힘이 비로소 자연스럽게 발휘하게 됩니다.

나와 너(표재명 역, 2001)의 저자 부버Martin Buber가 미국에서 로저스와 역사적인 대담을 하였을 때의 일입니다. 부버는 로저스에게 아무리 인간중심 상담이라고 하더라도 상담자는 집단상담 환경에서 집단원들을 내담자로 만나야 하는 부담에서 완전히 자유로울수 없다는 점을 지적했습니다. 그것은 자신이 말하는 나Ich와 너Du의 관계와는 구별되는 예민한 차이가 있다는 것입니다(Friedman, 1964: 485-497). 구조화된 놀이에는 부버의이러한 의도성을 가진 관계는 나와 너의 인격적인 만남과는 사뭇 다르다고 했던 그 긴장이 있습니다.

로저스의 참만남집단과 구조화된 놀이집단이 다른 점은 다음과 같습니다.

① 참만남집단은 집단촉진자가 어떤 목적에 따라 사전에 준비한 프로그램을 사용하지 않고 있으나 구조화된 놀이집단에서는 구조화된 프로그램을 사용한다.
② 참만남집단은 집단의 목표를 미리 세우지 않으나 구조화된 놀이집단에서는 집단의 주제를 미리 정해 놓을 수 있다.
③ 구조화된 놀이집단에서 구조화된 프로그램을 사용하는 목적은 비구조화된 집단을 실현하기 위해서이다.

놀이집단에서의 구조화된 프로그램은 조작적이지 않습니다. 구조화된 놀이집단의 지도자는 정해 놓은 집단의 목표를 성취하기 위해 의도적으로 집단원들을 유도하지 않는다는 말입니다. 놀이는 원래 의도적인 목적을 가지고 시나리오에 따라 진행될 수 없습니다.

따라서 지도자는 집단원들이 놀이에 참여할 수 있도록 촉진하고 동기부여를 하는 것으로 그치는 노력을 지속해야 합니다. 결국 놀이하는 사람이 각자 완전히 자신만의 독특한 느낌, 생각, 경험, 그리고 방법으로 목표에 도달하게 됩니다. 이렇게 될 집단원들은 같은 목표를 공유했으면서도 각자 다른 자기만의 특별한 느낌과 경험을 가지게 됩니다. 지도자의 역할은 집단의 한 일원으로 그들과 함께 놀이에 함께 참여하는 가운데 촉진자로 있는 것입니다.

지도자는 좋은 결과를 위해 놀이를 멋들어지게 하려는 유혹에 빠지는 일이 없어야 합니다. 지도자는 의도적으로 조작적인 시나리오를 사용하는 것도 삼가야 합니다. 놀이는 그대로 놀이일 때만이 그 의미를 남겨 놓습니다. 나는 놀이의 무조건성, 무의도성이라는 특성을 고스란히 살리는 구조화된 놀이집단에 자발적으로 참가하여 집단에서 가진 경험들을 구조화하고 이를 통해 변화하는 모습을 늘 목격하고 있습니다.

인간의 자아실현 경향성을 신뢰하는 지도자는 집단원이 스스로 즐기고 체험하고 성장할 수 있다고 믿습니다. 집단원들이 각자 자기만의 독특한 방법으로 즐기면서도 모두 서로 다른 모습에서 함께 만나고 공감하고 공유할 수 있습니다. 놀이는 절대로 가르칠 수 없습니다. 놀이지도자는 놀이터를 마련해 주고 아주 제한적으로 동기를 부여할 뿐입니다. 놀이터에서 주인공은 놀이하는 사람입니다.

구조화된 놀이에서 놀이는 도구가 아닙니다. 놀이 자체가 놀이를 하는 이유이고 목적입니다. 구조화된 놀이는 크라메르(Kramer, 1971)가 미술을 치료의 매개체로 사용하는 심리치료art in therapy가 아니라 미술활동이 치료기능을 가지고 있어서 '작품을 만드는 과정'을 치료art as therapy라고 보는 것과 같습니다. 그녀는 미술활동을 통하여 내담자가 파괴적·반사회적 에너지를 방출함으로써 자신을 정화시킬 수 있으며 그림을 그림으로써 자신의 원시적 충동이나 환상을 접하고 그 갈등을 재경험하고 자기 훈련과 인내를 배우는 과정에서 해결·통합해 나간다고 하였습니다. 따라서 크라메르가 주장하는 치료자의 역할은 내담자의 그림을 해석하는 데 있는 것이 아니라 내담자가 스스로 승화와 통합을 하는 과정을 도와주는 것입니다(김순혜, 2004).

다음은 구조화된 놀이의 장점을 정리한 것입니다.

- 참가자의 내적 동기를 유발시켜 창의적이고 자기주도적이 되도록 촉구한다.
- 놀이는 참가자들이 호기심과 기대를 가지고 재미있고 즐거운 마음으로 참여하도록 도와준다.
- 놀이가 가진 재미와 즐거움이 참가자들에게 안정감과 긍정적인 태도를 가지도록 해 준다.
- 놀이는 참가자들의 불안을 해소해 주어서 방어기제를 쉽게 내려놓을 수 있도록 도와준다.

- 놀이는 참가자들이 '지금-여기'에서의 느낌, 생각, 그리고 경험에 몰입하게 해 준다.
- 놀이는 집단 초기의 불안을 감소시켜 주고 집단원들 간의 친밀한 인간관계를 형성하게 해 준다.
- 놀이는 집단의 역동을 활성화한다.
- 놀이는 참가자들의 상호작용을 촉진하고 응집력을 강화시켜 준다.
- 놀이는 대집단에서도 가능하며 인간 중심적인 집단을 유지, 발전시킬 수 있도록 해 준다.
- 놀이규칙은 참가자들이 집단규칙, 규범을 쉽고 이해하고 편안하게 준수할 수 있도록 해 준다.
- 놀이는 지도자와 참가자들이 상담기술을 이해하고 편안하고 활용할 수 있게 한다.
- 놀이는 참가자들이 결과 중심에서 벗어나 과정에 관심을 기울이도록 도와준다.
- 놀이의 심리사회적 요소들은 참가자들이 사귐, 나눔, 조력, 협동, 책임의식을 촉진시켜 준다.
- 놀이는 참가자들이 자유, 자율, 절제, 책임 등에 관한 인성계발을 하는 데 탁월한 힘이 있다.
- 놀이는 참가자들로 하여금 그들에게 적용된 학습기제를 이해하고 평가할 수 있도록 촉구한다.
- 놀이에서 가진 느낌·생각·경험은 실제 생활에서의 문제와 장애를 극복하는 데 도움이 된다.

03 ⋮ 집단의 발달과정

1) 초기단계

집단참가자들은 집단에 대해 세 가지 기본적인 욕구, 즉 소속의 욕구, 인정받고자 하는 욕구, 그리고 존중받고자 하는 욕구를 가지고 있습니다. 소속의 욕구는 타인으로부터 관심받기를 원하고 타인의 흥미를 끌기 원하는 욕구입니다. 집단에서 이 욕구를 충족하지 못한 사람은 집단에서 소외감, 외로움, 고독감을 느끼게 되고 침묵하거나 공격적이 되는 등 다양한 방법의 방어기제를 동원하게 됩니다.

일반적으로 집단참가자들은 집단에 들어오는 순간부터 '집단에 참여할 것인가?', '다른 집단원들이 자기를 받아들일 것인가?', '어느 정도 자신을 드러내 보일 것이며 신뢰할 수 있을까?', '따돌림 당하지는 않을까?' 하는 등의 문제로 두려워합니다. 대부분의 참가자들은 집단에 대한 기대보다는 걱정, 불안, 불신이 앞서기 때문에 부정적인 반응부터 드러냅니다.

놀이집단 참가자들도 다르지 않습니다. 그들은 대부분 어색하고 불안하고 불편한 마음을 가지고 집단에 들어옵니다. 특히 비자발적인 집단원들은 처음부터 저항하거나 극도로 무관심한 태도로 일관합니다. 아무런 기대나 의욕 없이 무기력하고 무표정한 청소년들을 만나는 지도자들은 당황하게 됩니다. 일반적으로 집단참가자들은 기대 대 불안, 신뢰 대 불신의 양가감정을 가지고 있으며 어느 정도 동기화되어 있더라도 이들이 드러내는 방어적인 탐색, 저항, '공적 이미지'public image만 드러내기, 신뢰감 결핍, 약한 응집력, 불안 심리 드러내기 등과 같은 부정적인 반응은 자연스러운 보편적 현상입니다.

다음은 집단 지도자가 첫 회기에서 고려해야 할 사항들입니다. ① 집단 시작하기, ② 집단원들이 사귀기, ③ 긍정적 분위기 조성, ④ 집단의 목적 확인, ⑤ 지도자의 역할 설명, ⑥ 집단 활동에 대한 설명, ⑦ 집단원들이 기대를 표현하도록 돕기, ⑧ 참여 유도, ⑨ 실습exercise하기, ⑩ 집단원의 편안함의 수준 확인, ⑪ 규칙 설명, ⑫ 사용될 용어 설명, ⑬ 집단원의 상호작용 유형을 사정(평가), ⑭ 집단원 제지하기, ⑮ 내용에 초점 맞추기, ⑯ 질문하기, ⑰ 타 집단원들과 시선 맞추기, ⑱ 첫 회기 종료(Jacobs et al., 2003: 101, 102).

집단지도자의 역할

집단의 초기단계에서 지도자는 우선적으로 집단원들이 가지고 있는 예기불안과 초기저항을 지혜롭게 다루어야 합니다. 참가자들의 저항은 어느 정도 집단에 대한 기대를 반영하고 있다는 점에서 반드시 부정적인 것만은 아닙니다. 그러므로 지도자는 집단참가자들의 두려움에 귀를 기울이고 이들이 충분히 이를 표현하도록 도와줄 수 있어야 합니다. 지도자가 참가자들의 초기불안과 저항이 두려워서 슬쩍 외면하거나 적극적으로 직면하지 않는다면 집단은 시작하기조차 어려워집니다. 지도자는 참가자들이 자신의 불안과 저항을 충분히 드러낼 수 있도록 지지, 수용, 존중하는 노력이 필요합니다. 그래야 참가자들은 집단에 대해 안정감과 기대를 가지고 능동적으로 참여하기를 시작합니다. 그러므로 집단지도자의 진술하고, 일관되고, 개방적이고, 긍정적이고, 수용적이고, 열정적인 자세가 매우 중요합니다.

2) 과도기 단계

일반적으로 초기단계에서 작업단계로 넘어갈 때 과도기를 거치게 됩니다. 과도기에는 집단원 개개인과 집단 내의 불안 수준이 높아지고 방어적인 태도, 집단원들과 지도자, 집단원들 상호 간에 주도권 다툼과 갈등이 고조되고, 지도자에 대해 집단원들의 저항행동이 증가하는 등의 부정적인 모습이 나타납니다. 집단원들이 가진 불안과 방어심리가 다양한 형태의 저항으로 나타나는 것입니다.

과도기에 불안수준이 고조되는 것은 집단원들이 가진 두려움과 밀접한 관련이 있습니다. 집단원들은 다른 집단원들로부터 거절당할 것 같은 두려움, 바보 취급을 당할 것 같은 두려움, 자기의 실제 모습이 알려지면 배척당할지 모른다는 자기개방에 대한 두려움, 집단 밖에서 집단원들을 만날 때의 두려움, 판단받을 것에 대한 두려움, 의존적이 될 것 같은 두려움, 신체접촉에 대한 두려움 등으로 불안해합니다.

지도자가 이러한 불안과 방어심리가 유발하는 여러 가지 저항을 지혜롭게 다루게 되면 집단은 생산적인 작업단계로 이어지게 됩니다. 반대로 지도자가 이를 외면하거나 효과적으로 다루지 못하면 집단은 정체 또는 퇴행해 버리게 됩니다.

지도자는 무엇보다도 집단의 과도기 단계에서 드러나는 불안, 저항, 방어 등을 당연히 여기고 이를 건설적인 방향으로 지도할 수 있어야 합니다. 집단의 규범이 점차 분명해지고 집단원들이 상호 더 많이 알기 시작하면서 이들은 자신이 집단 내에서 더 많은 영향력을 행사하고자 실험을 벌이고 있는 것입니다. 집단원들이 상호 수용하기보다는 상대방에게 적대감을 드러내고 비판, 충고, 조언하는 등 공격성을 보이는 것도 이러한 이유 때문입니다.

집단지도자의 역할

집단의 과도기 단계에서 지도자는 집단 안에 존재하는 불안, 갈등, 방어심리에서 나오는 저항을 당연하게 보고 긍정적으로 이해하여 이를 직면할 수 있어야 합니다. 지도자는 자기만의 과제로 생각해서는 안 됩니다. 지도자는 집단원들로 하여금 자신의 저항행동을 인식하고 이해하도록 도와주십시오. 그렇게 함으로써 집단원들이 이에 직면하여서 스스로 해결할 수 있도록 용기를 북돋워 줄 필요가 있습니다.

과도기 단계에서 집단지도자의 역할은 다음과 같습니다.

① 집단원들을 진실하고 일관되게 수용, 지지, 존중한다.
② 집단원들이 자신의 불안, 저항, 방어행동 등을 인식하고 올바로 이해할 수 있도록 도와주고 이를 건설적으로 다루도록 도와준다. 갈등이 없으면 변화도 없다. 불안은 변화를 향한 조짐이다.
③ 집단원들의 갈등 상황이나 부정적인 표현을 기꺼이 드러내고 이를 직면하도록 한다. 집단원들의 부정적인 감정 표현을 제한하게 되면 오히려 집단 내에 불신하는 분위기가 자리 잡게 된다.
④ 집단원들이 자신의 부정적인 행동과 이에 대응하는 방어기제를 인식할 수 있도록 도와준다.
⑤ 직면이 잘못되거나 신뢰관계가 조성되지 않은 상황에서 성급히 이루어지면 집단원들은 방어적으로 되어서 해결되지 않은 채 숨은 안건으로 감추게 된다. 성급한 직면은 삼가야 한다.
⑥ 지도자는 집단원들이 '지금-여기'의 느낌과 경험에 집중할 수 있도록 도와준다.
⑦ 집단원들이 기본적인 의사소통기술을 이용하여 바람직한 대인관계를 학습하도록 도와준다.
⑧ 구성원을 속죄양으로 만드는 일이 있어서는 안 된다. 낙인은 당사자에게만 불행을 가져다주는 것이 아니라 집단 전체에 지속적으로 악영향을 미친다.
⑨ 집단지도자는 본인 스스로 집단 내에서 성숙한 모범이 되도록 한다. 앞에 언급한 성담자의 모습을 말과 행동으로 집단원들에게 제공하는 모델링이 된다. 지도자의 모델링은 집단원들을 변화시키는 가장 강력한 힘이다.

집단지도자가 이상의 역할을 집단과정에 적극적으로 참여하여 집단원들의 불안과 방어심리를 다루면서 집단원들이 긴밀한 상호관계를 촉진하고 응집력을 향상시켜 주게 되면 집단은 생산적인 방향으로 나아가게 됩니다.

3) 작업단계

과도기단계에서 생산적인 작업단계에 이르면 집단원들은 초기불안과 저항이 현저히 줄어들게 되고 집단을 이해, 신뢰, 기대하게 되면서 책임감을 가지고 집단에 자기주도적으로 참여하기 시작합니다. 집단의 응집력이 강화되는 분위기에서 자기의 문제를 집단에 가져와서 솔직하게 자기를 개방하고 이를 적극적으로 해결해 보려는 용기 있는 행동을 시도하는 집단원들이 나타나기 시작합니다.

생산적인 작업단계의 특징을 요약하면 다음과 같습니다.

- 방어와 불안심리로 인한 긴장감과 저항이 점차 사라지고 집단에 대해 안정감, 신뢰, 기대감이 고조된다.
- 집단원들이 상호 신뢰, 지지, 수용하고 개인차를 인정하게 되면서 집단의 응집력이 증가한다.
- 집단의 주제를 탐색하고 공동 주제를 확인하면서 실제로 이를 실현하려는 노력을 기울인다.
- 집단원들이 집단에 자기주도적이고 적극적으로 참여하기 시작한다.
- 집단원들이 '지금-여기'의 느낌, 생각, 경험에 초점을 맞추게 된다.
- 집단원들이 자신의 문제에 대해 두려워하지 않고 기꺼이 직면하여 해결하려고 시도한다.
- 집단원들이 집단의 규칙, 규범을 잘 지키고 책임의식이 강화되며, 집단의 규범에서 벗어나려는 사람들에게 압력이 가해진다.
- 더욱 개방적이 되어 가면서 다른 집단원들과 직접적이고 의미 있는 상호작용이 이루어진다.
- 집단원들이 즉각적으로 대인감정을 표현하고 개방적이고 자유로운 의사소통이 이루어진다.
- 집단원들 사이에 보다 즉각적이고 솔직한 피드백이 이루어진다.

- 집단지도자로부터 벗어나기 시작하면서 집단원들이 점차 집단의 주인공이 되어 간다.
- 집단원들은 자기와 다른 사람의 문제에 집중하면서 상호 치유능력을 발휘하게 된다.

집단이 생산적이고 치유적이 되어갈수록 집단원들은 집단에 대한 기대와 목적이 뚜렷해지고 자신의 문제를 집단에서 탐색하려는 의지가 분명해집니다. '지금-여기'에서의 느낌과 생각에 몰두하면서 자기와 다른 사람을 있는 그대로 수용하고 존중하게 됩니다. 위기와 갈등을 두려워하여 회피하려고 하지 않고 기꺼이 직면하여 적극적으로 이를 해결하려는 모습을 보입니다. 집단에 대한 신뢰와 기대가 커지면서 보다 적극적인 자기개방과 즉각적이고 솔직한 피드백이 이루어지고 집단원들 상호 간에 친밀하고 신뢰할 수 있는 대인관계가 강화됩니다. 집단원들은 조력관계를 이루고 치유적인 힘을 발휘하여 상호 영향을 미칩니다.

집단지도자의 역할

지도자는 집단이나 집단원들의 문제를 해결하거나 어떤 결정을 대신 내려 주지 않도록 하십시오. 또한 그럴 수도 없습니다. 지도자는 집단원들이 자기의 문제를 인식하고 이해하고 직면하여 판단하여 자기가 스스로 결정할 수 있도록 도와주는 조력자요, 후견인입니다. 집단원들이 자신에게 의존적이지 않도록 도와주는 것도 지도자가 담당할 몫입니다.

지도자는 집단상담의 장점을 최대한 활용하여 집단원들이 상호 치유적인 조력관계를 맺을 수 있도록 도와주어야 합니다. 이를 위해 집단원들이 상호 바람직하고 효과적인 대인관계 의사소통이 이루어지도록 이들에게 기본적인 의사소통기술을 알려 주고 이를 적극 사용하도록 지지해 주십시오. 예를 들면, 일인칭 언급I-message, '그때-거기서'there and then가 아닌 '지금-여기'here and now의 감정, 생각, 경험에 집중하기, 적극적인 경청, 자기개방, 피드백 등이 기본적 의사소통기술에 해당됩니다.

집단 내에서 안전하고 신뢰할 수 있는 대인관계가 이루어지기 위해서는 '비밀보장'이 반드시 필요합니다. 지도자는 집단원들에게 집단 내에서 나눈 대화와 일들이 집단 밖으로 나가지 않도록 비밀보장의 중요성을 충분히 알려 주고 이를 지킬 수 있도록 도와주십시오. 지도자는 집단원들에게 자기가 집단에서 다른 집단원들을 믿고 나눈 얘기가 '누가 ~했더라'는 식으로 집단 밖의 다른 사람으로부터 얘깃거리로 들려오게 될 경우를 생각해 보십시오. 만약 그런 일이 실제로 벌어진다면 당사자가 받을 상처는 얼마나 크겠습니까? 그러므로 다른 사람들이 들어도 괜찮을 것 같은 하찮은 이야기라고 할지라도 집단 밖에서 절대로 하지 않겠다고 다짐하는 절차를 거칠 필요가 있습니다.

집단에서 용기를 내어서 자기개방을 시도하는 집단원들이 나타나기 시작합니다. 한 집단원이 자기 문제를 솔직하게 드러냈을 때 다른 집단원들이 자기를 있는 그대로 수용하고 지지하고 이해받는 느낌을 가지게 되면 안도하게 되고 집단을 더욱 신뢰하게 됩니다. 자신의 고민거리를 진솔하게 드러내고 나누는 동안 집단원들은 그것이 자기만의 문제가 아니라는 사실을 깨닫고 놀라워합니다. 흥미로운 사실은 집단원들이 가진 공통적인 문제나 고민거리들이 집단원들의 응집력을 높여 주는 구심점이 되고 신뢰감을 높여 준다는 점입니다. 일반적으로 집단원들이 가진 보편적인 주제는 열등감, 죄책감, 거부당하고 버림받을 것에 대한 두려움, 가까워지고 싶은 욕구 대 가꺼워지는 것에 대한 두려움, 부모와의 갈등, 성적인 죄책감, 과거의 고통스러운 추억 등입니다. 집단원들은 신뢰와 기대가 높아지고 소속의식이 분명해지면서 집단원들 상호 간에 응집력이 높아집니다. 집단의 응집력이 높아지면 집단원들은 서로 수용하고 도와주면서 보다 더 의미 있는 관계를 형성하는 방향으로 전진하게 됩니다.

한편 집단에 대한 신뢰와 응집력이 상승함에 따라 집단원들 중에는 부정적인 느낌을 언급해서는 안 될 것 같은 부담이 자리 잡기 시작합니다. 좋은 분위기를 깨지 말아야 할 것같은 그릇된 신념, 좋은 말만 해야 할 것 같은 부담은 집단을 오히려 정체 내지는 퇴행하게 만듭니다. 지도자는 집단원들이 자기가 가진 부정적인 느낌들을 자유롭게 즉각적으로 드러낼 수 있도록 권하십시오. 평가, 분석, 칭찬, 비난, 조언, 충고, 위로에서 벗어나 솔직하고 즉각적인 부정적인 언급은 집단을 보다 신뢰롭고 편안하게 만들어줍니다.

얄롬은 응집력이 없는 집단원들과 비교하여 응집력이 높은 집단이 가진 치료적 요인에 대해 다음과 같이 언급하였습니다.

- 다른 집단원들에게 영향력을 행사하기 위하여 더욱 열심히 노력할 것이다.
- 다른 집단원들로부터 영향을 받기 위하여 더욱 개방적이 될 것이다.
- 다른 사람의 말을 경청하려 하며 다른 사람들을 보다 더 수용할 것이다.

- 집단 내의 긴장으로부터 더 큰 안정과 안심을 경험할 것이다.
- 모임에 더 기꺼이 참여할 것이다.
- 집단의 규범을 잘 지키고 규칙을 지키지 않는 다른 집단원에게 압력을 가할 것이다.
- 어떤 집단원이 탈퇴했을 때 그로 인해 집단이 와해되는 것에 덜 민감할 것이다 (Yalom, 1993).

응집력은 자기개방, 위험 감수, 그리고 집단 내의 갈등을 성공적으로 치료하도록 촉진하는 건설적인 표현이 가능하도록 해 줍니다.

4) 종결단계

집단상담의 목적은 집단참가자들이 집단에서 배우고 경험한 것이 실생활 현장에서 영향을 미쳐 이들이 지속적으로 성장하여 보다 건강하고 행복한 삶을 누리도록 도와주는 데 있습니다. 그러므로 집단에서의 유익한 경험으로만 그친다면 그런 집단상담은 무의미합니다. 집단의 종결단계에서 집단원들은 집단을 시작할 때 자신이 세운 목표를 어느 정도 달성하였는지 정리, 평가하게 됩니다. 집단지도자는 집단의 준비단계에서 집단원들과 개별적으로 가진 면접기록을 보고 이들이 어느 정도 변화하고 성장하였는지를 판단하고 집단을 종결하는 과정을 밟습니다.

집단지도자의 역할

종결단계에서 집단지도자는 집단참가자들이 집단에서 배우고 느낀 유익한 경험을 정리하고 이들이 실생활 현장에서 이를 적극적으로 활용할 수 있도록 도와주는 역할을 하게 됩니다. 집단원들간에 친밀하고 의미 있는 관계를 경험한 집단원들은 대부분 집단이 종결되는 것을 아쉬워합니다. 응집력이 강한 집단일수록 집단원들은 집단이 종결되어 헤어져야 한다는 것을 슬퍼합니다. 그들은 집단에서 분리되어야 한다는 것에 대해 두려움과 불안을 느끼기도 합니다. 집단을 떠날 때의 불안과 두려움이 집단에 들어올 때보다 더 크게 느끼는 집단원들도 종종 있습니다.

지도자는 집단원들이 지금까지 집단상담을 하면서 배우고 경험하고 변화하고 깨우친 것들이 무엇인지 곰곰이 돌아보도록 하십시오. 그런 다음 한 사람씩 돌아가면서 이를 구체적으로 진술해 보도록 합니다. 지도자는 집단원들이 진술한 구체적인 사건과 경험에 대해 종종 피드백을 건네줌으로써 이들이 이를 보다 명확히 이해하고 통찰할 수 있도록 도와줄 필요가 있습니다.

집단에서 가진 특별하고 소중하며 친밀한 관계가 실생활에서는 실현 불가능할 것이라고 생각하는 집단원들이 있습니다. 그 집단에서만 가능한 관계라면 그런 경험은 무익합니다. 지도자는 그런 집단원들에게 집단에서 가진 특별한 인간관계의 경험은 거저 얻어진 것이 아니라 그들이 그동안 치열하게 노력한 결과로 획득한 열매라는 사실을 상기시켜 주십시오. 집단에서의 경험이 실생활에서 실현하기 힘든 것은 사실입니다. 하지만 우리는 이제 집단을 통하여 상호 돌보는 친밀한 인간관계가 가능하며 이를 위한 마음가짐과 대인관계기술을 알게 되었으므로 이를 실생활에서 노력한다면 충분히 가능합니다.

집단지도자는 종결단계에서 집단원들에게 집단에서 배우고 경험한 것들을 지속적으로 시도해 보도록 격려해 주십시오. 이를 위해 집단원들에게 집단을 종결하는 마지막 회기에 다짐의 글을 쓰게 하여 돌아가면서 발표해 보도록 할 수 있습니다. 그리고 종결된 이후에도 집단원들이 상호 연락하고 조력관계를 유지하도록 지지해 주십시오. 마지막으로 지도자는 집단원들에게 집단이 종결된 후에도 집단에서 경험한 일들에 대해 비밀을 지켜야 한다는 사실을 다시 한 번 강조해 둘 필요가 있습니다.

놀이하는 지혜

놀이하는 지혜, 하나
여는 놀이는 누구나 쉽게 하면서 즐길 수 있는 놀이가 좋습니다. 놀이를 지도하려고 하지 말고 참가자들이 쉽게 즐길 수 있도록 하십시오.

놀이하는 지혜, 둘
놀이지도자는 다른 사람들을 놀려 주는 사람이 아니라 놀이거리와 놀이터를 제공해 주어서 스스로 즐길 수 있도록 하는 도움자요, 동반자입니다.

놀이하는 지혜, 셋

다른 사람의 외모, 버릇, 약점 등을 비꼬는 식의 부정적인 농담으로 웃음거리를 삼는 일이 없어야 합니다. 놀이를 하면서 사람들이 서로 지지하고, 수용하고, 나누고, 돌볼 수 있도록 하십시오. 놀이지도자는 언제나 건강한 웃음을 나눌 수 있도록 하십시오.

놀이하는 지혜, 넷

놀이는 사람들이 진솔한 만남, 사귐, 나눔, 섬김, 돌봄을 공유하도록 해 줍니다. 행복했던 어린 시절을 돌아보면 제일 먼저 떠오르는 사람은 그 자리에 함께 놀았던 친구들입니다. 놀이지도자는 어떤 놀이를 할 것인가보다는 사람들이 즐겁고 행복한 인간관계를 맺을 수 있도록 하는 데 관심을 기울이십시오.

놀이하는 지혜, 다섯

치열한 경쟁 가운데서 개개인의 존엄과 독립성은 존재하지 않습니다. 놀이에서 경쟁은 규칙이고 환경적 요소일 뿐인데 경쟁한 결과를 가지고 상벌을 주게 되니까 문제가 되는 것입니다. 치열하게 경쟁하는 놀이라도 사람들이 규칙을 존중하고 지키면서 하게 되면 거기에는 승패의 결과와 무관하게 아름다운 만남, 사귐이 이루어질 수 있습니다.

놀이하는 지혜, 여섯

놀이규칙은 일관성 있고 엄격하게 지켜져야 합니다. 놀이에서 규칙이 없으면 허튼 장난이 되어 버립니다. 규칙은 불편한 것이 아닙니다. 규칙은 사람과 사람이 만나고 사귈 수 있도록 하여 지켜 주는 안전망입니다. 규칙을 잘 지키면서 하는 놀이에서 이기고 지는 것은 아무런 문제가 되지 않습니다.

놀이하는 지혜, 일곱

놀이에서는 결과보다 과정이 더 중요합니다. 놀이는 놀이 자체가 목적이고 정해진 시나리오가 없기 때문입니다. 사람들은 같은 놀이를 모두 다른 방법으로 즐깁니다. 지도자는 사람들이 건강하고 행복한 인간관계를 맺을 수 있도록 하는 데 관심을 기울이십시오.

놀이하는 지혜, 여덟

어른이 어린이가 될 수는 있어도, 어린이가 어른이 될 수는 없는 일이지요. 놀이는 어린이의 마음을 가진 사람들만이 누릴 수 있습니다. 그러므로 놀이지도자부터 어린이가 되고자 하는 마음가짐이 필요합니다.

놀이이는 지혜, 아홉

어린 시절 우리는 놀이기구를 직접 만들어 놀았습니다. 친구들만 있으면 언제 어디서나 놀 수가 있었습니다. 놀이터는 소박해야 합니다. 환경이 화려하면 그만큼 사람들은 가려지게 됩니다.

놀이하는 지혜, 열

노자는 '도덕경'에서 '가장 훌륭한 지도자는 국민들이 그가 있는지조차 모르는 지도자'라고 하였습니다. 놀이터에서 가장 어울리는 지도자가 바로 이런 사람입니다.

02_부

실제편

2.1 학급 초기에 꼭 풀어야 할 과제

2.2 여는 놀이

2.3 자발성을 촉진하는 놀이

2.4 신뢰 쌓기 놀이

2.5 협동놀이

2.6 대화놀이

2.7 교실놀이

2.8 운동장 놀이

2.9 골목놀이

2.10 민속놀이

2.11 환경·생태놀이

2.12 북한 어린이 놀이

2.13 특별활동

2.14 닫는 놀이

나는 힘들고 지친 청소년들이 일단 놀이세계에 빠져들게 되면 순식간에 잃어버렸던 자기를 회복하고 치유되는 광경을 자주 목격하고 있습니다. 그래서 나이가 들어갈수록 놀이를 대하는 태도가 더욱 진지해져 가고 있습니다. 놀이야말로 이 땅의 청소년들을 살려 낼 수 있는 유일하고도 확실한 대안입니다. 놀이는 청소년들이 마땅히 누려야 할 권리이고 특권입니다. 놀이는 교육, 상담, 치료보다 선행하는 본질적인 가치입니다. 놀이는 청소년들의 삶, 그 자체입니다. 청소년들이 문제가 있어서 병들어 가고 문제 청소년이 되는 것이 아니라 그들로부터 그들이 마땅히 누려야 할 놀이, 곧 삶을 부당하게 박탈해 버렸기 때문입니다.

사람이 있는, 그래서 사람과 사람이 만나서, 서로를 느끼고 소중히 여기며, 함께 어울려 사귐과 나눔을 가지면서 나를 알아 가고 다른 사람들과 더불어 사는 지혜를 키워 나가는 학교, 그런 신나는 놀이터가 그리워집니다. 이제부터 즐거운 놀이로 그러한 신나는 꿈의 학교와 학급을 함께 만들어 봅시다.

놀이에 대한 열 가지 입장

이 책에 들어 있는 놀이들은 다음과 같은 열 가지 일관된 신념에 기초하고 있음을 밝혀 둡니다.

하나, 놀이는 자발적으로 참여하는 사람만이 즐길 수가 있습니다.

놀이는 스스로 즐기는 것입니다. 자발적으로 참여한 사람들만이 놀이 안에서 자유, 행복, 기쁨, 즐거움, 이웃과의 감격스러운 만남을 경험하게 됩니다. 이러한 점에서 놀이지도자는 무엇을 지도하고 가르치는 것이 아니라 사람들이 스스로 즐길 수 있도록 동기부여를 하고 그들에게 놀이거리와 놀이터를 제공해 주는 도움자요, 촉진자가 되어야 합니다. 놀이하는 사람은 단순한 청중이나 관람자가 아닙니다. 놀이하는 사람은 놀이터의 주인공이 되어야 합니다.

둘, 놀이는 사람들과의 참만남, 사귐, 나눔, 섬김, 그리고 돌봄의 기쁨을 선사합니다.

놀이터에서 사람들을 비교하고 경쟁시키는 일은 옳지 않습니다. 놀이하는 사람들은 모두 비교할 수 없는 하나뿐인 독특하고 특별하고 소중한 존재입니다. 서로 비교하고 경쟁하지 말고 다른 점을 즐기고 나눌 수 있어야 합니다. 그래서 이 책에 소개한 놀이들에는 비경쟁 협동놀이의 성격을 띠고 있으며 타인과의 진정한 만남, 사귐, 나눔, 섬김, 돌봄, 그리고 믿음이 이루어지도록 노력하였습니다.

셋, 놀이규칙은 엄격히 지켜지고 존중되어야 합니다.

규칙이 없고, 있어도 지켜지지 않는 놀이터에서는 즐거움이 없으며 아무런 유익을 기대할 수 없습니다. 규칙은 놀이를 구속하는 데 있는 것이 아니라 참된 즐거움을 가질 수 있도록 도와주고 절제의 미덕을 가르쳐 줍니다. 놀이에서 규칙은 제약이 아닙니다. 사람들과의 진솔한 만남과 사귐을 위해 꼭 필요한 조건이고 공동의 약속입니다.

넷, 놀이는 그 자체가 목적이 되어야지 의도적이거나 조작적이어서는 안 됩니다.

놀이에서 가지는 즐거움은 그 자체가 훌륭한 목적입니다. 어린 시절 맘껏 뛰놀면서 자유, 기쁨, 만남, 나눔을 맛보고 웃음지어 본 어린이들은 이웃과 더불어 사귀어 사는 기쁨을 아는 넉넉하고 행복한 사람으로 자라나게 됩니다. 아무런 전제된 의도나 조작됨이 없이 놀이하는 사람이 놀이를 즐길 수 있도록 놓아두었을 때 놀이가 가진 교육적·상담적·치유적인 힘을 강력하게 발휘합니다.

다섯, 놀이하는 사람들의 내적 동기를 촉진하려면 경쟁이 아니라 협동해야 합니다.

경쟁이 없는 놀이를 상상조차 하지 못하는 사람들이 많습니다. 물론 놀이에 경쟁적 요소가 있는 것은 사실입니다. 하지만 경쟁이 목적이 되다 보면 의미는 사라지게 되고 이기고 지는 허상만 남게 됩니다. 경쟁은 인간관계를 맺는 데 심각한 손상을 줍니다. 규칙을 인정하고 함께 존중하는 놀이에서는 이기고 지는 것이 크게 문제가 되지 않습니다. 주목할 사실은 규칙을 존중하고 공유하는 치열한 경쟁이 이루어지는 놀이터에서 사람들은 만남과 사귐, 그리고 나눔이 이루어진다는 것입니다.

여섯, 놀이에서 보상은 독약과 같습니다.

놀이에서 외적 보상은 아무런 도움이 되지 않고 오히려 해가 되기 쉽습니다. 사람들은 경쟁 없이 어떻게 놀이가 가능하냐고 의아해합니다. 이긴 사람(또는 모둠)에게 상을 주는 것은 그보다 훨씬 중요한 내적 동기를 망각하도록 만들고 놀이의 본질을 왜곡시킵니다. 보상이 있더라도 타인과 비교하지 않고 참가자 개개인의 재능, 특성, 장점을 인식하고 지지하고 촉진하는 방향으로 조심스럽게 적용해야 합니다. 놀이에서 보상은 독약과 다를 바 없습니다.

일곱, 놀이는 결과보다 과정이 더 중요합니다.

일에는 반드시 목적이 있으며, 그것을 통해 얻어지는 성과를 기대하고 수반합니다. 또한 일은 외부로부터 강요되기도 하고 과정에서 고통을 동반하기도 합니다. 이에 반해 놀이는 목적과 결과가 있는 경우도 있지만 놀이는 어떤 목적을 위한 것이 아닌 놀이가 이루어지는 과정이 더 중요합니다. 오늘날의 청소년들이 행복하지 못한 이유는 좋은 결과, 그것도 타인과의 비교우위의 결과만으로 남으로부터 평가받고 있기 때문입니다. 자기만의 독특한 방법으로 자기가 직접 해 보도록 허용하고 이들을 지지하고 존중해야 청소년들은 건강하게 제 법에 따라 성장할 수 있습니다.

여덟, 놀이는 누구나 쉽게 즐기고 지도할 수 있어야 합니다.

놀이는 특별한 재주를 갖춘 전문가만의 전유물이 아니며, 결코 그래서도 안 됩니다. 놀이는 모든 사람들이 즐길 수 있어야 하며 누구나 놀이를 지도할 수 있어야 합니다. 어린 시절 우리들이 즐겼던 놀이터에는 지도자가 따로 없었습니다. 거기에는 우리 모두가 놀이하는 사람이었고 모두가 지도적 역할을 했습니다. 즐거움은 다른 사람으로부터 강요받을 수 없는 것입니다. 그래서 나는 지금까지 놀이를 돈벌이로 하지 않는다는 고집을 지켜 왔습니다. 놀이는 어느 특정한 사람들의 전유물이 될 수 없습니다. 놀이는 모든 사람의 것입니다.

아홉, 놀이지도자는 참가자들의 동반자이며 도움자이고 촉진자입니다.

지도자는 어떠한 경우에도 놀이터에서 군림해서는 안 됩니다. 노자는 "가장 훌륭한 지도자는 국민들이 그가 있는지조차 모르는 지도자이다. 국민들이 순종하고 그를 환호할 때는 그리 훌륭한 지도자가 아니다. 국민들이 그를 경멸한다면 가장 나쁜 지도자이다. 그러나 훌륭한 지도자는 그가 말도 거의 없이 할 일을 다 하고 목적을 완수했어도, 오히려 국민들은 모두 우리가 스스로 이 업적을 성취했다고 말할 것이다."(도덕경, 제17장)라고 하였습니다. 지도자는 놀이터에서 참가자들과 함께 즐기는 동반자이며 그들이 스스로 즐길 수 있도록 도와주고 후원하고 촉진하는 사람입니다.

열, 놀이는 남녀노소 모두가 함께 어울릴 수 있어야 합니다.

놀이는 어린이들만의 전유물이 아닙니다. 어느 연령층에게 특별히 어울리는 놀이는 있어도 성인이라고 즐길 수 없는 놀이는 없습니다. 어린이의 마음을 가진 사람이라면 누구나 놀이세계에 빠져들어 즐길 수 있습니다. 문제는 수많은 어른들이 어린이의 마음을 잃어버리고 있다는 데 있습니다. 이러한 점에서 이 책에 담은 놀이들은 연령층을 엄격하게 구분하지 않고 있습니다. 누가 참석한 어떤 모임에 적합한 놀이를 선택하여 준비하는 것은 전적으로 지도자가 감당해야 할 몫입니다.

2.1 학급 초기에 꼭 풀어야 할 과제

01 건강한 학급을 만들기 위한 두 가지 약속 : 경청하기와 시간 지키기

어린 시절 우리들은 한 학년 올라가서 새 학기를 맞았을 때 '반에서 어떤 친구들을 만날까?', '내 친구와 헤어지지 말고 같은 반에서 다시 꼭 만났으면….', '담임선생님이 누구실까?', '내 짝은 누가 될까?'가 궁금해서 설레는 마음으로 등교를 했었습니다. 하지만 요즘 어린이들은 그렇지 않습니다. 그들은 '혹시 왕따 당하지 않을까?', '친구들이 나를 미워하고 괴롭히면 어떡하지?'하고 잔뜩 걱정하면서 새 학기를 맞습니다.

선생님께서는 어린이들을 따뜻이 맞아 주십시오. 학생들이 선생님에 대해 가지는 첫인상은 1년 내내 학급운영에 크게 영향을 미칩니다. 그러므로 선생님께서는 첫날에 교실에 미리 와 있다가 어린이들을 일일이 맞아 주도록 하십시오. "네가 ○○○구나. 맞지! 반갑다." 하고 이름을 부르며 껴안아 주십시오. 이렇게 불안하고 긴장되어서 교실로 들어오는 어린이들을 선생님께서 이렇게 맞아 주면 그들은 안도하게 됩니다. 불안했었는데 기대하는 마음으로 바뀝니다. 다음은 학급을 시작할 때 다루어야 할 과제입니다.

① 환영 인사와 학급에 대한 기대
② 선생님과 어린이들이 마음과 정성을 모아 건강하고 행복한 학급을 만들기를 다짐하기
③ 학급에서 준수해야 할 규칙 두 가지
하나, 적극적 경청
둘, 시간 지키기

선생님은 규칙을 알려 줄 때 학생들에게 명령을 하달하듯이 하지 마십시오. 그리고 '너희들은 ~을(를) 꼭 지켜야 한다'거나 '~을(를) 절대로 하지 말아라'는 식으로도 하지 마십

시오. 그 대신 행복하고 즐거운 학급을 만들고 싶은 기대와 학생들과 함께하기를 바라는 소망을 학생들에게 진솔하게 나누십시오.

모두가 행복한 건강한 학급을 만들려면 딱 두 가지 규칙만 지켜도 충분합니다. 지키기 힘든 규칙도 아닙니다. 다만 학생들의 동의를 받아서 그들이 자발적으로 지킬 수 있도록 도와주는 것이 중요합니다. 선생님은 이에 대해 설명해 주고 학생들로부터 동의를 받도록 하는 데 나는 다음과 같은 방식으로 학생들의 참여를 이끌어 내고 있습니다.

선생님 : 어린이 여러분, 안녕하세요? 나는 여러분과 1년 동안 함께할 ○○○ 선생님 입니다. 정말 반가워요. 앞으로 여러분과 함께 지내게 되어서 너무나 기쁘고 크게 기대가 됩니다. 나는 이번에 꼭 이루고 싶은 꿈이 있어요. 어린이 여러분 모두가 즐겁고 행복하고 더욱 건강하게 자랐으면 하는 것이에요. 그러기 위해서는 무엇보다도 우리 학급이 먼저 행복해야겠죠. 나는 담임선생님으로서 여러분과 함께 행복한 학급을 만들고 싶어요. 여러분도 나와 똑같은 생각이지요? 하지만 내가 아무리 하고 싶어도 내 맘대로 할 수가 없는 일이에요. 여러분이 스스로 하지 않으면 절대로 할 수 없는 일입니다. 그래서 나는 새 학기를 시작하면서 행복한 학급을 만들어 보겠다고 다짐하고, 어떻게 만들 수 있을 것인지 함께 생각해 보고 싶어요. 서로 다투지 않고 미워하는 일 없이, 왕따당하거나 시키는 어린이가 하나도 없는 그런 즐거운 학급이 되어야 합니다. 그러기 위해서 우리가 함께 지켜야 할 규칙이 있습니다. 두 가지밖에 되지 않는 이 규칙을 우리가 잘 지킨다면 우리는 정말 훌륭한 학급을 만들 수 있답니다. 자, 이제 내가 이 두 가지 규칙을 말할 텐데 여러분은 내 말을 듣다가 '그래? 할 만하네! 해 보겠어'라고 생각하면 내 말을 따라해 보도록 하세요. 알겠습니까? 그러면 첫 번째 약속을 말하겠습니다. '첫 번째 약속, 다른 사람의 이야기를 잘 들어주겠습니다'입니다.

이렇게 말하면 어린이들은 선생님이 제안한 첫 번째 규칙을 거부감 없이 편안하게 따라서 대답할 것입니다. 이어서 선생님은 경청하는 것이 왜 중요한지에 대해 간단하게 설명해 주고 학생들로부터 그렇게 하겠다는 확인을 받으십시오.

> 선생님 : 고맙습니다. 이제 두 번째 약속을 말하겠습니다. '두 번째 약속, 시간 약속을
> 잘 지키겠습니다'입니다.

어린이들이 두 번째 약속을 따라서 대답하면 선생님은 공동체 생활에서 시간 약속이 얼마나 중요한지에 대해 상세하게 설명해 주십시오. 이때 선생님은 학생들과 규칙을 존중하고 준수하겠다는 약속을 분명하게 받아 낼 필요가 있습니다.

> 선생님 : 이제 우리는 학급을 시작하면서 두 가지 규칙을 지키기로 약속했습니다. 이
> 규칙은 우리를 결코 불편하게 만들지 않습니다. 오히려 우리에게 행복한 학
> 급 공동체라는 선물을 안겨 줄 것입니다. 그리고 이 규칙은 학급의 목표이기
> 도 하다는 점을 꼭 기억해 두세요. 1년 동안 학급에서 이를 실천해 나가는 가
> 운데 우리는 정말로 훌륭한 학급 공동체를 만들어 낼 수 있게 될 것입니다.

02 ┊ '경청하기'와 '시간 지키기'의 중요성

나는 지난 40여 년 동안 수많은 집단을 실험적으로 연구하고 진행해 오면서 얻을 수 있었던 소중한 지혜가 있는데, 그것은 바로 집단을 위한 두 가지 약속에 관한 것입니다. 집단에서 집단원들이 경청하기와 시간 지키기, 이 두 가지 규칙(규범)은 건강한 공동체를 실현하는 데 충분합니다. 게다가 그 공동체를 통하여 사람들은 온전한 인간으로 성장해 나간다는 사실을 확인할 수 있었습니다.

나는 일평생 교육운동가로서 청소년 현장에서 집단을 연구하고 실험하면서 살아 왔습니다. 한 생명을 존중하고 세우는 교육에 필요한 실천적 대안을 마련하는 것이 목적이었던 나는 1970년대 말부터 집단 역학group dynamics의 맥락에서 놀이, 동아리활동group activity, 그리고 캠프 연구에 미쳐서 매달렸습니다. 인간관계훈련human relationship training, 심성계발훈련sensitivity training, 훈련집단T-group 등을 청소년 캠프와 동아리활동에 적용하

는 실험을 계속하였으며, 1980년대에는 모험기반활동adventure based activity을 만날 수 있었습니다. 그러던 중 1987년 여름 미국에서 가졌던 캠프연수는 지금까지 해 왔던 연구를 점검할 수 있는 계기가 되어 주었습니다. 이어서 미국으로 유학을 떠나 교육학을 전공하면서 조직캠프organized camp와 집단활동을 본격적으로 연구하였습니다. 나는 1993년부터 오늘에 이르기까지 청소년과 놀이문화연구소를 중심으로 청소년들을 일깨우기 위한 통합적이고 실천적인 대안을 만들기 위해 심혈을 기울여 왔습니다. 마흔 살이 넘어서 하게된 상담심리학은 집단을 보다 심층적으로 이해할 수 있도록 해 주었습니다.

1) 집단의 첫 번째 규칙, "다른 사람의 이야기를 잘 들어주겠습니다." : 경청하기

그러면 무엇 때문에 집단에서 경청하기와 시간 지키기(엄수)가 중요한지에 대해 조금 더 설명해 보겠습니다. 경청은 사람과 사람(들) 사이에서 이루어지므로 '나'와 '너' 둘 중에서 어느 한 사람이라도 없으면 경청은 이루어질 수 없습니다. 청자listener가 있는 곳에 화자speaker가 있는데 청자와 화자는 고정적으로 정해져 있지 않아서 사람들은 각자 청자와 화자를 넘나들면서 의사소통communication을 나누면서 인간관계를 맺어 나갑니다. 나는 사람들 사이에서 경청이 이루어지기 시작했을 때 바로 그 순간부터 진솔한 인간관계를 맺기 시작한다는 사실을 깨닫게 되었습니다. 경청이 실현되는 순간이 진정한 놀이가 시작되는 순간입니다. 사람들이 경청하지 않으면 놀이가 이루어지지 않습니다. 이를 달리 다시 설명하면 사람과 사람(들)이 인간관계가 맺어지는 순간부터 진정한 놀이가 시작되며, 놀이를 하면서 인간관계가 더욱 자유로워지고 심화됩니다. 놀이의 중심에는 사람(들)이 있어서 그들이 주인공으로 있으면서 놀이를 이끌어 갑니다. 적극적 경청active listening이 단순히 규칙이 아니라 이를 넘어서 집단의 중요한 규범과 가치가 되어야 하는 이유가 여기에 있습니다. 경청이 이루어지지 않는 집단에서 진솔하고 의미 있는 인간관계는 기대할 수 없습니다. 경청하는 집단에서는 각각 독립적인 인격체로서의 너와 내가 있음과 동시에 인격적인 만남과 사귐이 있는 공동체가 실현됩니다.

2) 집단의 두 번째 규칙, "시간 약속을 잘 지키겠습니다.": 시간 지키기

시간 지키기가 워낙 당연한 일이다보니 그 중요성을 간과하는 경향이 있습니다. 다른 한편으로는 시간 엄수가 중요하다고 집단의 규칙으로 정하기까지 해야 하는지 수긍하지 않는 사람들도 있을 것입니다. 어쨌든 분명한 사실은 학생들만이 아니라 어느 누구도 교육 상황에서 시간 지키기에 대한 생활훈련을 받아 오지 못했습니다. 시간 지키기는 아예 관심 밖에 있어서 교육의 영역에서 논의조차 이루어진 적이 없습니다. 가르치기만 하면 되고 이끌면 되고 학생들은 수동적으로 따라오기만 하면 되는데 굳이 그들에게 시간 개념을 가르칠 필요가 없었을 것입니다. 결국 우리는 그래서 집단에서 사람들과 시간을 어떻게 공유하고 준수해야 하는지에 대한 훈련을 받지 못했습니다.

집단은 사람들에 의해 구성됩니다. 집단에서 사람들은 각자 독립된 인격체로 존중받을 수 있어야 하지만 동시에 집단 구성원으로서 담당해야 할 책임도 있습니다. 사람은 누구나 특별하고 독립적이어야 합니다. 그렇다고 집단에서 모든 사람이 각자 자기 권리만 주장할 수 없습니다. 집단은 나만을 위한 것이 아니라 '나'와 '너'가 '우리'가 되는 공동체가 되어야 합니다. 그러기 위해서 모두가 시간을 공유하고 존중하는 것은 무엇보다도 중요합니다. 약속한 시간을 지켜 나가는 노력을 함께하는 공동체에서는 모두가 행복합니다. 그러면서 청소년들은 시간 지키기를 통하여 책임 있는 사회인이 되기 위해 필수적인 절제self-control하는 능력과 공동체 정신을 함양해 나가게 됩니다.

3) 숨겨져 있는 세 번째 규칙, 놀이

지금까지 건강한 학급 공동체를 만들어 나가는 데 경청과 시간 지키기가 얼마나 중요한지에 대해 알아보았습니다. 이제 앞으로 선생님께서는 학생들과 함께 1년 동안 학급을 꾸려 나가게 됩니다. 선생님과 어린이들이 1년 동안 신나게 놀면서 믿음을 쌓아가고 만남·사귐·나눔·섬김·돌봄이 있는 학급을 만들어 나가는 가운데 얼마나 놀라운 일들이 벌어질지 상상해 보세요. 우리에게는 어떤 힘든 어린이라도 도와줄 수 있는 1년이라는 충분한 시간이 있습니다.

어린이들과 무슨 놀이를 어떻게 하는가는 그다지 중요하지 않습니다. 그보다는 놀이에 담겨져 있는 정신을 그들과 나누도록 하십시오. 놀이를 능숙하게 지도하지 않아도 됩니다. 놀이정신을 어린이들에게 전하고 싶은 간절한 마음만 있으면 그것으로도 충분합니다. 놀이정신의 중심에는 규칙이 있습니다. 우리들은 어렸을 때 어떻게 놀았던가요? 거기에는 어른이 없었습니다. 만약 그 자리에 어른들이 끼어 있었다면 어땠을지 상상만 해도 끔찍합니다. 어린이들끼리 모여서 놀이를 만들어 가면서 놀았지요. 높은 나무를 타고 올랐고 바위를 오르면서 위험을 즐겼습니다. 규칙도 다 자기들끼리 정하고 지켰지 어른이 정해 주는 일이 없었습니다. 놀다가 싸움이 벌어지면 내가 옳다, 네가 그르다며 티격태격 다투다가 놀이규칙을 바꾸면서 놀이를 이어 갔습니다. 자기들이 원해서 했던 놀이여서 부모 탓으로 돌리는 일도 불평하는 일도 없었습니다. 그러면서 어린이들은 점차 건강하고 온전한 인간으로 성장해 나갔던 것입니다.

그러면 여기에서 놀이에서 규칙이 얼마나 소중하고 가치가 있는지 알아보고 학급 운영에 필요한 지혜를 찾아보기로 합시다.

① 어린이는 자발적으로 참여하여 독특한 방법으로 놀이를 즐겼습니다. 선생님은 어린이들이 학급 운영을 자기주도적으로 해 나갈 수 있도록 도와주십시오.

② 어린이는 놀이규칙을 친구들과 의논하여 합의과정을 거쳐 스스로 정했습니다. 선생님은 학급규칙을 일방적으로 통보하지 말고 적어도 어린이들의 동의를 거치도록 하십시오.

③ 어린이는 규칙을 지키면서 놀이를 하다가 서로 믿음이 차곡차곡 쌓여져 나갔습니다. 선생님과 학생들 사이에 신뢰할 수 있는 관계가 맺어지지 않으면 아무것도 할 수 없습니다. 그러므로 선생님은 가르치기 전에 우선적으로 학생들이 자기를 믿고 의지할 수 있도록 노력하십시오.

④ 어린이는 친구들과 어울려 정신없이 놀면서 우정을 쌓아 갔고 사랑을 나누었습니다. 선생님은 어린이들이 실컷 놀면서 친구들과 맘껏 즐기도록 도와주십시오. 학교에서 친구를 왕따시키고 폭행하고 자살하는 일을 막을 수 있는 길은 이 방법밖에 없습니다.

⑤ 어린이는 자기가 정한 놀이규칙을 지키면서 놀았기 때문에 치열하게 경쟁하다가 졌어도 불평하지 않았습니다. 선생님은 규칙을 일관성 있고 엄격하게 지켜 나가야

합니다. 슬쩍 눈감아 주는 일이 절대로 있어서는 안 됩니다. 떼를 쓴다고 들어주면 그런 어린이는 커서도 무절제한 응석받이가 될 수밖에 없습니다.

⑥ 어린이는 놀이에 이긴 사람에게 상품을 주고받는 일이 없었습니다. 놀이에 진 어린이는 분해서 "또 하자."면서 놀이를 이어 갔습니다. 선생님은 놀이에서 이긴 어린이에게 상품을 주지 말아야 하며, 졌다고 벌을 세우는 일도 없어야 합니다.

⑦ 어린이는 놀다가 다투고 싸우면서 컸습니다. 어린이들이 다투는 것 자체가 문제가 아닙니다. 그들은 이런 우여곡절을 거치면서 성장해 나갔습니다. 선생님은 어린이들이 위험하지 않은 정도로 다투면 그냥 놓아두도록 노력해 보세요. 그래야 그들은 스스로 문제를 해결할 수 있는 능력을 가지게 됩니다.

⑧ 어린이는 일부러 위험한 놀이를 즐겼습니다. 위험하니까 놀았었지요. 선생님은 위험하다고 하지 못하도록 막지 말아야 합니다. 혹시라도 다치기라도 하면 모든 책임을 교사가 져야 하는 현실이 안타깝습니다. 그렇다고 하지 못하게 하면 어린이들은 무기력해질 수밖에 없습니다. 우리나라 교육이 개혁되지 않는 이유가 아무도 책임지려고 하지 않는 데 있다고 봅니다.

⑨ 어린이는 놀다가 규칙을 어겼다는 사실을 스스로 인정했습니다. 선생님은 어린이가 규칙을 위반했다고 잘못을 지적하고 야단치지 말아야 합니다. 어린이들이 수치심을 느끼고 죄책감에 빠지는 것은 바람직하지 않습니다. 그보다는 선생님이 규칙을 어긴 사실을 어린이에게 알려 주어서 그가 이를 인정할 수 있도록 도와주십시오. 그러면 어린이들은 스스로 잘못을 시정해 나가게 됩니다.

⑩ 어린이는 자발적으로 자기가 하고 싶어서 놀이를 하였기 때문에 결과에 대한 책임을 다른 사람에게 전가하는 일이 없었습니다. 다른 사람이 놀려 주려고 했다면 어린이들은 재미없다고 불평할 수 있습니다. 하지만 자기가 선택한 일이므로 다른 사람에게 책임을 묻거나 불평할 수가 없습니다. 이와 마찬가지로 학급 운영에 대한 책임을 선생님이 다 져야 할 필요가 없습니다. 어린이들이 책임을 질 수 있도록 그들에게 내어 맡기십시오.

⑪ 어린이는 맘껏 놀면서 행복을 만끽했습니다. 놀이는 기쁨, 자유, 행복, 꿈을 가져다 줍니다. 선생님은 어린이들이 무엇보다도 학급에서 자유롭고 행복하고 건강하게 지내도록 도와주십시오. 어린이들이 마땅히 누려야 할 행복권을 박탈하고 있는 것

은 큰 잘못입니다.

⑫ 어린이는 놀이를 즐기면서 믿음이 싹트고 행복한 만남·사귐·나눔·돌봄·섬김
의 관계를 맺어 나갑니다. 그러는 가운데 바람직한 품성과 덕목을 키워 나가면서
온전한 인간으로 성장해 나갑니다. 선생님은 어린이들의 동반자가 되어서 그들이
자기가 가진 실현가능성을 발견하여 성장해 나가도록 지지하고 촉진해 주는 든든
한 후원자입니다. 이러한 놀이정신이 어린이들을 훌륭하게 자라도록 해 줍니다.

2.2 | 여는 놀이

모임을 재미있고 수월하게 시작할 수 있도록 하는 놀이가 여는 놀이입니다. 이러한 놀이를 warm up, ice breaking, 또는 mixing game이라고 하는데, warm up은 첫 만남의 어색한 분위기를 뜨겁게 달구어 주는 놀이라는 뜻이고, ice breaking은 낯선 사람들이 모여서 냉랭하고 불안한 분위기를 얼음 녹듯이 해 주는 놀이라는 뜻입니다. mixing game은 사람들을 정신없이 마구 뒤섞어 놓는 놀이입니다. 모임을 어떻게 시작하느냐는 모임의 성패를 좌우할 정도로 중요한 과제입니다. 집단에 참가한 사람들이 편안해지고 안정감을 느끼고 재미있어 하고 호기심을 느끼고 집단에 대해 기대를 하게 되면, 집단은 그 후로 저절로 순탄하게 진행되고 좋은 결과를 낳게 됩니다. 하지만 반대로 시작부터 잘못되면 마칠 때까지 내내 힘들어지고 결국 그 집단은 실패하게 됩니다.

여는 놀이가 중요한 이유가 여기에 있습니다. 여는 놀이는 낯선 집단에 처음 와서 불안하고, 불편하고, 서먹서먹하고, 어색해하는 참가자들이 집단에 안전하고 편안하게 들어올 수 있도록 하는 데 큰 힘을 발휘합니다. 새학기를 시작하는 초기단계에 사용하는 여는 놀이는 다음과 같은 효과가 있습니다.

① 놀이는 새 학년을 시작할 때 어색하고 불안한 학급 분위기를 순식간에 바꾸어 놓습니다.
② 경직된 분위기가 사라지고 편안해집니다.
③ 어린이들이 능동적으로 참여하도록 해 줍니다.
④ 어린이가 집단에 대해 기대감을 갖게 됩니다.
⑤ 집단원들 간의 대인관계가 활발해집니다.
⑥ 무엇보다도 집단이 즐거워집니다.

여는 놀이는 누구나 쉽고 편안하게 따라 할 수 있는 놀이가 좋습니다. 그래야 참가자들이 엉겁결에 따라 하면서 놀이세계로 빠져들게 됩니다. 놀이를 가르치려고 해서는 안 됩니다. 선생님이 먼저 학생들과 함께 즐기도록 하십시오. 이제 새 학기를 맞아 학급을 시작할 때와 모임을 시작할 때 요긴하게 활용할 수 있는 여는 놀이를 몇 가지 소개해 드리겠습니다.

01 : 모두 쉽게 할 수 있는 놀이

여는 놀이는 어린이들이 쉽게 따라 하면서 빠져 들어갈 수 있는 놀이가 좋습니다. 특별한 준비물이 없어도 할 수 있고, 필요해도 그 자리에서 쉽게 구할 수 있어야 합니다. 지도자가 가르치려고 하는 순간 놀이는 망가져 버립니다.

낯선 사람들이 처음 만난 자리에서 사람들은 대부분 긴장을 하게 되지요. 불안해하는 사람들도 많은데 이는 문제가 아니라 오히려 당연한 거라고 봅니다. 어쨌든 그런 긴장을 빨리 훌훌 털어버릴수록 하는 데는 스트레칭을 하면서 몸을 풀어 주는 것이 최고랍니다. 방법은 간단한데 예를 들어서 설명해 드리겠습니다.

"여러분 안녕하세요. 나는 여러분과 1년 동안 여러분의 학급 담임선생님을 맡은 ○○○입니다. 여러분과 함께하게 되어서 참 반갑고 기쁩니다. 이제 어린이 여러분과 함께할 것을 생각하니까 벌써 기대가 됩니다. 이제부터 재미있는 놀이를 하겠는데 시작하기 전에 몸을 먼저 풀어 보도록 합시다. 나처럼 이렇게 두 손을 번쩍 들고 기지개를 한바탕 늘어지게 해 보세요. (잠시 있다가) 어때요. 정말 시원하지요? 신선한 기운이 몸통에서 정수리까지 올라오는 것 같지 않습니까?" 이런 식으로 이야기를 하면서 어린이들이 편안하게 스트레칭 할 수 있도록 하십시오. 몸을 조금만 움직여도 온 몸이 시원해지는 것을 느낄 것입니다. 지도자는 참가자들이 그런 느낌을 직접 지각할 수 있도록 도와주십시오.

그런 다음 "한 가지 다른 동작을 해 봅시다. 저를 따라 해 보세요. 두 손을 등 뒤에서 잡을 수 있는지 한 번 해 보세요. ⋯ 잡히나요? 잡은 사람은 이번에는 두 손을 바꾸어서 반대로 해도 잡히는지 알아보세요. ⋯ 와! 대단하네요." 이런 식으로 하다 보면 자연스럽게 스트레칭을 하는 효과를 얻게 됩니다.

우린 짝꿍이야

두 어린이가 마주 보고 앉아서 짝이 손바닥을 볼 수 있도록 두 손을 들도록 합니다. 손바닥 사이는 20cm 정도 띄우도록 하세요. 그러고 나서 선생님이 "어린이 여러분! 이제 내가 "시작" 하고 말하면 두 손 중에서 한 손을 내밀어서 짝의 손바닥을 맞추세요. 그러면 두 사람의 손이 서로 어긋나거나 마주치겠지요. 자, 그러면 누가 마주치지 않을 것인지, 마주치도록 하겠는지 둘이 정해 보세요. … 정했나요? 그러면 이제 해 봅시다." 선생님이 갑자기 "시작" 하고 말하자마자 어린이들은 한 손을 앞으로 빨리 내밉니다. 이렇게 여러 번 반복하면서 놀이를 이어 갑니다.

쥐와 고양이

둘씩 짝을 지어서 마주 보고 앉은 다음 두 손을 들어서 짝의 손바닥과 마주 댑니다. 두 손을 맞대어서 상대방의 얼굴이 보이지 않도록 합니다. 이제 두 사람은 쥐와 고양이가 됩니다. 지도자가 '시작'을 알리는 즉시 고양이는 오른쪽, 왼쪽 중에서 한 방향으로 머리를 움직이면서 "야옹" 하고 고양이 울음을 냅니다. 쥐도 동시에 머리를 한쪽 방향으로 움직이면서 "찍찍" 하고 외칩니다. 이렇게 하여서 고양이와 쥐가 마주치면 쥐가 잡아먹히고, 머리가 엇갈리면 쥐는 다행히 살아남게 됩니다. 이렇게 여러 번 반복하면서 흥겨운 만남과 사귐을 시작해 보세요.

물건 빼앗기

참가자들이 옆 사람과 둘씩 짝을 지어서 마주 앉도록 합니다. 두 사람이 인사를 나눈 다음 주머니에 들어 있는 물건 중에서 하나를 꺼내서 두 사람 사이에 놓도록 하십시오. 예를 들어, 볼펜, 지우개, 시계, 손수건 같은 것이면 됩니다. 그러고 나서 지도자가 참가자들에게 "이제 내가 이런저런 이야기를 하다가 갑자기 '잡아!'라고 외치면 두 사람은 앞에 놓인 물건을 손으로 잽싸게 가로채야 합니다. 누가 먼저 잡는지 겨루어 봅시다." 이렇게 알려 주고 놀이를 시작해 보세요. 아주 간단하지요? 특별한 기술이나 재주가 필요하지도 않습니다. 능청스럽게 이런저런 소리를 중얼중얼하다가 갑자기 "잡아!"라고 외치기만 하면 되니까요. 지도자는 이렇게 간단한 놀이를 학생들이 즐기는 모습을 보면 덩달아 신이 나고 용기가 생깁니다.

✂ 준비물 : 주변에서 구할 수 있는 여러 가지 물건

종이 빼앗기(2.1-41)

참가자들이 두 사람씩 마주 보고 앉도록 합니다. 두 사람에게 손을 깍지 낀 상태에서 두 검지 손가락을 마주 대고 종이 끝을 꼭 눌러서 잡고 있도록 합니다. 지도자는 참가자들에게 "내가 '잡아!'라고 외치면 두 사람은 종이를 잽싸게 끌어당겨서 종이를 빼앗아야 합니다."라고 알려 주십시오. 그런 다음 지도자는 이런저런 이야기를 하다가 갑자기 "잡아!"라고 외치면 두 사람은 각자 종이를 잡아당겨서 빼앗습니다. 이렇게 여러 번 반복하면서 즐겨 보세요.

✂ 준비물 : 종이

손등 치기(2.1-38)

두 사람이 마주 보고 앉아서 한 사람은 손바닥을 위로 하고 다른 사람은 그 위에 손바닥을 포개어 얹도록 합니다. 시작이 되면 손바닥을 위로 한 사람(밑에 있는 사람)이 갑작스럽게 손바닥으로 상대방(위에 있는 사람)의 손등을 칩니다. 이때 위에 있는 사람은 맞지 않도록 피하는데 맞으면 계속하고, 친 사람이 헛손질 하였을 때는 서로 위치를 바꾸어서 해 보세요.

내 코, 내 귀(2.1.-16)

오른손으로 자기 코를 잡고 왼손으로는 자기 오른쪽 귀를 잡도록 합니다. 지도자가 "반대로!" 하면 오른손은 왼쪽 귀를 잡고 왼손은 코를 잡아야 합니다. 지도자가 처음에는 천천히 "반대로" 하다가 점차 빨라지면서 구령도 "하나, 둘"로 바꾸어서 해 봅시다.

▶▶▶ 지도자 숙지사항

집단을 시작하면서 지도자가 명심해야 할 것들이 있습니다.

1. 경쟁시키거나 점수를 매겨서 상벌을 주는 일이 없어야 합니다.

2. 학생들이 놀이규칙을 엄수하도록 하십시오. 규칙이 지켜지지 않으면 싸움판이 되기 쉽습니다.

3. 시작하기 전에 핸드폰을 반드시 거두어 놓으세요. 그러지 않으면 시작하기조차 어렵습니다.

4. 선생님은 학급 어린이들에게 존칭어를 사용하여 존중하는 마음을 전하십시오.

이웃사촌 놀이   주먹쌀기(2.1-34), 주먹잡기(쌀보리, 2.1-37), 쿵덕쿵 떡방아 박수(2.1-39), 청개구리(2.1-35)

02 : 이름 소개하기 놀이

요즘 어린이들은 대부분 다른 사람에게 관심이 없습니다. 친구들에게조차도 관심을 두지 않습니다. 그래서 학급 친구들과도 서로 이름을 부르지 않고 있는데 실제로 모르기 때문입니다. 친구들의 이름을 알려고 하지도 않으니 안타깝기 이를 데 없습니다. 학급을 시작하면서 선생님께서는 어린이들이 학급 친구들의 이름을 외우고 서로 부를 수 있도록 도와주도록 하십시오. 여기에 새 학기에 만난 학급 친구들과 재미있게 이름을 알아 가고 부르도록 하는 놀이들을 소개합니다.

몸짓으로 이름 소개하기

지도자가 어린이들에게 각자 색다른 몸짓을 하면서 자기 이름을 소개하는 시간을 가지겠다고 알려 주십시오. 그런 다음 지도자가 먼저 시범을 보여 줍니다. 예를 들어, 이름이 홍길영이라면 "홍" 하고 말하면서 몸짓을 하고, "길" 하면서 다른 동작을 취하고, "영" 하면서 동작을 멈춥니다. 그런 다음 어린이들이 돌아가면서 이와 같은 방식으로 자기를 소개하면 친구들은 그와 똑같이 말하면서 동작을 따라해 봅니다. 그러다보면 점차 재미있고 엉뚱한 모션을 취하는 친구들이 나와서 금세 웃음바다가 된답니다.

이름 잇기(1.1-37)

〈이름 잇기〉는 처음 만난 사람들이 자기 이름을 소개하고 익히는 데 널리 사용하는 놀이입니다. 어린이가 자기 이름을 소개하면 다음 어린이가 그 친구의 이름을 먼저 말하고 자기 이름을 말합니다. 세 번째 어린이는 첫 번째와 두 번째 친구의 이름을 말한 다음 자기 이름을 말합니다. 예를 들면, "사라 옆에, 우인이 옆에, 종민이"와 같이 하면서 마지막 사람까지 계속하게 됩니다. 이렇게 친구들의 이름을 반복해서 듣고 말하면서 모든 친구들의 이름을 쉽게 외울 수 있게 되지요.

이름으로 삼행시(1.1-39)

어린이들에게 종이와 연필을 하나씩 나누어 주고 각자 자기 이름을 세로로 큼지막하게 쓰도록 합니다. 그런 다음 지도자가 어린이들에게 자신의 이름 석 자를 가지고 삼행시를 지어 보도록 합니다. 그러면서 친구들 머리에 자기 이름이 쏙 들어갈 수 있도록 재미있게 적도록 하십시오. 2~3분 정도 시간을 주고 삼행시를 짓도록 한 다음 돌아가면서 삼행시를 가지고 자기를 소개하게 되면 어린이들은 친구들의 이름을 자연스럽게 외울 수 있게 됩니다.

✂ 준비물 : 종이와 연필(인원수만큼)

▶▶▶ 적극적인 경청을 촉진하는 지혜

실제로 경청을 잘하고 있다는 사실을 말하는 사람이 깨닫도록 하기 위해 어린이들에게 시선을 마주치고 고개를 끄떡이고 "와!", "맞아!" 하는 식의 반응을 보여 주도록 알려 주십시오. 이렇게 어린이들은 재미있게 반응하다 보면 더욱 편안해지고 즐거워하게 됩니다.

공이 오가며 나누는 인사(1.1-43)

지도자는 어린이들이 둥글게 둘러앉도록 하고 세 사람에게 다른 색깔의 공을 1개씩 전해 줍니다. 빨간 공을 가진 사람이 던진 공을 받은 어린이는 자기 이름을 크게 외칩니다. 파란 공을 받은 어린이는 자기 취미나 특기를 한 가지 크게 외칩니다. 노란 공을 받은 어린이는 자기에게 공을 던져 준 친구의 좋은 점을 형용사로 표현하여 큰 목소리로 외치도록 합니다. 예를 들어 "멋진", "짱!"과 같이 한마디 말하고 나서 들고 있는 공을 다시 다른 사람에게 던져 주도록 합니다. 공들이 오가면서 공을 한꺼번에 2개 받은 사람이 나오게 되지요. 빨간 공과 파란 공을 동시에 받은 어린이는 "허재승, 농구" 하는 식으로 대답하면 됩니다. 이와 같은 방식으로 바쁘게 공이 돌아다니면서 어린이들은 서로를 알아 가게 되고 친해집니다.

✂ 준비물 : 색깔이 다른 공 3개

실타래 돌리기(1.1-35)

어린이들이 둘러앉은 다음 한 어린이가 실타래를 들고 이름과 자기가 제일 잘하는 것 한 가지를 소개합니다. 소개를 마치면 왼손으로 실타래의 줄 끝을 잡은 상태에서 오른손으로 실타래를 다른 친구에게 던집니다. 이렇게 하여 실타래를 받은 어린이는 같은 방식으로 자기를 소개한 다음 왼손으로 실을 잡고서 실타래를 다른 친구에게 건네줍니다. 이렇게 하여 계속하다 보면 학급 모든 어린이들이 실로 연결이 되지요.

✂ 준비물 : 실타래

▶▶▶ **집단원의 능동적 참여를 촉진하는 지혜**

지도자는 어린이들에게 무슨 특별한 설명을 하거나 멋지게 마무리하지 않아도 됩니다. 이보다는 자기가 느낀 생각들이 있으면 자연스럽게 나누면 됩니다. 예를 들어 〈실타래 돌리기〉를 마치고 나서 어린이들에게 "처음 만난 여러분들이 서로 소개할 때 친구들의 말을 귀담아 듣는 모습이 참 아름다워 보입니다. 우리 모두가 잡고 있는 실처럼 앞으로 우리는 모두 친해질 수 있을 것 같은 생각이 들어서 기쁩니다." 이런 식으로 자신의 느낌을 표현하는 것만으로도 크게 도움이 됩니다.

찍기(1.1-38)

이 놀이는 실타래 대신 다른 사람을 손으로 지적하는 것 외에 〈실타래 돌리기〉(1.1-35)와 같습니다. 즉 한 사람이 자기소개를 마친 다음 손가락으로 다른 친구를 지적하면서 "너!" 하고 외칩니다. 처음 만난 자리에서 사람들이 기계적으로 시계 방향으로 돌아가면서 자기 소개를 하기보다는 〈찍기〉처럼 하게 되면 어린이들은 보다 집중하게 됩니다. 지도자는 소개를 마친 어린이가 단순히 "너!"라고 말하지 말고 "으음…!" 하면서 주위를 찬찬히 돌아보다가 "너!" 하고 외치도록 권하십시오. 장난기가 섞인 동작이나 말투로 하게 되면 분위기가 훨씬 부드러워진답니다.

이름표(1.1-33)

어린이들에게 종이를 나누어 주고 아래 그림처럼 친구들이 쉽게 볼 수 있도록 자기 이름을 크게 적도록 합니다. 그런 다음 지도자가 어린이들에게 종이 네 구석에 자기에 대해 소개하는 글을 적을 것이라고 알려 줍니다. 종이 상단 왼쪽 구석에는 내가 가장 잘하는 것 한 가지를 적도록 합니다. 상단 오른쪽에는 제일 좋아하는 음식 한 가지를 적도록 합니다. 하단 왼쪽에는 제일 싫어하는 학과목을 적어 보고, 마지막으로 하단 오른쪽 귀퉁이에는 하고 싶은 꿈을 적어 보도록 합니다(이상의 내용은 학년과 학생의 수준에 따라 지도자가 마음대로 정할 수 있습니다). 어린이들이 모두 기록을 마치면 테이프를 가지고 종이를 가슴에 붙이고 돌아다니면서 친구들과 자기소개를 하도록 합니다. 지도자도 어린이들 사이에 끼어서 함께하면서 돌아다니도록 하십시오. 모임 중에 자기소개 용지를 내내 달고 있도록 하면 어린이들이 이름을 외우는 데 도움이 됩니다.

　자기소개를 하는 〈이름표〉 종이를 작게 만들어서 이마에 붙이도록 해도 재미있습니다. 종이가 작아서 글씨도 크게 쓸 수 없기 때문에 어린이들이 서로 이마에 붙어 있는 자기소개 글을 읽기 위해 무릎을 굽히거나 발꿈치를 들어서 보는 모습이 귀엽기도 하고 우스꽝스러워 보인답니다.

✂ 준비물 : 종이와 연필(인원수만큼), 종이테이프 또는 노끈

노래 부르기	감자탕
홍 길 영	
수학	가수

이름 엮기(1.1-41)

〈이름 엮기〉 놀이는 〈이름 잇기〉 놀이만큼 재미있습니다. 어린이들이 자기소개를 할 때 이름을 소개하면서 자기가 자랑하고 싶은 것을 먼저 말합니다. 예를 들어 "나는 축구를 잘하는 철수입니다."라고 하였다고 합시다. 그러면 두 번째 어린이가 "나는 축구를 잘하는 철수 옆에 빵을 좋아하는 지현입니다."라고 하는 식으로 말입니다. 이렇게 한 다음 함께 자기의 취미, 장기, 또는 자신의 성격을 소개하면서 이어 갈 수 있고, 자기를 상징하는 대표적인 형용사를 가지고 소개하는 것도 재미있습니다. 즉 "나는 잘 생긴 병수입니다."라고 하면 이어서 "나는 잘 생긴 병수 옆의 웃기는 지영입니다."라는 식으로 말입니다.

▶▶▶ **집단원의 능동적 참여를 촉진하는 지혜**

선생님은 가르치는 사람이 아니라 어린이들과 함께하면서 즐기십시오. 집단 밖에서 방관자로 있는 것도 바람직하지 않습니다. 선생님이 유난히 쑥스러워하고 부끄러움을 타는 어린이들에게 다가간다면 큰 도움이 됩니다.

몸으로 말해요(1.1-47)

어린이들의 취미와 꿈을 알아보는 놀이입니다. 모두 둥글게 둘러앉아서 한 사람씩 자리에서 일어나서 말하지 않고 몸짓(마임)으로 자기 취미 또는 꿈을 표현해 보도록 합니다. 예를 들어, 바이올린을 잘 하는 주영이, 뮤지컬 배우를 꿈꾸는 소라, 과학자가 되고 싶은 진민이가 각자 자기 꿈과 취미를 몸으로 표현하면 다른 친구들은 그것을 알아맞혀 보세요.

동물농장(1.1-48)

어린이들에게 연필과 종이를 나누어 주고 자기 이름의 머리글자를 적도록 합니다. 예를 들어, '우영숙'은 종이에 'ㅇ, ㅇ, ㅅ'을 적은 다음 종이를 섞어서 다시 한 장씩 나누어 갖습니다. 이제는 각자 종이에 적힌 자음을 가지고 삼행시를 만들어 봅시다. 그런데 세 번째 자음(우영숙의 경우 'ㅅ')은 동물 이름이 되어야 합니다. 우영숙은 '아름답고 우아한 사슴' 하는 식으로 문장을 만든 다음 한 사람씩 돌아가며 크게 읽어 보고 그 사람이 누구인지 알아봅시다.

✂ 준비물 : 종이와 연필(인원수만큼)

내 이름에 한 가지 더(1.1-49)

모임이 시작되면 사람들은 돌아다니면서 다른 사람들이 자신의 이름을 쉽게 외울 수 있도록 자신을 소개하도록 합니다. 예를 들어, "내 이름은 전국재인데 어렸을 때 친구들이 나를 국자라고 놀렸어요.", "제 이름은 우동석이라서 우동을 진짜 좋아합니다." 하는 식으로 자신을 소개합니다.

03 : 함께 노래 부르기

학생들과 함께 노래를 부르면서 모임을 시작해 보세요. 율동을 곁들여서 부르는 노래만큼 좋은 여는 놀이가 흔치 않습니다. 학생들이 모두가 알고 있어서 함께 부를 수 있는 노래를 정하는 것이 좋습니다. 그 좋은 예가 〈머리 어깨 무릎 발〉(2.1-17) 노래입니다.

> 지도자 : 여러분 〈머리 어깨 무릎 발〉 노래를 다 알고 있지요? 그러면 이제 함께 노래를 부르면서 내가 하는 동작을 따라해 보세요.

그런 다음 지도자는 곧바로 손과 발로 율동을 하면서 크게 노래 부르면서 참가자들이 이를 따라서 해 보도록 합니다. 지도자는 율동을 큰 동작으로 경쾌하게 하도록 하세요. 지도자가 어색해하면 참가자들에게 그런 분위기가 그대로 전달되므로 지도자가 먼저 즐거워야 합니다.

> 지도자 : 잘 했어요, 여러분. 참 쉽지요? 그런데 이제는 그리 만만하지가 않을 겁니다. 자! 양손을 들어서 내 머리에 대지 말고 이번에는 양손을 각자 양 옆에 있는 친구의 머리 위로 얹어 주세요. 그리고 지금까지는 내가 하는 몸짓 손짓을 따라했는데 이번에는 내 몸에 손을 대는 것이 아니라 양 옆 친구들의 머리, 어깨, 무릎, 발에 손을 대면서 노래를 불러 보는 것입니다. 그리고 마지막 "…머리 어깨 무릎 귀 코 귀" 할 때도 양 옆 사람의 귀와 코를 손으로 잡아야 합니다. 알겠지요? 자, 그럼 시작."

이렇게 하여 지도자가 힘껏 노래 부르기 시작하면 참가자들이 따라 하면서 분위기가 확 달라집니다. 주목할 점은 놀이를 하면서 옆 사람의 몸에 손을 대는 순간 편안해지고 관계를 맺기 시작한다는 사실입니다. 스킨십이 그만큼 중요합니다. 그리고 이것이 놀이의 힘입니다. 처음 만난 사람의 몸을 손으로 만지라고 하면 누가 할 수 있겠습니까? 그런데 놀이니까 가능한 것이지요.

지도자가 "여러분, 이 노래를 모두 알고 있지요? 이제 나를 따라 율동을 하면서 큰 목소리로 노래를 불러 봅시다."고 하면서 노래를 시작하세요. 율동을 가르쳐 주려고 하지 않아도 노래를 부르기 시작하면 학생들은 따라서 합니다. 잘하지 않아도 됩니다. 지도자가 먼저 신나게 하면 학생들은 저절로 따라 하게 됩니다.

앞으로   앞으로   앞으로   앞으로   박수 3번

지구는 둥그니까 자꾸 걸어 나가면 온 세상 어린이를 다 만나고 오겠네(악수)

온 세상 어린이가 하하하하 웃으면 그 소리 들리겠네   달나라까지

앞으로   앞으로   앞으로   앞으로   박수 3번

안마사(1.3-18)

학생들이 원대형으로 둘러앉아 동요를 노래를 부르면서 오른쪽 사람의 등을 주먹으로 시원하게 두드려 줍니다. 그러다가 지도자가 "반대로!"라고 외치면 몸을 뒤로 돌려서 왼쪽 사람을 안마합니다. 지도자는 노래를 부르는 중에 수시로 "반대로!"를 외칩니다. 두드리기를 마치면 어깨 주물러 주기, 쓰다듬기, 간지럼 태우기 등으로 바꿔서 계속 이어 갑니다. 이 놀이에 딱 어울리는 동요는 〈퐁당퐁당〉, 〈앞으로〉입니다.

산토끼(2.2-5)

지도자가 학생들과 함께 〈산토끼〉 동요를 힘차게 불러 봅시다. 지도자가 〈산토끼〉 노래에 맞춰 율동을 하면 학생들은 이를 따라서 합니다. 이번에는 학생들에게 자기가 하는 동작을 그대로 따라 하지 말고 반대로 해 보도록 하세요. 지도자가 돌아다니면서 한 사람 앞에 서서 도무지 따라할 수 없게 빠르게 손을 움직입니다. 꼼짝 없이 걸려든 학생에게 자기소개하는 시간을 주고 다시 해 보세요.

 이웃사촌 놀이 | 바윗돌 깨뜨려(2.5-184)

04 : 재치 · 유머 놀이

가라사대(1.3-14)

〈가라사대〉 놀이는 누구나 한 번쯤은 해 보았을 것입니다. 학생들은 지도자가 '가라사대'라는 말로 시작하는 지시만을 따라 해야 합니다. 반대로 '가라사대'를 하지 않은 말을 따라 해서는 안 됩니다. 지도자는 미리 작전을 잘 짜 두었다가 시치미를 뚝 떼고 여러 번 진행하십시오. '난 절대로 안 속지' 하고 생각하는 사람도 엉겁결에 속아 넘어가기 쉽습니다.

토끼와 거북이(2.1-44)

두 사람이 짝이 되어 한 사람은 토끼가 되고 다른 사람은 거북이가 됩니다. 그런 다음 서로 마주 보고 앉아서 왼손으로 악수하는 자세를 취합니다. 이제 지도자가 토끼와 거북이에 얽힌 이야기를 하는 동안 '토끼'라는 말이 나오면 토끼가 거북이의 손등을 치고, '거북이' 소리가 나오면 거북이가 토끼의 손등을 치고, '여우' 소리가 나오면 상호 상대편의 손등을 오른손 바닥으로 치도록 합니다. 이때 가만히 맞고 있는 것이 아니라 잽싸게 오른손바닥을 대서 방어할 수 있습니다. 이 놀이는 '아담과 이브' 이야기를 가지고 할 수 있습니다. '사자와 사슴' 이야기로 하면 지도자가 사람들을 골탕 먹일 수도 있답니다. 즉 사슴이나 사자라고 말할 듯하다가 "사르르르", "사과", "사시나무"와 같이 비슷한 말을 하게 되면 사람들은 얼떨결에 실수하게 됩니다.

박수치기(2.2-4)

지도자는 학생들 앞에서 두 손을 왼쪽에 위아래로 세웁니다. 그리고 학생들에게 이제 양손을 흔들어서 손바닥이 겹칠 때는 박수를 치고 겹치지 않을 때는 박수를 치지 말도록 하십시오. 지도자는 손을 흔들어서 두 손바닥이 마주칠 찰나에 멈춥니다. 그러면 속아 넘어가서 박수를 치는 학생이 나올 것입니다. 지도자는 학생들이 속아 넘어가도록 재미있게 진행해 보세요.

뻔데기(2.2-3)

학생들은 원대형으로 둘러앉습니다. 지도자가 원 주위를 돌아다니다가 한 사람을 지적하면서 "뻔" 하고 외치면 그 사람은 "데기" 하고 대답하고, "데기" 하면 "뻔" 하고 대답해야 합니다. 이밖에 "뻔뻔" 하면 "데기 데기"라고 대답하고, "뻔데기"라고 한 경우에는 "데기 뻔" 하고 대답합니다. 지도자는 조금씩 어렵게 해 보세요. 즉 "뻔뻔 데기 데기"라고 하면, 지명된 사람은 "데기 데기 뻔뻔" 해야겠지요. 이 놀이는 2~4모둠으로 나누어서 겨루기를 하여도 재미있습니다. "뻔데기" 대신에 "때때옷", "쿵더쿵", "송아지"를 가지고 해도 됩니다. 이밖에도 재미있는 단어를 만들어서 해 보세요.

청개구리(2.1-35)

둘씩 짝을 지어서 마주 보고 앉도록 합니다. 두 학생이 교대로 질문과 대답을 하는데 대답하기가 곤란해지는 놀이입니다. '예' 또는 '아니요'로만 대답할 수 있는데, "예" 할 때는 머리를 좌우로 가로젓고, "아니요" 할 때는 머리를 끄덕여야 하니까 여간 힘든 일이 아니랍니다. 시작하기 전에 너무 짓궂은 질문을 해서 친구에게 상처를 주는 일이 없도록 하자고 학생들에게 알려 주십시오.

이웃사촌 놀이 스무고개(2.4-111), 오리가 난다(2.2-9), 박수 한 번, 박수 두 번(2.2-6), 꽝 꽈광!(2.2-10), 땅과 포옹하기(1-1.25), 눈 마주 보고 인사 나누기(1.1-42), 공이 오가며 나누는 인사(1-1.43), 당신의 이름은(1.1-44), 별난 만남(1.1-64), 사람을 찾습니다(1.1-68), 이런 사람을 찾습니다(1.1-70)

05 : 학급을 여는 활동

우리들의 약속 정하기

〈우리들의 약속 정하기〉는 선생님이 학급에서 어린이들과 경청하기와 시간 지키기 규칙을 나누고 나서 어느 정도 시간이 지나 친숙해졌을 때 하는 것이 바람직합니다. 학급을 시작하면서 1년 동안 함께 지켜 나갈 약속들을 어린이들이 직접 정해 보도록 하는 활동입니다. 어린이가 3명씩 모여 앉도록 하고 각각 쪽지를 5장씩 나누어 줍니다. 어린이들에게 각자 즐겁고 행복한 학급을 꿈꾸어 보도록 한 다음 그런 학급을 만들기 위해서 필요한 덕목과 가치들은 무엇이 있는지를 다섯 가지씩 생각해 보도록 하고 쪽지 5장에 하나씩 적어 보도록 합니다. 예를 들면, '친구들과 싸우지 않겠다', '배려', '우정' 등의 여러 가지 의견들이 나올 것입니다. 세 어린이는 한 사람씩 돌아가면서 쪽지에 쓴 내용을 설명하고 동일한 내용의 쪽지들을 골라내고 또 좋은 학급을 만드는 데 필요한 내용들을 다섯 가지 선택하도록 합니다. 이때 선생님은 충분히 논의하지 않고 아무렇게나 가위바위보로 정하지 않도록 어린이들에게 알려 줄 필요가 있습니다. 또한 다수결로 정하는 것도 바람직하지 않습니다. 비록 한 어린이의 의견이지만 가치 있는 일이라 생각하면 이를 받아들일 수 있다는 사실을 알려 주십시오.

그런 다음 옆에 있는 다른 세 친구들이 모입니다. 그러니까 6씩 모둠을 이루어서 같은 방법으로 다시 한 번 5개의 덕목과 가치들을 선택해 보도록 합니다. 각 모둠에 전지와 크레파스를 나누어주어서 이렇게 선별한 5개의 단어를 가지고 〈우리들의 약속〉이라는 제목의 글을 작성해 보도록 합니다. 멋진 시를 쓰거나, 그림을 그려서 표현하거나, 이밖에 어떤 방법으로든 행복한 학급을 만들기 위한 〈우리들의 약속〉을 정성껏 작성하도록 합니다. 마지막으로 모둠별로 작성한 종이(전지)를 들고 나와서 설명합니다.

마지막 단계는 그러면 즐겁고 행복한 꿈의 학급을 만들기 위해 나는 실제로 무엇을 할 수 있을까를 생각해 보도록 하십시오. 예를 들면, 어린이들은 "교실을 깨끗이 청소하겠다.", "고운 말을 쓰겠다.", "선생님께 물을 갖다 드리겠습니다.", "신발장을 정리하겠다.", "친구를 돕겠다.", "칠판을 닦겠다.", "매일 화분에 물을 주겠다." 등과 같은 의견들이 나올 것입니다. 선생님은 어떤 의견이든지 판단하지 말고 어린이들의 의견을 존중하고 실천할 수 있게 되기를 기대하고 격려해 주십시오.

선생님은 학생들이 적은 쪽지들을 모아서 게시판에 붙여 놓으십시오. 이 활동은 사후관리가 더 중요합니다. 실천하지 않으면 오히려 안 하느니만 못하기 때문입니다. 그러므로 선생님은 "와! 오늘 교실바닥에 쓰레기가 하나도 떨어져있지 않은 것을 보니 □□□가

주웠나 보구나. 그렇지? 고맙다."는 식으로 일일이 세심하게 관심을 기울이고 격려해 주십시오. 이러한 노력은 1년 동안 내내 할 필요가 있으며, 한 번으로 끝날 것이 아니라 2~3회에 걸쳐서 개별적인 미션을 다시 정해서 해 보도록 하는 것이 바람직합니다.

마음 씨앗

〈마음씨앗〉은 청소년과 놀이문화연구소가 개발하여 캠프와 동아리 활동 등의 집단활동에서 20여 년 동안 활용하고 있는 포상제도입니다. 〈마음씨앗〉은 청소년들이 스스로 목표를 정해서 이를 성취해 나가는 과정에서 바른 덕목과 품성을 계발할 수 있도록 하는 데 목적이 있습니다. 이 활동은 학교에서도 선생님이 학생들을 개별적으로 지도하면서 운영할 수 있습니다. 〈마음씨앗〉이 더불어 행복한 학급 공동체를 만들어 나가는 데 도움이 되기를 기대하며 여기에 소개합니다.

■ 개요

〈마음씨앗〉은 미국YMCA의 항건과 가죽장Ragger & Leather 프로그램에 입은 바 영향이 큽니다. 항건scarf과 가죽장 포상제도는 1914년 오클랜드YMCA에서 칼드웰이 처음으로 시작하였습니다(YMCA of the USA, 5). 그는 청소년들의 단점을 교정하기보다는 그들이 가진 장점과 긍정적인 면을 지지하고 강화하는 것이 훨씬 효과적이라고 믿었습니다. 특히 청소년이 건전한 습관 · 근면 · 성실 · 명랑 · 도덕성 · 신용 · 봉사 등의 덕목과 품성을 계발해 나가기 위해서는 먼저 그 필요를 느끼고 스스로 목표를 정하여 성취해 나갈 수 있도록 도와주는 것이 바람직하다고 보았습니다.그러한 노력의 결실이 항건 및 가죽장 포상제도입니다. 보이스카우트의 스카프와 같은 항건은 청소년(12~21세)을 대상으로 하고 있으며, 가죽장은 초등학생(9~12세)을 대상으로 하는 것만 다를 뿐 목적과 내용은 동일합니다. 파란색의 항건은 개인의 덕목 또는 품성들을 성취한 것에 대한 상징이고, 피혁으로 제작한 배지가 가죽장입니다. 집단원 전원 모인 자리에서 지도자가 목표를 달성한 청소년들에게 항건을 목에 걸어 주고 배지를 가슴에 달아 주는 의식을 경건하게 진행합니다. 처음에는 지도자가 청소년들에게 '수여'했었는데 점차 청소년이 스스로 정한 목표를 '획득'한 것에 대한 경의와 존중을 표하는 방향으로 변모했습니다. 지도자로부터 상을 수

여받는 것이 아니라 청소년 자신의 노력으로 목표를 수립하고 도전해 봄으로써 성취한 개인의 변화와 성장에 대해 존중^{recognition}과 경의를 표하는 경건한 의식으로 자리 잡았습니다.

■ 목적

청소년들이 건강하고 온전한 인간으로 성장하는 데 필요한 덕목과 품성들을 자기주도적으로 계발하도록 하는 것을 목적으로 한다.

■ 목표

청소년이,

- 자기성장을 위해 노력하고 성취하는 과정을 통해 자신감과 긍정적 자기개념을 함양한다.
- 타인과의 바람직하고 건강한 인간관계를 맺는 경험을 통하여 사회적 능력을 개발한다.
- 공동체에서 실천함으로써 공적 비전과 책임을 갖춘 건강한 사회인으로 성장하도록 한다.

■ 프로그램의 내용

- **대상 :** 〈마음씨앗〉의 목적에 동의하여 자발적으로 참여하기를 희망하는 어린이들

- **〈마음씨앗〉 소개 시 주의할 점**
  - 학급 학생들 중에서 자기성장을 위해 자원하는 학생들을 대상으로 한다.
  - 마음씨앗 수첩에 기록한 내용은 다른 친구들에게 공개하지 않는다.
  - 월별 또는 학기별로 실시할 수 있다.

- **방법 :**
  - 교사는 개학 초기에 학급 어린이들에게 〈마음씨앗〉을 설명하여 개별적으로 신청을 받는다.
  - 해당 단계별 마음씨앗 수첩을 참가 어린이들에게 나누어 주고 활용법과 작성법을 알려 준다.
  - 교사는 어린이들이 스스로 목표를 세우고 이를 성실하게 도전할 수 있도록 도와준다.
  - 교사는 참가 어린이들과 개별적으로 정기적(주 1~2회)으로, 또는 수시로 만남을 가진다.
  - 모임에서 교사는 어린이가 마음씨앗 수첩에 기록한 내용을 중심으로 대화를 나누도록 한다.

- **준비물**

  ① 마음씨앗 수첩(단계별), ② 수료증, ③ 마크

- **수료식**
  - 학급의 전체 모임에서 공식적으로 수료식을 하면서 수료증과 마크를 겸하여 수여한다.
  - 고유번호를 기입한 수료증과 마크를 수여함으로써 활동의 명예와 가치를 높인다.

■ **마음씨앗 성취 단계(예)**

단계	이름	내 용
1	사귐	* 목적 : 어린이가 반 친구들과 친밀하고 신뢰할 수 있는 인간관계를 맺도록 함으로써 사회적 기술을 개발하도록 한다. * 구체적 목표 – 반 친구들에게 먼저 인사하기 – 바르고 고운 말씨 사용하기 – 친구의 이야기를 잘 들어주기(경청) – 외로운 친구에게 다가가기 – 친구에게 나의 생각과 느낌을 전달하기 등

2	나눔	* 목적 : 어린이가 반 친구들과 온정적인 마음을 나누고, 시간과 물질을 나누는 경험을 가지도록 한다. * 구체적 목표 – 학급에서 나와 다른 성격의 친구를 이해하려고 노력하기 – 어떤 일로 마음이 힘든 친구 곁에서 힘이 되어 주기 – 나의 도움이 필요한 친구에게 적극적으로 다가가기 – 간식 등 먹을 것 나누어 주기
3	섬김	* 목적 : 어린이가 이타적 돌봄을 통하여 자존감을 향상시키고 행복한 학급 공동체를 만들기 위해 노력한다. * 구체적 목표 – 따돌림을 당하는 친구에게 관심을 가진다. – 외로워하는 친구들에게 다가가서 위로한다. – 교실을 안전하고 청결하게 유지하는 일에 관심을 기울인다.
4	사랑	* 목적 : 친구들과의 사귐, 나눔, 섬김, 돌봄을 통해서 행복한 학급을 만들고 친구들을 사랑하는 일에 스스로 목표를 정하고 실행하는 일에 도전한다. * 구체적 목표 – 학생 본인이 선생님과 의논하여 목표를 정하도록 하십시오.

• 〈마음씨앗〉 운영에 주의할 점

- 〈마음씨앗〉은 학급에서 역할과 책임성을 강조하는 활동이므로 어린이들이 성실하게 노력할 수 있도록 지지해 주십시오.

- 〈마음씨앗〉은 자기와의 약속을 실천하는 활동이므로 참가한 어린이가 다른 친구들과 비교하거나 자랑하지 않는 일이 없도록 하십시오.

- 행복하고 즐거운 공동체를 만들기 위한 목표를 일상에서 쉽고 편하게 도전할 수 있는 수준에서 정하도록 도와주십시오.

- 학생이 행복한 학급이 되기 위해 무엇을 어떻게 할 수 있을까 생각해 보고 그 방법을 스스로 정할 수 있도록 도와주십시오.

- 다음의 상위 단계를 도전해 볼 수 있도록 지지하고 후원해 주십시오.

• '선생님의 한마디'를 작성할 때 유의할 사항

- 학생을 향한 온정적이고 진정성 있는 마음을 담으십시오.

- 칭찬하기보다는 선생님이 학생에 대해 생각하는 긍정적인 면을 알려 주십시오.

- 학생을 평가하지 말고 무조건적으로 긍정적으로 존중하는 마음을 전해 주십시오.

- 결과만큼 과정도 중요하므로 학생이 노력하고 있는 점을 지지하고 격려해 주십시오.

- 선생님께서 가지고 있는 학생에 대한 기대와 소망을 들려주십시오.

- '그러나' 또는 '하지만'으로 끝나는 식의 인색한 문장을 사용하지 마십시오.

- 다른 학생들과 비교하는 일이 없도록 하십시오.

■ 마크

■ 수료증 양식(예)

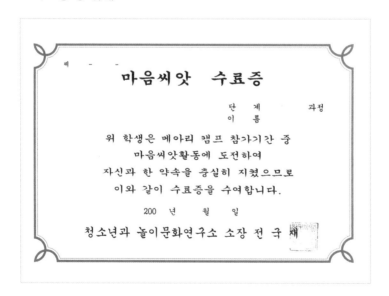

M • E • M • O

2.3 │ 자발성을 촉진하는 놀이

Structured
Games

놀이는 자기가 하고 싶어서 할 수 있는 것이지 절대로 다른 사람이 억지로 시켜서 할 수 없습니다. 지도자는 놀이거리를 제공하고 놀이판을 펴 줄 수는 있습니다. 하지만 학생들을 놀려 줄 수 없고 아무도 대신 놀아 줄 수도 없습니다. 선생님은 학생들을 놀려 주려는 생각을 내려놓아야 합니다. 어린이들이 스스로 참여하여 자기들의 방법으로 놀이를 즐길 수 있도록 해야 합니다. 학생의 자발성을 촉진하는 길은 놀이밖에 없습니다. 일단 놀이의 맛을 보기 시작하면 학생들은 순식간에 놀이에 빠져들게 됩니다. 놀이야말로 학생의 자기주도적 학습의 해답입니다.

여기에 소개하는 놀이들의 특징은 방관자나 관람자가 한 사람도 나오지 않도록 해 놓았다는 데 있습니다. 어린이들이 모두 주인공이 되어서 놀이에 몰입하여 어울려 즐길 수 있도록 하였습니다.

종이테이프 붙이기(2.2-1)

학생들을 둥글게 둘러 세우고 종이테이프를 30cm 정도의 길이로 잘라서 한 사람에 하나씩 나누어 주세요. 그런 다음 지도자가 한 학생에게 다가가서 그와 인사를 나누고 나서 가위바위보를 합니다. 이렇게 하여 이긴 사람은 자기가 들고 있는 종이테이프를 3~5cm 정도 잘라서 진 사람의 얼굴에 붙여 줍니다. 지도자가 이렇게 시범을 보인 다음 학생들은 각자 마음대로 돌아다니면서 마주치는 친구와 〈가위바위보〉를 하여서 이긴 사람이 자기의 테이프를 잘라서 상대방의 얼굴에 붙이도록 합니다. 테이프를 모두 사용한 학생은 자기 얼굴에 붙어 있는 테이프를 떼어서 붙여 줄 수 있습니다. 지도자는 3~5분 정도 시간을 주고 마치도록 하세요. 테이프 조각들이 더덕더덕 붙어 있는 친구들의 망가진 모습을 바라보면서 모두 깔깔 웃게 된답니다. 놀이를 마치고 나서도 테이프를 떼지 말고 한동안 붙이고 다니도록 하세요.

✂ 준비물 : 종이테이프

▶▶▶ **도움말**

학생들은 〈가위바위보〉를 하여 서로에게 테이프를 붙여 주다 보면 모두의 얼굴은 덕지덕지 붙은 테이프로 엉망진창이 됩니다. 그러면서 금세 왁자지껄해지고 웃음꽃이 피어나면서 학생들은 집단 안으로 빠져듭니다. 이 놀이는 한 사람의 방관자도 나오지 않도록 해 주는 매력이 있습니다. 모두가 다른 사람의 시선을 전혀 의식하지 않고 놀이에 빠져들게 만들어 버립니다.

내가 누구입니까?(1.1-72)

지도자는 모임을 시작하기 전에 역사 인물, 유명 인사, 만화 주인공, 연예인들 중에서 유명한 사람들의 이름을 하나씩 적은 종이테이프를 준비해 두세요(인원수만큼). 모임이 시작되면 지도자는 그 테이프를 학생의 이마 또는 어깨에다가 붙여줍니다. 그러면 학생들은 자기 몸에 붙은 쪽지에 어떤 이름이 적혀 있는지는 모르지만 다른 사람들은 모두 볼 수 있습니다. 이렇게 모든 사람의 어깨(또는 이마)에 이름이 적힌 테이프를 붙이면 놀이가 시작됩니다. 상황 설정은 이러합니다. 즉 학생들은 모두 기억상실증 환자여서 자기 이름이 누구인지를 모르고 있습니다. 학생들은 각자 흩어져서 만나는 사람들에게 자기가 누구인지를 물어봅니다. 거울을 보고 읽거나 손으로 쪽지를 떼어서 볼 수 없습니다. 오직 마주치는 사람과 물어보면서 이름을 찾아야 하는데 상대방은 "예" 또는 "아니요"로만 대답할 수 있습니다. 그러니까 〈스무고개〉 놀이와 꼭 같은 방법으로 하는 것이지요. 이렇게 하여 분주하게 돌아다니면서 많은 사람들을 만나 자기가 누구인지 빨리 알아내세요. 한 사람에게 한 질문만 주고받고 곧바로 다른 사람을 찾아가세요. 자기 이름을 찾은 학생은 큰 소리로 "찾았다!"고 외치기 바랍니다.

✂ 준비물 : 종이테이프

이 놀이도 〈종이테이프 붙이기〉처럼 모든 학생들이 놀이에 쉽게 빠져들게 만듭니다. 이 놀이가 진행되는 동안 학생들을 유심히 살펴보세요. 다른 사람의 시선을 의식하여 불편해하는 학생을 찾아보기 힘들 것입니다. 이 놀이는 다른 사람들의 시선을 의식하지 않고 자유롭게 할 수 있도록 도와줍니다.

선생님은 모든 학생들이 자기 이름을 찾을 때까지 기다리지 않아도 됩니다. 적당한 시간(3~5분 정도)에 마치도록 하고 그때까지도 자기 이름을 찾지 못한 학생들은 쪽지를 떼어서 확인해 보도록 하십시오. 놀이를 마친 다음 지도자는 "여러분은 지금 기억상실증 환자가 되어 보았는데 실제로 내가 누구인지 모른 채로 나를 잊어버리고 사는 사람들이 많답니다. 여러분은 혹시 나를 잊어버리고 살아오지는 않았는지, 아니면 내가 아닌 다른 사람으로 살아온 것은 아닌지 돌아보는 시간이 되었으면 합니다."라는 정도로 이야기를 나누어도 좋습니다.

이 놀이는 지도자가 유명인의 이름을 적은 쪽지를 미리 준비하지 않아도 됩니다. 모임에 참가한 학생들에게 쪽지(포스트잇)와 연필을 하나씩 나누어 주고 다른 사람이 보지 도록 쪽지에 유명한 사람의 이름을 하나씩 적도록 한 다음 서로 옆 사람의 어깨(또는 등)에 붙여서 할 수도 있습니다.

우째 좀 난처하네요!(1.1~71)

어색한 분위기를 순식간에 박살내 버리는 요란한 놀이입니다. 우선 〈우째 좀 난처하네요〉 놀이용지를 학생들에게 한 장씩 나누어 주면서 미리 보지 않도록 반대로 접어서 나누어 주십시오. 지도자는 시작이 되면 각자 돌아다니면서 마주치는 사람에게 용지에 적혀 있는 과제들을 시키거나 또는 자기가 어느 사람 앞에서 하고 그 사람으로부터 확인 사인을 받아오도록 합니다. 단, 같은 사람에게 두 번 사인을 받으면 안 됩니다. 지도자가 "시작!" 하는 소리와 함께 놀이가 시작되는데 금세 아수라장이 될 것입니다. 보다 박진감 넘치도록 하기 위해 누가 가장 빨리 마치고 용지를 제출하는지 알아보겠다고 알려 주십시오.

✂ 준비물 : 놀이용지(인원수만큼)

▶▶▶ **놀이하는 지혜 : 청소년들이 스스로 놀이를 할 수 있도록 도와주십시오.**

〈우째 좀 난처하네요〉와 같은 놀이는 지도자가 놀이용지를 나누어 주는 것밖에 하지 않았는데도 학생들이 직접 신나게 뛰어다니면서 즐깁니다. 지도자는 학생들을 놀려 주는 사람이 아니고 그렇게 될 수도 없습니다. 지도자의 역할은 학생들이 자신의 느낌과 방법으로 스스로 즐길 수 있도록 동기를 부여해 주고 놀이터를 제공해 주는 데 있습니다. 다른 사람들을 놀려 준다는 것은 불가능한 일입니다. 이를 보다 실감 있게 이해할 수 있도록 〈우째 좀 난처하네요〉의 놀이과정을 글로 설명해 보겠습니다.

지도자 : 자, 여러분! 이제 여러분에게 놀이용지를 한 장씩 나누어 드렸는데 그 내용을 아직 읽지 말고 지금 내가 설명하는 것을 잘 듣기 바랍니다. 종이에는 과제가 ○○가지 적혀 있습니다. 그런데 그 과제들 중에는 내가 다른 사람 앞에서 해야 하는 것과 다른 사람이 하도록 지시하는 것들이 있습니다. 이렇게 과제를 마치면 그에게서 확인 사인을 받아야 합니다. 이때 누구도 다른 친구가 하도록 하면 이를 거절할 수가 없으며, 한 사람에게 두 가지 이상 할 수 없습니다. 이렇게 하여 모든 과제를 제일 먼저 마친 사람은 나에게 빨리 달려와서 놀이용지를 제출하기 바랍니다. 그 사람에게는 엄청난 상품이 기다리고 있습니다. 아시겠죠? 자, 그럼 시작하세요. 시작!

일단 이렇게 시작되고 나면 그 후로는 지도자가 할 일이 아무것도 없습니다. 시작이 된 순간부터 학생들은 각자 정신없이 뛰어다니면서 스스로 즐기기 때문입니다. 지도자가 할 일은 어린이들이 즐길 수 있도록 놀이거리와 놀이터를 제공하는 것만으로 충분합니다. 이런 맛을 제대로 본 지도자는 남을 억지로 놀려 주려고 하지 않습니다. 그 대신 그들과 섞여서 신나게 즐기지요. 지도자는 돌아다니면서 이들과 함께 놀면서 "자! 빨리 서두르세요. 한번 가면 안 와요. 빨리 하세요."라고 신나게 외치고 다니는 것만으로 충분합니다. 이런 통쾌한 기분을 여러분도 맛보기 바랍니다.

이름 훔쳐보기(1.1-65)

학생들에게 종이를 두 장씩 나누어 주고 그중 종이 한 장에 각자 크레용이나 매직펜으로 자기 별명을 크게 쓰도록 합니다. 이때 아무도 모르는 별명이어야 하고 다른 친구들에게 절대로 보여 주지 않도록 하십시오. 모든 사람이 별명을 기록한 종이를 등에 붙이도록 한 다음, 시작이 되면 다른 사람들의 등에 적혀 있는 별명을 훔쳐보고 자기가 들고 있는 종이에 이를 기록하도록 합니다. 동시에 자기 별명은 다른 사람들이 볼 수 없도록 감추어야 합니다. 하지만 벽에 등을 대고 있거나 손으로 가리는 것은 반칙입니다. 정해진 시간 내에 가장 많은 이름을 적은 사람이 누구인지 알아봅시다.

✂ 준비물 : 1/4크기의 A4용지(인원수만큼), 크레용 또는 매직

▶▶▶ **놀이하는 지혜 : 놀이는 많이 나눌수록 더욱 풍성해집니다.**

〈이름 훔쳐보기〉도 다른 놀이와 마찬가지로 한참 신나게 뛰어다녀야 하는 놀이입니다. 그런데 이 놀이는 특별한 맛이 있습니다. 학생들은 등에 붙인 자기 별명(또는 이름)을 감추면서 동시에 재빨리 움직여서 다른 친구들의 별명을 최대한 많이 훔쳐보아야 합니다. 그런데 이 놀이를 여러 번 하다 보니까 일관된 원칙이 있다는 사실을 깨닫게 되었습니다. 자기 이름을 감추려고 등을 벽에 대고 있는 사람은 다른 사람이 자기 이름을 볼 수가 없는 것까지는 좋지만(?), 움직이지도 않으니까 다른 사람의 이름을 볼 수도 없게 되더라는 것입니다. 자기 것을 보여 주지 않으니까 다른 사람들을 알 수도 없게 됩니다. 이와는 반대로 바쁜 걸음으로 뛰어다니는 사람은 그만큼 다른 사람들의 이름을 많이 알게 되고 자

기 이름도 다른 사람들에게 많이 드러나게 되지요. 자기개방self-disclosure을 잘하는 사람은 그만큼 다른 사람들과 보다 친밀한 관계를 맺게 된다는 사실을 놀이에서 그대로 볼 수 있습니다.

쏟아진 과일바구니(1.3-8)

참가자들을 원대형으로 의자에 앉도록 한 다음 남아 있는 의자는 원 밖으로 내어 놓도록 하십시오. 빈 의자가 하나라도 있지 않아야 합니다. 참가자들에게 다섯씩 끊어서 첫 번째 사람은 포도, 두 번째 사람은 수박, 세 번째 사람은 사과, 네 번째 사람은 배, 다섯 번째 사람은 다시 포도의 순으로 이름을 정해 주십시오(참가자 수에 따라 과일 이름을 서너 가지로 줄이도록 하십시오). 술래가 된 지도자는 과일장수가 되어서 원 중앙에 서서 다섯 가지 과일 이름 중에서 한 가지 또는 그 이상을 호명하면 그 사람들은 자리에서 일어나 재빨리 다른 자리로 옮겨야 하는데 이때 술래도 재빨리 빈자리를 찾아서 앉도록 합니다. 그러다 보면 한 사람은 늘 의자를 차지할 수 없게 되지요. 술래가 "과일바구니가 쏟아졌다!"라거나 "떨이요!" 하고 외치면 모두 일어나서 자리를 바꾸어야 합니다.

자서전(1.4-18)

지도자는 놀이용지를 반으로 접어서 인쇄된 내용이 보이지 않도록 한 번 접어 놓습니다. 참가자들에게 놀이용지를 하나씩 나누어 주고 미리 읽지 않도록 하십시오. 시작이 되면 용지를 펴 보고 해당되는 사람들을 찾아가 사인을 받도록 합니다. 10~15분 정도가 적당하며 시간 내에 가능한 한 많은 사람들을 찾아오도록 하세요. 한곳에 가만히 있으면서 외치지 않으면 사람을 찾을 수 없으니 바쁘게 돌아다니면서 큰 소리로 외쳐서 찾아야 합니다. 사람을 찾은 다음에는 그 사람과 대화를 나누고 해당 칸에 사인을 받으십시오.

✂ 준비물 : 놀이용지

길을 잃어버린 적이 있는 어린이	뼈가 부러져서 깁스를 해 본 어린이	지하철을 혼자 타 본 어린이	죽을 뻔했던 적이 있는 어린이
할머니가 계신 어린이	무대에 서 본 적이 있는 어린이	몸에 큰 점이 있는 어린이	만화를 잘 그리는 어린이
음식 만드는 취미가 있는 어린이	검지발가락이 엄지 보다 긴 어린이	3대가 한 집에서 함께 살고 있는 어린이	말을 타 본 적이 있는 어린이
같은 달에 태어난 사람	형제가 셋 이상인 어린이	봉사활동을 해 본 어린이	수술을 해 본 적이 있는 어린이
코를 고는 어린이	춤을 잘 추는 어린이	노래를 잘하는 어린이	컴퓨터 게임을 잘하는 어린이
남의 물건을 훔친 적이 있는 어린이	집에 개가 있는 어린이	수술을 해 본 적이 있는 어린이	공부를 하기 싫어하는 어린이
혼자서 지하철을 타 본 어린이	5일 이상 결석을 해 본 어린이	이틀 이상 결석해 본 사람	저축을 하고 있는 어린이

▶▶▶ **도움말**

위에 소개한 〈자서전〉 놀이용지를 그대로 사용하지 마십시오. 단지 하나의 예일 뿐이며 초등학생들에게 적합하지 않습니다. 어린이들의 나이(학년), 성별, 상황 등을 충분히 고려하여 집단에 적합한 〈자서전〉 놀이용지를 만드는 것은 선생님들의 몫입니다. 같은 내용을 반복하지 말고 조금씩 바꾸고 첨가하다 보면 더 흥미진진한 놀이감을 만들 수 있게 됩니다. 다음에 소개한 〈빨리 풀어오세요〉 놀이도 마찬가지입니다. 다음 예문을 참고해서 학생들의 자발성을 촉진하는 과제들을 고안해 보십시오.

5~8명씩 모둠을 만들고 모둠별로 놀이용지와 연필을 하나씩 나누어 주십시오. 이때 놀이 용지를 봉투에 넣거나 내용이 보이지 않게 접어서 미리 볼 수 없도록 하십시오. 시작이 되면 모둠별로 문제를 신속히 풀어서 가장 먼저 작성한 모둠이 지도자에게 제출하도록 합니다. 가장 먼저 작성한 모둠이 나오면 그 모둠에게 보너스 점수를 1점 주고, 나머지 모둠은 그만 작성하도록 합니다. 그런 다음 자기 모둠 문제지를 직접 채점하도록 하여 지도자가 순서대로 정답을 알려 줍니다. 문제는 모임장소, 성격 등을 자연스럽게 알게 하는 내용과 넌센스 퀴즈 ,참가자들끼리 사귈 수 있도록 동기부여를 해 주는 내용들을 적절히 혼합하여 준비합니다. 모둠 구성원들이 순식간에 사귈 수 있는 매우 훌륭한 여는 놀이지요. 이밖에 도 예쁜 조약돌을 주어 오도록 하거나 쑥을 두세 뿌리 캐오도록 하고 방의 유리창 수를 알아 오도록 하는 등 장소와 여건에 따라 재미있게 만들어 보십시오.

✂ 준비물 : 놀이용지(모둠 수만큼)

빨리 풀어오세요(예)

1. 이 자리에 참석한 학생이 모두 몇 명입니까?

2. 이곳의 주소와 우편번호, 전화번호를 알아 오십시오.

3. 이 교실에는 유리창이 모두 몇 개 있습니까?

4. 살아 있는 생물체 하나를 채집해 오십시오. 잠깐만 절대로 죽여서는 안 됩니다.

5. 다른 모둠에 있는 남자의 양말을 ○켤레 수집해 오세요.

6. 이 건물에 있는 남자 화장실에는 소변기가 모두 몇 개 있습니까?

7. 이 건물 안팎으로 있는 계단이 모두 몇 개인지 알아 오십시오.

8. '도투락'은 순수한 우리말입니다. 그 뜻이 무엇입니까?

9. 〈앞으로 앞으로〉란 동요는 모두 몇 글자로 되어 있습니까?

10. 2000년에서 2015년 사이에 만들어진 100원짜리 동전을 1개씩 구해 오십시오.

11. ○○○의 딸, 아들의 이름을 알아 오십시오.

12. 화장실에서 용변을 볼 때 소변이 먼저 나옵니까, 대변이 먼저 나옵니까?

13. 우리 모둠 친구들 중에서 신체적으로 색다른 특징(예 : 콧구멍이 3개 있는 사람)이 있거나 특별한 재주(예 : 혓바닥을 내밀어서 코끝에 닿을 수 있는 사람 따위)가 있는 사람을 한 사람씩 찾아보십시오.

14. 우리 학교의 수위 아저씨의 성함을 알아 오십시오.

이웃사촌 놀이 | 별난 만남(1.1-64), 온몸으로 인사해요(1.1-79), 쏟아진 과일바구니(2.3-8), 이름표 바꾸기(1.3-1), 끼리끼리(2.5-34), 단짝 찾기(2.1-7), 이런 사람을 찾습니다(2.1-14)

놀이지도자는 누구인가

놀이지도자는 인간에 대한 깊은 신뢰와 성숙한 인격을 갖춘 자로서 놀이지도의 자질과 기능을 겸비한 사람입니다. 훌륭한 인격자는 참된 웃음을 소유할 수 있으며 타인들에게 진술한 웃음과 건전한 즐거움의 세계로 인도할 수 있습니다. 지도자와 참가자들은 놀이 프로그램을 공유하는 것이 아니라 지도자의 인격과 품성에서 우러나오는 자유와 즐거움입니다.

자유와 즐거움은 함께 나눌 수는 있어도 일방적으로 전달할 수는 없습니다. 그러므로 놀이지도자는 참가자들이 스스로 즐기고 느끼고 만날 수 있도록 도와주어야 합니다. 이는 지도자가 참가자 개개인을 소중한 인격체로 인정하고 그들을 만날 때 가능해집니다. 지도자가 참가자들과 어울려서 나누고 함께하는 동안 자신이 가진 가치관은 즐거움 가운데 공유하게 되는 것이 놀이가 가진 매력이요, 힘입니다. 참된 놀이터는 모든 사람이 함께 즐기는 자유의 기쁨의 축제입니다.

지도자는 절대로 참가자들보다 앞서지 말아야 합니다. 그래야만 지도자는 참가자들이 스스로의 방법과 개성에 따라 즐기고 경험하고 배울 수 있도록 하는 지혜를 가질 수 있게 됩니다. 놀이에서는 지도자와 참가자들이 따로 없으며 함께 어울려서 느끼고 즐기고 흥겨운 자리를 만들어 갑니다.

놀이지도자가 갖추어야할 기본자세를 요약하면 다음과 같습니다.

1. 지도자는 활동(프로그램)보다는 사람(참가자)을 우선시하고 존중하는 데 관심을 두십시오. 지도자는 관심을 프로그램 목표(참가자의 수, 활동 달성도, 효과성 등)를 성공적으로 완수했는가에 두지 말고 참가자들에게 어떤 변화가 있었고, 어떻게 즐겼는지에 관심을 기울이십시오.

2. 지도자는 인간을 깊이 신뢰하고 존중하면서 개별적으로 이해하고 후원할 수 있어야 합니다. 따라서 놀이판에서 각자 자신을 마음껏 표현하고 즐길 수 있도록 하고 상호 성숙한 인간관계를 맺어 나갈 수 있도록 도와주십시오.

3. 지도자는 집단과 집단과정에 대해 올바른 이해와 통찰력이 있어야 합니다. 참가자들이 스스로 지도력을 발휘할 수 있도록 도와주는 촉진자입니다.

4. 사람들은 모두 흥미, 배경, 욕구, 성격, 그리고 행동양식이 다른 독특한 인격체라는 사실을 인정하고 수용하십시오. 지도자는 참가자들에게서 나타나는 적대감, 위축, 적대적인 행위, 그리고 이와 유사한 행동들에 대해서도 이해하고 수용하는 자세가 필요합니다.
5. 지도자는 참가자들의 태도, 기능, 그리고 행동 양태를 고려하여 긍정적으로 변화할 수 있도록 도와주십시오.

　지도자는 이상 다섯 가지를 종합적으로 고려하여 다음과 같은 개인적 목표를 세워 두십시오. 첫째, 참가자들이 새롭고 의미 있는 관심거리들, 기술, 놀이들을 마련해 놓습니다. 둘째, 참가자들이 타인에 대한 이해와 수용, 기본적 의사소통 및 대인관계기술을 개발합니다. 셋째, 참가자들이 스스로 계획하고 수행할 수 있도록 도와줍니다.

　결국 놀이지도자의 역할은 활동 준비, 기획, 진행, 평가과정을 수행하는 것만으로는 부족합니다. 참가자들의 동반자로 있으면서 그들을 도와주고, 촉진해 줄 수 있는 성숙한 인격자이어야 합니다.

M · E · M · O

2.4 신뢰 쌓기 놀이

여기에 소개하는 신뢰 쌓기 놀이들은 학생들이 맘껏 즐기면서 자연스럽게 믿고 의지하는 신뢰관계를 형성하고 발전시켜 나가도록 해 줍니다. 서로 몸을 맞대고 부딪치면서 하는 이 놀이들은 학생들이 서로 믿고 의지한다는 느낌과 의미를 온몸과 마음으로 깨닫고 선생님과 학생, 그리고 학생들이 상호 믿고 의지하는 신뢰관계 형성은 행복한 학급을 이루는 데 필수적인 과제입니다. 학생이 교사를 믿지 않으면 교사는 아무것도 할 수가 없습니다. 그러므로 교사는 무엇보다도 학생들과 신뢰관계를 형성하고 학생들이 서로 믿고 의지할 수 있도록 하는 노력을 기울이십시오. 어려서부터 비교당하며 살아 온 우리 청소년들은 대부분 타인을 믿지 못합니다. 타인과 경쟁하기만 했지 다른 사람들을 믿고, 의지하고, 상호 지지해 주는 바람직한 인간관계를 경험해 보지 못했습니다. 여기에 소개하는 비경쟁 협동놀이는 친구들과 특별한 만남과 사귐을 가지도록 도와줄 것입니다.

마주 서서 함께 앉고 일어서기(1.1-1)

두 사람씩 짝을 지어서 마주 보고 서서 눈을 마주 보고 인사를 나누도록 합니다. 그리고 두 사람이 양손을 마주 잡고 선 상태에서 발끝이 서로 닿을 때까지 다가서도록 합니다. 이 동작을 지도자가 한 학생과 짝을 이루어 직접 시범을 보이면 학생들이 이해하는 데 도움이 됩니다.

그런 다음 짝을 이룬 두 학생이 서로의 손을 붙잡은 상태에서 팔꿈치를 펴서 조금씩 몸을 뒤로 젖히고 천천히 무릎을 굽혀서 엉덩이가 동시에 바닥에 닿도록 앉게 합니다. 몸무게와 키가 다른 두 사람은 서로를 믿고 의지하지 않으면 성공할 수가 없습니다. 자기 혼자 힘으로만 하면 도무지 할 수 없답니다. 두 사람이 서로를 믿고 의지해야만 함께 앉을 수 있게 되지요.

이렇게 하여서 일단 앉으면 이제는 두 학생이 함께 일어나 보도록 하세요. 일어서는 방법은 앉는 순서와 반대로 하면 되는데 이때도 혼자 힘쓰지 말고 짝에게 자신을 의탁해야

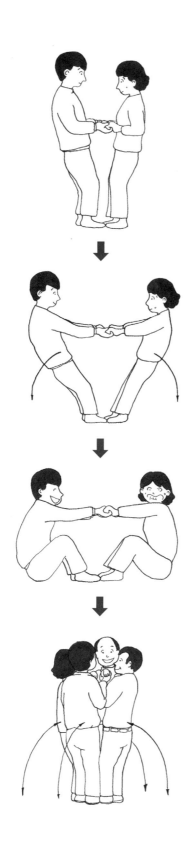

짝이 나를 지지해 주어서 넘어지지 않고 멋들어지게 함께 일어설 수 있게 됩니다. 단번에 성공하는 쌍도 있지만 잘 안 되는 쌍들도 있을 것입니다. 뭐 남들보다 더 잘해야 할 이유가 없습니다. 지도자는 학생들이 성공할 때까지 계속 시도해 볼 수 있도록 지지하고 격려해 주기 바랍니다.

학생들이 모두 성공하면 지도자는 큰 박수와 함께, "여러분, 정말 멋지게 잘하셨습니다. 그러면 이제 옆에 있는 다른 쌍과 만나 네 사람이 한번 해 볼까요?"라고 알려 주십시오(과정이 끝날 때마다 참가자들이 함께 박수를 쳐서 마무리하도록 하십시오. 그러면 참가자들이 주의 집중하는 데 도움이 되어서 다음 놀이로 사뿐히 넘어갈 수 있게 된답니다). 두 쌍씩 네 학생이 모여서 손을 잡고 같은 방법으로 앉았다 일어서기를 해 봅시다. 지도자는 네 사람의 발끝이 모두 닿도록 하고 손은 어깨 높이까지 올려서 잡도록 알려 주십시오. 이때도 잘 안되는 집단이 나오는데 지도자는 이들에게 다가가서 계속 지지해 주고 함께 힘을 모아서 앉고 일어설 수 있도록, "하나 둘 셋" 하고 크게 함성을 지르도록 격려해 주기 바랍니다. 그리고 지도자는 모둠원들 간에 정보교환이 활발히 이루어지도록 촉진해 주십시오.

이렇게 4명이 성공하면 다시 8명이 모여서 해 보도록 합시다. 인원수가 많아질수록 당연히 어려워지는 반면 성공하면 그만큼 더 성취감이 높아진답니다. 8명이 성공하기란 쉽지 않답니다. 그래도 지도자는 학생들이 일단 시도해 보도록 하고 모둠원들 간에 의사소통이 활발하게 이루어질 수 있도록 도와주세요. 학생들은 대부분 뒤로 맥없이 뒤로 벌렁 자빠지게 되는데 그것은 실패가 아닙니다. 그래서 더 재미있는 것이 이 놀이의 특별한 맛이랍니다.

지도자는 이렇게 1~2분 정도 기다리다가 반드시 바로 옆 사람과 손을 잡지 않아도 되니까 옆의 옆 사람과 손을 잡을 수도 있으니 서로 의논해 보도록 하라고 알려 주십시오. 이렇게 하면 16명, 32명까지도 함께 성공할 수 있답니다. 학생들이 의사소통을 효율적으로 해서 협동이 잘 이루어지면 그 이상도 할 수 있습니다. 하지만 이번은 8명에서 마치도록 하세요.

▶▶▶ **도움말**

〈마주 서서 함께 앉고 일어서기〉를 하면 자연스럽게 8명씩 모둠이 만들어지는데 바로 〈반전하기〉(1.1-4)로 넘어가는 것이 자연스럽습니다(6~10명씩 모둠을 구성해도 무방합니다). 전혀 무반응하고 무관심하며, 무기력한 어린이들을 일깨우려면awakening '몸을 마구 흔들어 주는' 길밖에 없습니다. 처음부터 인지적 방법으로 접근하게 되면 청소년을 만나기조차 힘듭니다. 동기부여가 안 된 상태에서 인지적 접근은 매우 비효율적입니다.

천막치기(1.1~18)

학생들이 짝수 인원(6, 8, 10명)으로 집단을 만들어서 서로 손을 잡고 양 손을 펴서 원을 크게 만들어 보십시오. 그런 다음 어느 한 사람부터 "하나", "둘", "하나", "둘" 하고 번호를 부르도록 합니다. 지도자는 번호가 '하나'인 사람은 안쪽이 되고 '둘'인 사람은 바깥쪽이 된다고 알려 주십시오. 하나인 사람은 허리와 무릎을 굽히지 않고 양 옆사람을 의지하여 원 안쪽으로 몸을 기울이면서 머리는 뒤로 젖혀서 하늘을 바라보십시오. 동시에 번호가 둘인 사람은 허리와 무릎을 굽히지 않고 몸을 막대기처럼 곧게 한 상태에서 몸을 뒤로 젖히고 하늘을 바라보십시오.

시작이 되면 '하나'인 사람들은 원 안쪽으로, '둘'인 사람들은 원 바깥쪽으로 동시에 굽혀서 원을 유지한 상태에서 멋진 별 모양을 함께 만들어 봅시다. 이것이 성공하면 이번에는 반대로 1번 사람들이 원 바깥쪽으로, 2번 사람들이 원 안쪽으로 몸을 기울여서 다시 해 보십시오. 그런 다음에는 무너지지 않고 안쪽 바깥쪽을 연속 동작으로 바꾸어 보세요.

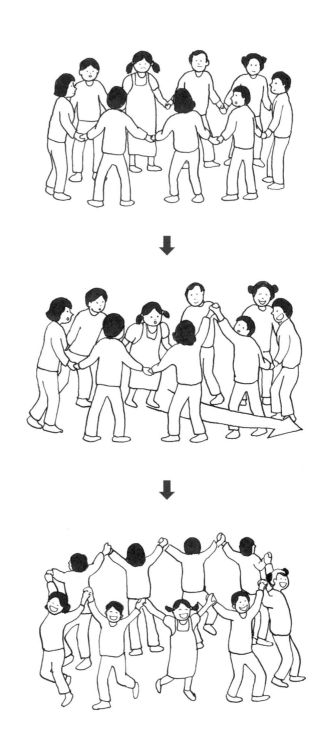

6~8명씩 모둠으로 나누어서 모둠별로 옆 친구의 손을 꼭 잡고 둥글게 둘러서도록 합니다. 그런 다음 잡고 있는 손을 놓고 그 자리에서 뒤로 돌아 다시 손을 잡도록 하고 그 모습을 잘 기억하도록 하세요. 다시 손을 놓고 뒤돌아서 손을 잡도록 하면 원래의 상태로 되돌아오게 됩니다.

　지도자는 "학생 여러분, 수고하셨습니다. 이제부터 제가 말씀드리는 것을 잘 들으세요. 여러분은 지금 옆 사람들과 손을 잡고 원 안을 바라보고 있지요? 이제 손을 잡고 있는 상태에서 원 밖을 보고 있는 대형을 빨리 만들어 보기 바랍니다. 꽈배기처럼 몸을 비틀든지, 뛰어넘든지, 모두 밖으로 굴러서 돌든지 마음대로 할 수 있습니다. 다시 말하는데 손을 절대로 놓아서는 안 됩니다. 이 놀이는 친구들과 의견을 많이 나누면 나눌수록 빨리 해낼 수 있답니다. 그리고 마친 집단은 즉시 "와!" 하고 함성을 질러서 알려 주시기 바랍니다. 그러면 시작!"하고 알려 줌으로써 놀이가 시작됩니다.

▶▶▶ 생각 나누기

청소년들은 치열한 경쟁 가운데 살고 있어서 협동이 무엇인지조차 모르고 있습니다. 그래서 점수를 매기고 승패를 가리지 않으면 게임을 할 수 없는 줄로 잘못 알고 있습니다. 경쟁은 대인관계에 도움이 되지 않고 오히려 방해가 됩니다. 나는 경쟁 중에도 어떻게 하면 사람들이 만남과 사귐을 가질 수 있을 것인가를 가지고 오랫동안 고민해 왔습니다. 그러던 중 나는 사람들이 치열하게 경쟁하더라도 이를 점수로 평가하고 등수를 매기지만 않아도 협동이 가능하다는 사실을 확인하게 되었습니다. 여기서 중요한 점은 놀이규칙을 엄수하는 일입니다. 놀이에서 사람들이 상호 놀이규칙을 존중하고 지킨다면 승패가 별로 중요하지 않습니다. 그리고 외적 보상을 유혹의 미끼로 사용하지 말아야 합니다. 놀이에서 상과 벌은 사람들과의 관계를 무너뜨리는 독약과도 같습니다.

학생들이 둘씩 짝을 이루도록 하십시오. 지도자는 한 학생과 짝이 되어서 먼저 시범을 보여 주십시오. 두 사람이 마주 보고 양팔을 앞으로 쭉 편 상태에서 손바닥이 맞닿도록 합니다. 그런 다음 두 사람은 동시에 몸을 곧게 편 상태에서 조금씩 뒷걸음질을 합니다. 이때 엉덩이를 빼거나 무릎과 팔꿈치가 굽혀지지 않도록 하세요. 그렇지 않으면 하기가 어렵고 두 사람 모두 다칠 수 있습니다. 두 사람은 이렇게 서로에게 자기를 내어 맡기고 의지하면서 점차 뒷걸음질합니다. 상대를 믿으면 그만큼 더 멀리 벌릴 수 있게 되지요(그림 참조). 두 사람이 여러 번 해 보면서 좀 더 멀리 벌릴 수 있도록 해 보십시오. 두 사람이 짝을 이루어 서로 지지해 줌으로써 최대한 멀리 물러나 본 다음에는 옆에 있는 다른 쌍과 합쳐서 네 사람이 같은 방법으로 해 봅시다.

▶▶▶ **놀이하는 지혜**

놀이에서 학생들 마음에 차곡차곡 쌓이는 믿음을 봅니다.

〈서로 의지하고 받쳐주기〉 놀이는 할 때마다 서로 신뢰하고 의지한다는 것이 얼마나 중요한지를 절감하게 됩니다. 두 사람이 서로 의지하고 지탱해 주는 모습에서 사람 인사자가 가지고 있는 뜻을 절실히 깨닫게 됩니다. 나에게 너는 필요에 의해서 만나는 조건적인 대상이 아닙니다. 너가 없으면 나도 존재할 수 없으므로 너와 나는 필연입니다. 내가 너를 믿고 의지해야 비로소 너가 나를 지켜 줄 수 있습니다. 반대로 너가 나를 믿지 못하면 나는 너를 도무지 지켜 줄 수도 없습니다. 그러므로 너와 나는 필연적인 공동운명체입니다. '사람과 사람 사이'라는 뜻을 가진 '인간'人間이라는 단어를 생각하면 할수록 오묘한 느낌이 듭니다.

아! 편안해!(1.1-5)

8~10명씩 소모둠을 만들어서 모둠별로 옆 사람과 어깨가 닿을 만큼 밀착하여 둥글게 둘러섭니다. 그리고 한 사람을 원 안으로 들여보내십시오. 지도자는 원 안에 들어간 어린이에게 양팔을 가슴에 대도록 하고 이제부터는 절대로 몸을 굽히지 않도록 당부하십시오. 즉 허리나 엉덩이를 굽히거나 내밀지 말고 넘어질 때는 발뒤꿈치 또는 발끝이 축이 되어서 넘어지도록 하십시오. 이번에는 둘러선 어린이들이 오른발을 시원스럽게 뒤로 빼고 왼발 무릎은 굽힌 상태에서 두 손을 들어서 가슴 옆에 대도록 합니다.

이렇게 준비가 되면 원 안에 서 있는 어린이는 넘어지고 싶은 방향으로 마음대로 몸을 던집니다. 넘어지는 사람을 양손으로 받아서는 옆 사람에게 조심스럽게 옮겨 주거나, 아니면 반대편 사람들에게 넘겨 주십시오. 이때 받는 사람들은 넘어지는 사람을 밀치거나 내던져서 불쾌한 느낌이 들지 않도록 편안하고 안전하게 받아 주도록 하십시오.

이렇게 모든 학생들이 돌아가면서 한 번씩 원 안에 들어가서 해 보도록 합니다. 지도자는 간간이 학생들에게 느낌이 어떠한지를 물어보고 피드백을 나누도록 하십시오.

엉킨 실타래 풀기(1.1-9)

10~15명씩 모둠을 만들어서 모둠별로 손을 잡고 둥글게 서도록 합니다. 지도자는 어린이들에게 각자 자기와 손을 잡고 있는 양 옆 사람을 기억하도록 한 다음 시작이 되면 손을 풀고 가운데로 달려 들어가서 서로 뒤엉키도록 합니다. 이때 다른 모둠 사람들과도 마구 섞여 버리겠지요. 지도자가 "그만!" 하고 외치면 사람들은 각자 그 자리에 선 채로 자기와 손을 잡고 있던 좌우 두 사람을 찾아서 손을 내밀어서 잡도록 한 다음 마구 뒤엉켜 버린 원을 본래의 모습대로 복원해 보도록 합니다. 주의할 점은 참가자들이 제 자리로 돌아가지 않도록 하고 서 있는 자리에서 움직이지 않고 손을 뻗쳐서 잡도록 하십시오. 이와 같은 방법으로 여러 번 하다 보면 요령도 생기고 서로 편안해져서 갈수록 쉽고 빠르게 할 수 있게 된답니다.

▶▶▶ **생각 나누기**

지도자 : 와! 처음에는 불가능한 것 같았는데 지금 우리가 엉킨 실타래를 멋들어지게 풀었군요. 이와 같이 우리 사이를 갈라놓고 괴롭히는 문제들을 함께 풀어나갔으면 합니다!"

　지도자는 놀이를 마친 다음 이런 식으로 기대와 소망을 간단하게 나눌 수 있습니다. 하지만 놀이를 마친 학생들에게 질문하여 그들에게서 이러한 생각과 느낌이 나올 수 있도록 하는 것이 훨씬 더 좋고, 그만큼 더 어렵습니다.

남녀가 따로 이열종대로 서서 마주 보도록 하여 짝을 이루도록 합니다. 짝이 맞지 않으면 동성끼리 짝을 이루어도 됩니다. 양팔 간격으로 옆 사람과 거리를 띄운 다음 남자는 그대로 서 있고 여자가 자기 짝(남자)에게 다가가서 발끝을 맞댑니다. 그런 다음 여자 어린이들에게 반 발짝(10cm 정도) 뒤로 물러서서 뒤돌아서도록 합니다. 이렇게 되면 남녀는 반 발짝 떨어져서 한 방향을 바라보고 있게 되지요. 지도자는 "이제 여자 어린이들은 막대기 쓰러지듯이 몸을 꼿꼿이 세워서 발뒤꿈치를 축으로 뒤로 넘어지겠습니다. 그러면 뒤에 있는 짝이 당신을 안전하게 받아줄 것입니다."라고 알려 줍니다. 그런 다음 남자들에게 오른발을 뒤로 멀리 놓고 왼 무릎은 굽힌 상태에서 두 손을 가슴 가까이에 대고 받을 준비를 하도록 합니다. 지도자가 시작을 알리면 여자들은 세워 놓은 막대기가 쓰러지듯이 뒤로 넘어집니다. 처음부터 성공하는 사람은 그리 많지 않습니다. 대부분 두려움 때문에 뒷걸음질 치거나 뒤를 돌아보기 쉽습니다. 하지만 반복해서 하다 보면 짝을 신뢰하게 되면서 시도할 용기가 생깁니다.

같은 방법으로 남녀가 역할을 바꾸어서 다시 해 봅시다. 이와 같은 방법으로 점차 두 사람 사이의 거리를 멀리하면서 교대로 해 봅시다. 해 보면 금세 느끼겠지만 반 발짝 차이가 주는 위기감은 상당히 큽니다. 위기가 큰 만큼 더욱 신뢰하게 되고 용기를 내어서 짝을 의지할 수 있게 된답니다.

이번에는 두 쌍씩 그러니까 네 사람이 함께 해 보세요. 네 사람이 순서를 정하고 1번이 앞으로 나와서 섭니다. 2번, 3번, 4번 어린이가 반원 모양으로 둘러서서 1번 어린이가 넘어

지는 것을 받도록 합니다. 이렇게 네 사람이 한 번씩 돌아가면서 교대로 해 보십시오. 이 놀이는 6명이 집단을 이루어 해 볼 수도 있습니다. 그러니까 한 사람을 나머지 다섯 사람이 받아 주는 것이지요.

▶▶▶ 집단원의 능동적 참여를 촉진하는 지혜

지도자는 놀이를 시작하기 전에 어린이들에게 장난으로라도 부정적인 농담을 하지 않도록 엄중하게 알려 주십시오. 예로 들면 "넘어질 때 손을 빼자."라든가 "와! 정말 무섭다.", "깔려 죽겠다."라는 식으로 다른 사람들을 불편하고 불쾌하게 만드는 말들입니다. 악의가 없는 농담이라도 이러한 부정적 농담은 어린이들에게 불신감을 가져다주고 공동체에 부정적인 영향을 미칩니다. 따라서 지도자는 어린이들이 그런 식의 농담을 하지 않도록 하고, 이러한 불편한 말이 오갔을 경우에는 누구든지 즉각적으로 그 사실을 밝히고 그에 대해 피드백을 해 주어야 합니다. 그러는 가운데 학급은 서로 신뢰하게 되고 지지하는 바람직한 방향으로 성장하게 됩니다.

홀쭉이와 뚱보(1.1-13)

어린이들이 친구들과 손을 잡고 원을 만들고, 지도자가 알려 주는 대로 어린이들이 몸으로 모양을 만들어 보는 놀이입니다. 지도자가 "가장 작은 원을 만들어 보세요."라고 말하면 어린이들은 다가가서 몸을 최대로 밀착시켜서 원을 작게 만듭니다. 지도자는 돌아다니면서 줄자(또는 노끈)를 가지고 허리둘레를 재 보고 어느 모둠이 가장 날씬한지 알아봅니다. 이번에는 가장 큰 원을 만들도록 합니다. 이와 같은 방법으로 가장 높게, 가장 낮게 만들어 봅시다.

✂ 준비물 : 줄자 또는 노끈

탑 쌓기로 짝짓기(1.1-16)

어린이들이 둥글게 둘러서서 함께 노래를 부르면서 돌다가 지도자가 "두 사람이 다리 1개" 하고 외치면 사람들은 두 사람씩 짝을 지어서 두 다리만 땅바닥에 닿게 하고 섭니다. 그러니까 두 사람이 한 발씩 들고 있거나, 한 사람이 자기 짝을 업고 있으면 되지요. 지도자가 "두 사람이 다리 1개", "세 사람이 다리 2개"에서 시작하여 "다섯 사람이 다리 4개" 하는 식으로 어려운 주문을 하면 갈수록 힘들어지는데 한편으로는 그만큼 흥미진진해지지요. 그러면서 학급 친구들은 이 놀이를 하면서 부쩍 친해지게 됩니다.

이웃사촌 놀이 몸 비틀기(1-1.10), 훌라후프 통과(1.1-11), 도미노 놀이(1.1-12), 등 마주치고 일어서기(1.1-17), 등을 밀쳐서 일어서고 앉기(1.1-17), 눈 가리고 모양 만들기(1.1-27), 뱀껍질(1-1.7), 훌라후프 이어가기(1-1.8), 움직이는 피라미드(1.1-15), 파도 등타기(1-1.23), 인간 산맥만들기(1-1.28)

M · E · M · O

우리 학생들은 치열한 경쟁 가운데 살고 있어서 협동이 무엇인지 잘 모르고 있습니다. 그래서 점수를 매기고 승패를 가려야만 놀 수 있는 줄로 잘못 알고 있지요. 하지만 지나친 경쟁은 오히려 관계를 무너뜨립니다. 나는 어떻게 하면 경쟁 가운데서도 사람들이 만남과 사귐을 가질 수 있도록 할 수 있을 것인가를 가지고 오랫동안 고민해 왔습니다. 그러던 중 이에 관한 해답을 얻게 되었습니다. 그것은 치열하게 경쟁하더라도 점수화하지 않고 등수를 매기지만 않으면 협동이 가능하다는 사실입니다. 참가자들이 놀이규칙을 잘 지키고 존중하는 가운데 놀이를 하면 이기고 지는 것이 그리 중요하지 않습니다. 승패 결과에 개의치 않고 규칙에 따라 놀이를 즐기면서 학생들은 놀이를 이어 가게 되지요. 다른 사람으로부터 주어지는 외적 포상이나 상벌은 도움이 되기보다는 오히려 자기를 잃어버리게 만들고 다른 사람들과의 관계를 단절시키는 독약과도 같습니다.

숨은 그림 찾기(1.1-86)

신문이나 잡지에서 흔히 찾아볼 수 있는 〈숨은 그림 찾기〉의 그림을 하나 준비해 둡니다. 이 놀이는 대부분 혼자 하게 하게 되는데, 모둠을 구성하여 소모둠별로 숨어 있는 그림을 빨리 찾아오도록 한다면 매우 박진감 넘치고 훌륭한 놀이가 되지요.

✂ 준비물 : 숨은 그림 복사지 (모둠 수만큼)

함께 공 던져서 받기

어린이들은 공을 1개씩 들고 모둠별로 둥글게 둘러섭니다. 우선 지도자가 어린이들과 함께 하면서 시범을 보입니다. 전원이 "하나 둘 셋" 하면서 들고 있는 공을 머리 넘어로 던져서 뒤에 있는 친구가 받는 동시에 앞의 친구가 던진 공을 받습니다. 이렇게 하여 모든 어린이들이 안전하게 공을 받을 수 있을 때까지 계속해 봅니다. 〈함께 공 던져서 받기〉 놀이도 〈막대기를 지켜라〉 놀이와 마찬가지로 위기지수를 높여 가면서 계속 도전해 봅니다. 예를 들어, 좀 더 멀리 떨어져서 받기, 한 사람 건너뛰어서 다음 다음 사람에게 공 던지고 받기 등이 있습니다.

✁ 준비물 : 공(인원수만큼)

알쏭달쏭(1.1-85)

모둠별로 문제지를 보이지 않게 나누어 주고 신속히 □ 칸을 메우도록 합니다. 가장 먼저 제출하는 모둠에게는 일단 보너스 1점을 주겠다고 알려 주십시오. 시작하는 순간 소모둠 사람들은 머리를 맞대고 바삐 문제를 풀 것입니다. 이 놀이는 문제를 풀고 난 후가 문제입니다. 제일 먼저 푼 모둠이 나오면 지도자는 문제 풀기를 마치도록 하고 정답을 알아봅니다. 여러 가지 대답이 나올 수밖에 없습니다. 즉 첫 번째 문제를 보면 구렁이, 지렁이, 우렁이 등이 있을 것입니다. 이때 지도자는 "정답은 설렁탕입니다." 하고 말해 주십시오. 이것이 이 놀이가 가진 독특한 매력이랍니다.

✁ 준비물 : 놀이용지와 연필(모둠 수만큼 : 쪽 참조)

알쏭달쏭

□ 렁 □   □ 루 □ 기   □ 글 □ 글

메 □ 리   뽀 □ □   싱 □ 생 □

□ 수 □ 산   아 이 □   □ 상 □ 리

호 □ 이   □ 랑 □ 비   □ 라 질

정답 : 구렁이/지렁이/우렁이/누렁이, 그루터기/호루라기/두루마기, 부글부글/지글지글/이글이글/보글보글, 메아리/메모리, 뽀뽀뽀/뽀로로/뽀빠이, 싱글생글/싱숭생숭, 금수강산/산수갑산, 아이돌/아이쿠, 무상수리/밥상머리/이상심리/보상심리, 호랑이/호돌이, 호랑나비/노랑나비, 브라질/우라질 중 택일(정답은 지도자 마음대로 정하면서 재미있게 진행하십시오.)

▶▶▶ **놀이하는 지혜 : 경쟁놀이를 협동놀이로 바꿀 수 있답니다.**

〈알쏭달쏭〉 놀이는 빈칸을 채우는 흔한 놀이입니다. 이 놀이는 일반적으로 혼자 푸는 퀴즈이지요. 그런데 생각을 조금 바꾸어 보면 이와 같은 퀴즈놀이도 〈알쏭달쏭〉과 같이 훌륭한 협동놀이가 될 수 있답니다. 혼자 푸는 퀴즈문제를 여러 사람이 모여서 함께 풀도록 하는 것입니다. 그렇게 하면 퀴즈가 우리들의 과제가 되어서 서로를 만나게 해 주는 자리가 되어주지요.

우리는 경쟁하지 않으면 놀이를 할 수 없는 것으로 착각하고 있습니다. 그런 모습은

〈젠가zenga 게임〉을 할 때 분명하게 드러납니다. 〈젠가 게임〉은 나무조각들을 쌓아 놓고 순서대로 돌아가면서 아래쪽에 있는 나무조각을 하나씩 빼내어서 맨 위에 올려놓고 쌓아 올리는 요즈음 유행하는 놀이입니다. 이 놀이를 하면서 사람들은 대부분이 다른 사람이 먼저 탑을 무너트리기를 바랍니다. 그러다가 상대방이 실수를 하면 환호합니다. 이것이 경쟁놀이가 가진 공통된 속성입니다.

하지만 이 〈젠가 게임〉도 생각만 조금 바꾸면 훌륭한 협동놀이가 될 수 있답니다. 2~4명의 사람이 돌아가면서 경쟁하는 것이 아니라 함께 힘을 모아서 가장 높이 쌓아 보자고 하면 분위기가 전혀 달라집니다. 경쟁할 때는 탑을 무너트리는 사람이 나오면 좋아했는데, 이번에는 누가 실수라도 해서 탑이 무너지지나 않을까 오히려 걱정하게 되지요. 이제 너는 경쟁자가 아니라 함께하는 동반자이기 때문입니다. 이처럼 우리가 어떤 기대와 가치관을 가지고 있느냐에 따라 놀이는 살벌한 싸움이 되기도 하고 반대로 함께하는 행복한 놀이터가 될 수도 있는 것입니다. 경쟁놀이로 가득 찬 메마른 세상에 살아가는 우리 학생들을 만남과 사귐이 있어 더불어 행복해지는 협동놀이로 초대합시다.

막대기를 지켜라

6~8명의 어린이들이 모둠을 지어서 길이가 80~100cm 정도 되는 막대기를 들고 둥글게 둘러섭니다. 사람과 사람 사이의 간격은 50cm 정도가 적당합니다. 어린이들에게 막대기를 바닥에 직각으로 세우고 오른 손가락으로 막대기 끝을 잡도록 합니다. 처음에는 선생님이 어린이들과 함께하면서 시범을 보이는 것이 좋습니다. 선생님이 "하나 둘 셋" 하고 외치면 모든 어린이들은 "셋" 하는 순간 동시에 잡고 있는 막대기에서 손을 떼고 오른쪽 친구의 막대기를 옮겨 잡습니다. 그러니까 시계 반대 방향으로 잽싸게 움직여서 오른쪽의 막대기를 잡는 것이지요. 처음에는 막대기를 놓치는 어린이가 여럿 나올 것입니다. 같은 방법으로 막대기를 모두 잡을 때까지 계속해 보고 나서 어린이들이 보다 어려운 과제를 정해서 해 보도록 합니다. 예를 들어, 친구와의 간격을 멀리하기, 막대기에 손을 떼면서 박수를 한 번 치고 나서 옆의 막대기를 잡기, 260도 돌고 나서 잡기 등 여러 가지를 시도해 보는 동안 친구들은 협동하는 것이 얼마나 소중한지를 깨닫게 됩니다.

✂ 준비물 : 막대기(인원수만큼)

외나무다리(1.4-4)

모든 모둠원들이 나무판재에 발을 딛고 올라서도록 합니다. 그런 다음 지도자는 "여러분 중에서 생일이 1월 1일부터 12월 31일까지 순서대로 줄을 바꾸어 서기 바랍니다. 이제부터는 나무 위에 있어야지 발이 땅에 닿아서는 안 됩니다. 그리고 참가자들은 말을 해서도 안 됩니다. 그러므로 비언어적인 의사소통verbal communication 방법들을 동원해야 합니다. 자리를 바꾸다가 발이 땅에 닿으면 처음부터 다시 해야 합니다."라고 알려주십시오.

이와 같은 방식으로 하는데 이름이 가나다 순서대로 정렬하도록 합니다. 이 밖에 참가자들이 눈가리개를 한 상태에서 키 순서대로 정렬하도록 해 보십시오. 말을 할 수 없는 것만 아니라 앞을 볼 수도 없으니 서로 등을 대고 키재기를 하는 수밖에 없을 것입니다.

이런 방식으로 계속하는 동안 참가자들은 언어적 의사소통 외에도 다른 유용한 의사소통 방법들을 개발할 수 있게 됩니다.

준비물 : 구조목(38 × 140mm × 0.8m) 3개, 눈가리개

줄줄이 묶어(1.4-19)

■ 도전

1. 매듭으로 묶어 놓은 로프를 참가자들이 잡고 있는 상태에서 풀어 봅니다.
2. 참가자들이 로프를 잡고서 참가자들 사이사이를 묶어서 매듭을 만듭니다.

■ 상황 설명

새로 구입한 농장을 측량하려고 줄자를 찾아보니 복잡하게 얽혀 있어서 사용할 수가 없습니다. 그래서 측량하려면 줄자를 먼저 풀어야 합니다.

■ 진행

- 6~10명으로 모둠을 구성하고 매듭지어 있는 로프(9m)를 하나씩 나누어 주십시오.
- 참가자들은 동일한 간격을 두고 일열로 정렬한 다음 한 손으로 로프를 잡습니다.
- 지도자는 참가자들에게 다음과 같이 알려 주십시오. "여러분이 잡고 있는 로프는 매듭이 지어져 있습니다. 이제 로프를 잡고 있는 상태에서 로프를 풀어 보세요. 로프에서 손을 놓지 말아야 하며 바꾸어서 잡을 수 없습니다."
- 참가자들은 로프를 잡고 있지 않은 손으로 매듭을 하나씩 풀어 가면서 로프 사이를 빠져나가면 완전히 풀도록 합니다.
- 매듭 풀기를 마치면 이번에는 반대로 매듭을 묶어 봅시다.

주의 : 로프를 잡은 손을 놓지 말도록 하면 참가자들은 여러 가지 방법을 모색하는 시도를 하게 됩니다.

■ 유의사항

매듭을 지을 때 사람의 손과 몸이 끼이지 않도록 주의하십시오.

■ 토론 및 총정리

- 생각했던 것보다 활동이 쉬웠습니까? 아니면 어려웠습니까?
- 이 활동에서 가장 어려웠던 부분은 무엇이었습니까?

- 참가자들 중에서 매듭을 만드는 데 특별히 주도적이었던 사람은 누구였습니까?

준비물 : 로프(9mm 직경, 9m 길이)

지구는 만원(1.4-21)

■ **도전**

모둠원 전원이 깔판 위에 올라가서 땅에 발을 대지 않은 상태로 1분을 버팁니다.

■ **상황 설명**

섬에 쓰나미가 갑자기 들이닥쳐서 온 마을을 휩쓸고 지나가 버렸습니다. 천만 다행스럽게도 당신 가족들은 모두 지붕 위로 재빨리 피신할 수 있었습니다. 하지만 물이 계속 차오르고 있어서 집이 붕괴되기 일보직전입니다. 헬리콥터 구조대가 도착할 때까지 서로 꽉 붙잡고 버텨야 합니다. 놓치면 죽습니다.

■ **진행**

• 지도자는 모둠원들에게 디딤판에 모두 올라가서 한 사람도 발을 땅에 대지 않고 1분 동안 버티도록 합니다. 한 사람이라도 발이 땅에 닿으면 모두 내려와서 다시 해야 합니다.
• 지도자는 인원수를 고려하여 디딤판 크기를 적절하게 정하십시오.
• 시작하기 전에 모둠원들에게 충분히 의논하여 전략을 짜도록 하십시오.
• 모두 디딤판에 오른 다음 1에서 100까지 숫자를 크게 세거나 노래를 부르도록 할 수 있습니다.

응용 : 디딤판 대신 벽돌이나 바위를 이용할 수 있습니다.

■ **유의사항**

• 모둠원들 중에 땅을 밟은 사람은 즉시 그 사실을 다른 모둠원들에게 알려 주십시오. 살짝 밟았다고 그냥 넘어가게 되면 모둠은 긍정적이 방향으로 나아가지 못하게 됩니다.
• 신체접촉이 심한 이 활동을 불편해하는 모둠원들이 있으므로 집단 초기에 하기보다는 어느 정도 상호 신뢰가 이루어진 다음에 하는 것이 바람직합니다.

■ **토론 및 총정리**

• 함께해서 성공한 기분을 한마디로 표현한다면 뭐라고 하시겠습니까?
• 이 과제를 푸는 데 있어서 크게 도움이 된 모둠원이 있습니까?
• 다음 활동에서 더 잘하기 위해서 제안하고 싶은 것이 있습니까?

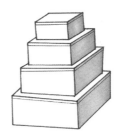

✂ 준비물 : 다양한 사이즈의 정방형 디딤판

※ 기구 제작법

받침대 규격(가로×세로×높이)

1호 받침대 : 50×50×15cm

2호 받침대 : 42×42×13cm

3호 받침대 : 34×35×11cm

4호 받침대 : 26×26×9cm

▶▶▶ **생각 나누기**

집단의 목표가 중요하지만 그렇다고 개인의 의견을 무시하는 일이 있어서는 안 됩니다.
각자 자신을 지키면서 집단의 공동목표를 모색하는 지혜가 필요합니다. 이러한 점에서
가위바위보로 정하거나 다수결로 결정하는 것은 옳은 방법이 아닙니다. 가위바위보로 결
정하게 되면 타협할 수 있는 여지가 전혀 없게 됩니다. 또한 단지 소수의 의견이라는 이
유로 무시해서도 안 됩니다. 청소년들이 충분히 의논하여 합의에 이르도록 하십시오. 이

런 과정을 거쳐야 때로는 개인이 대의를 위해 자발적으로 양보하고 절제하고 나아가 희생할 수 있게 됩니다.

날으는 양탄자(1.4-39)

■ 도전

모둠원들이 모두 양탄자 위에 올라 서 있는 상태에서 발바닥이 땅에 닿지 않도록 하면서 양탄자를 완전히 뒤집습니다.

■ 상황 설명

여러분은 지금 아라비안나이트 양탄자를 타고 날아가고 있습니다. 그런데 문제가 생겼습니다. 양탄자가 뒤집힌 줄도 모르고 타서 목적지인 부산이 아니라 반대 방향인 북한땅을 향해 날아가고 있는 것이 아닙니까? 위험하더라도 날아가고 있는 채로 양탄자를 뒤집는 방법밖에 없습니다. 양탄자에서 벗어나면 죽습니다. 양탄자가 휴전선을 넘어가기 전에 빨리 뒤집으세요.

■ 진행

- 모둠원들은 모두 천막(양탄자)에 올라가서 서 있습니다.
- 지도자가 상황 설명을 마치면 모둠원들은 서둘러서 천막을 뒤집도록 합니다. 한 사람이라도 땅에 발이 닿으면 처음부터 다시 해야 합니다.
- 여러 사람이 밟고 있는 천막을 뒤집는 것이 여간 어려운 일이 아닙니다. 이 위기를 신중하게 그리고 빨리 극복해 보십시오.
- "자! 이제부터 시간을 재겠습니다."(선택사항)

■ 유의사항

- 모둠원의 수에 따라 천막의 크기를 조절하십시오.
- 살짝 땅을 밟았다고 그냥 지나쳐 버리는 일이 없어야 합니다. 철저히 규칙을 준수하기 바랍니다.

- 지도자가 재촉하게 되면 모둠원들은 조급해져서 문제가 발생하게 됩니다.

■ 토론 및 총정리

- 지도자가 빨리하라고 재촉하였을 때 어떤 느낌이 들었나요?
- 여러분 중에 규칙을 어겼는데도 모른 척하고 슬쩍 지나가 버린 사람은 없습니까?
- 지도자가 시간을 재겠다고 했을 때 어떤 느낌이 들었으며, 모둠원들 간의 역동에 어떤 변화가 있었습니까?

✂ 준비물 : 천막(8~12명 기준 : 1.5 × 1.8m)

※ 기구 제작법

천막 넓이는 모둠원 수를 참고하여 정하는데 일반적으로 1.5×1.8m가 적당합니다.

집 찾아가기(1.4-37)

■ 도전

길이 표시된 지도를 보고 모둠원들은 모두 신속하게 목적지에 도달해야 합니다.

■ 상황 설명

어느 날 동네 친구들이 높고 깊은 산속으로 소풍을 갔습니다. 개울가에서 하루 종일 신나게 놀던 학생들은 그만 길을 잃어버리고 말았습니다. 해는 서산으로 넘어가기 일보직전입니다. 이를 보고 있던 다람쥐는 안타까운 생각이 들었지만 한편으로는 골탕 먹이고 싶은 생각이 들었습니다. 그래서 "얘들아, 내가 집으로 돌아가는 길을 10초 동안만 보여 줄 테니까 정신 똑바로 차리고 잘 보아야 한다. 알겠니?"하고 집으로 가는 지도를 살짝 보여주고는 감추어 버렸습니다.

■ 진행

- 시작하기 전에 모둠원들에게 전략회의를 가지도록 합니다(지도자는 모둠원들에게 효과적으로 지도 보는 방법을 알려 주는 지나친 친절을 베풀지 마십시오. 모둠원들은 우여곡절을 겪으면서 어떻게 해야 협력해서 지도를 정확하게 볼 수 있는지를 알게 될 것입니다.
- 지도자는 모둠원들에게 지도를 5~10초 동안 살짝 보여 주고 나서 뒤집습니다. 그때 모둠원들은 지도에 표시되어 있는 화살표 방향을 주의 깊게 살펴보아야 합니다.
- 그런 다음 한 사람씩 나와서 기억을 더듬어서 땅바닥에 그려진 놀이판을 조심스럽게 걷습니다. 이때 다른 모둠원들은 그와 정보를 나누고 도와줄 수 있습니다.
- 그러다가 틀린 곳을 밟으면 지도자가 "땡" 하고 잘못된 길이라는 사실을 알려 주고 다른 사람이 나와서 처음부터 다시 시작합니다. 대부분 여러 번 틀리게 되는데 모둠원들은 지도자에게 지도를 다시 보여 달라고 요구할 수 있습니다.
- 지도를 다시 본 모둠원들은 같은 방법으로 한 사람씩 나와서 시도하게 되는데 그러면서 결국 정확한 길로 목적지에 도달하는 사람이 나오게 됩니다. 이렇게 하여 모둠원들이 모두 성공하기까지 계속합니다.
- 모둠원들은 서로 도와주는 데는 아무런 제약이 없으니 최선을 다해 도와주십시오.

응용 : 이 활동은 〈지뢰밭을 통과〉하는 놀이로 재구성할 수 있습니다.

■ **토론 및 총정리**

· 모둠원들 사이에 의사소통이 효과적으로 이루어졌다고 보십니까?

· 다른 사람들로부터 불쾌한 말이나 행동을 겪은 사람이 있습니까?

✂ 준비물 : 천막(2 × 3m), 바닥에 줄을 그리거나 테이프를 붙여서 할 수 있다.

※ 기구 제작법

아래의 도면을 땅바닥에 그려서 사용하거나 도면을 그린 천막을 바닥에 펴놓고 사용할 수도 있습니다(천막을 만들어 놓으면 계속해서 사용할 수 있어서 좋습니다).

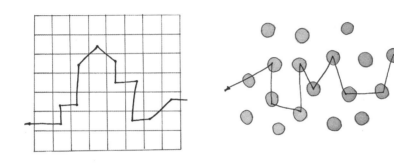

▶▶▶ **놀이하는 지혜 : 놀이는 결과보다 과정이 더 중요합니다.**

결과보다 과정을 더 중요하게 생각하는 지도자는 청소년들이 놀이를 잘하고 못하는 것에 대해 개의치 않습니다. 그런 지도자는 청소년들을 있는 그대로 수용하고 존중해 줍니다. 그래서 그런 지도자와 함께하는 청소년들은 실패를 두려워하지 않습니다. 이를 위해서 개인 대 개인, 집단 대 집단 간의 경쟁을 시키지 말아야 합니다. 여기에 소개한 놀이들은 혼자는 할 수 없고 모두가 함께하여 협동해야만 할 수 있는 것들입니다. 청소년들이 자발적으로 참여하여 친구들과 안전하고 포근한 만남과 사귐을 이루도록 도와주십시오.

이웃사촌 놀이 │ 퍼즐완성하기(1.4-60), 새알 옮기기(1.4-40), 사인하기(1.4-32), 매듭을 찾아라(1.4-3), 볼라(1.4-36), 독거미줄 통과Ⅳ(1.4-77), 노래를 그려 보세요(2.1-018), 단어 만들기(2.5-032), 사랑 찾기(2.3-122), 주먹 안의 꽃(2.5-078), 운석나르기(1.4-29), 사인하기(1.4-32), 눈물 젖은 두만강(1.4-59), 조각난 사각형(1.4-122)

M·E·M·O

2.6 대화놀이

Structured Games

어린이들이 제일 좋아하고 즐기는 놀이가 대화놀이라고 말하면 의아하게 생각할 것입니다. 하지만 정말로 그렇답니다. 놀이는 사람과 사람이 만나 사귀고 즐기는 활동입니다. 정말로 중요한 것은 놀이감이 아니라 놀이하는 사람입니다. 대화놀이에서 어린이들은 친구들과 대화를 나누면서 서로를 알아가고 사귀면서 참 행복에 빠져듭니다. 이러한 점에서 대화놀이야말로 최고로 좋은 놀이입니다. 어린이들이 정겹게 이야기를 나누는 모습이 얼마나 아름다운지요!

조해리의 창(1.3-53)

대화놀이를 하기 전에 선생님이 어린이들에게 대인관계 이론인 '조해리의 창'Johari's Window에 대해 간단히 설명해 주십시오. 조셉 러프트와 해리 잉햄이라는 두 학자들의 이름을 합성한 조해리 창문은 건강한 학급을 만드는 데 큰 도움이 됩니다. 이에 대해 아래의 그림을 가지고 설명해 보겠습니다.

조해리의 창

	자기가 아는 자기	자기가 모르는 자기
타인들이 아는 자기	I. 나와 너에게 개방된 영역 (개방 영역)	II. 너는 알고 나는 모르는 영역 (장님 영역)
타인들이 모르는 자기	III. 나는 아는데 너는 모르는 영역 (은폐 영역)	IV. 너도 모르고 나도 모르는 영역 (신비 영역)

I 영역은 나도 알고 너도 아는 개방된 영역public area입니다. 내가 잘 알고 있는 나의 감정, 생각, 그리고 행동을 타인들도 알고 있는 영역입니다.

II 영역은 나는 모르고 있는데 오히려 타인들은 그 사실을 알고 있는 그런 영역입니다. 조해리의 창에서는 이를 장님 영역blind area이라고 합니다. 예를 들면, 내가 다른 사람과 대화를 나눌 때 눈을 계속 깜빡이거나, 발을 덜덜 떨고 있다는 것을 모르고 있는데 다른 사람들은 나의 이러한 모습을 잘 알고 있는 경우입니다. 내가 다른 사람들의 끝까지 듣지 않고 말을 끊는 경향이 있다는 사실을 다른 사람은 잘 알고 있는데 정작 나 자신은 모르고 있는 그런 경우가 장님 영역에 해당됩니다.

III 영역은 나는 알고 있는데 다른 사람은 그 사실을 모르는 은폐 영역hidden Area입니다. 이런 경우는 다른 사람들에게 자기 자신을 개방시키는 것이 두려워하여 방어기제를 사용하여 자신을 은폐하는 사람들입니다. 이런 사람들에게는 특별히 자기를 개방하는 용기와 노력이 필요합니다.

IV 영역은 나에 대한 그것을 다른 사람이 모를 뿐만 아니라 나 자신도 모르는 무의식세계에 해당하는 신비로운 미지의 영역unknown area입니다.

이 활동의 목적은 어린이들이 자기개방과 피드백을 통해 나에 관해서 나와 너 모두가 알고 있는 공개된 영역인 I 영역을 최대한 넓힘으로써 II, III, IV 영역을 축소시키는 데 있습니다. 이렇게 하면 어린이들은 나를 보다 깊이 이해하고 다른 사람들과의 바람직한 인간관계를 증진하는 데 도움을 얻게 됩니다.

아래의 도형은 자기개방과 피드백의 효과를 설명해 주고 있습니다.

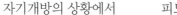

자기개방의 상황에서　　　　피드백 상황에서　　자기개방과 피드백 상황에서

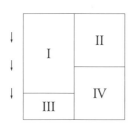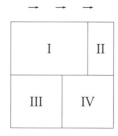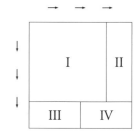

마지막으로 선생님께서는 우리 모두가 자기를 솔직하게 개방하고 자유롭게 피드백을 주고받으면서 행복한 학급 공동체를 만들어 보자고 어린이들과 다짐해 보는 시간을 가져 보십시오.

〈만나서 반가워요〉는 처음 만난 사람들이 짝을 이루어서 편안하고 즐겁게 이야기를 나눌 수 있도록 구조화한 대화놀이입니다. 지도자는 〈만나서 반가워요〉를 시작하기 전에 학생들에게 아래의 기본적 의사소통기술에 관해서 간단하게 설명해 주고 규칙에 따라 대화를 나눌 수 있도록 하십시오. 30여 문항으로 이루어진 이 대화 놀이의 소요시간은 15분 정도가 적당합니다.

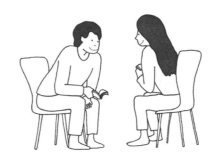

■ 진행

- 지도자는 바람직한 대인관계 증진에 자기개방과 피드백이 중요한 이유에 대해 설명해 주십시오.
- 둘씩 짝을 짓고 참가자 전원에게 〈만나서 반가워요〉 대화책자를 한 권씩 나누어 줍니다.
- 지도자는 어린이들에게 대화책자를 사용하는 법을 알려 줍니다. 박스 왼쪽 상단에 있는 숫자는 책의 쪽 번호입니다. 이 책은 단면 복사가 되어 있어서 한쪽만 볼 수 있도록 되어 있습니다. 책자가 준비되어 있지 않으면 어린이들에게 여분의 종이를 한 장씩 나누어 주어서 이를 가지고 다음 쪽 내용을 볼 수 없도록 가리면서 하도록 합니다.
- 지도자는 어린이들과 함께 1쪽과 2쪽을 읽으면서 기본적인 의사소통기술에 대해 설명해 주고 이를 성실하게 준수하면서 대화를 나누도록 하십시오.
- 이제 짝을 이룬 두 사람은 편안한 자리를 찾아가서 대화한 다음 정한 시간에 모이도록 합니다. 지도자는 종료시간 10분 전에 알려 주어서 어린이들이 정시에 마칠 수 있도록 도와주십시오.
- 시간은 15분 정도가 적당합니다.

지도자는 다음의 사항들을 청소년들에게 알려 줌으로써 순조로이 진행될 수 있도록 하십시오. 어린이들이 이를 잘 지키느냐 안 지키느냐에 따라 경험의 깊이와 내용은 하늘과 땅 차이만큼 큽니다. 따라서 지도자는 어린이들이 이를 잘 준수할 수 있도록 당부하십시오.

1. 책자를 미리 읽어 보지 마십시오.

2. 두 사람이 나눈 모든 이야기에 대해 반드시 비밀을 지키겠다고 약속하십시오.

3. 두 사람은 홀수와 짝수 쪽을 정한 다음 홀수 쪽 사람이 해당 항목을 먼저 말하면 이에 대해 짝수 쪽 사람이 같은 항목을 말합니다. 이렇게 하면 두 사람은 한 항목을 주고받으면서 진행하게 되므로 한 사람이 일방적으로 지배할 수 없게 됩니다.

4. 문항을 건너뛰지 말고 순서대로 진행하십시오.

5. 책자에 글을 쓰지 마십시오. 기록하다 보면 경청하지 못하게 됩니다.

6. 문제를 해결하려 들지 마십시오.

7. 궁금한 점이 있더라도 대답하거나 질문하지 말고 침묵하면서 적극적으로 경청하십시오.

8. 짝의 말을 잘 경청하였는지를 확인하는 문항이 몇 개가 있습니다. 이때 들은 정보를 짝 speaker으로부터 확인 받으십시오. 이것을 경청 점검listening check이라고 합니다.

9. 누구라도 불편함을 느끼면 아무 때나 중단할 수 있습니다.

10. 그렇더라도 최대한 자기를 드러내는 모험을 감행할 수 있게 되기를 바랍니다.

　자! 이제 시작해 봅시다.

지도자는 학생들이 짝을 이루어 대화를 나누는 동안 계속 돌아다니면서 규칙대로 하고 있는지 점검하기 바랍니다. 그러다가 잘못 알고 틀리게 하고 있는 학생이 있으면 개인적으로 시정해 주십시오.

■ 마무리(5분)

지도자 : 여러분 큰 수고 하셨습니다. 이미 느꼈겠지만 모든 미완성 문장들은 이미 '나-메시지'I-message로 되어 있어서 이야기가 끊기지 않고 편안하게 나눌 수 있었을 것입니다. 내가 말을 할 때 짝이 아무 말 없이 조용히 듣고 있어서 편안했을 것입니다. 경청이 얼마나 중요한지 절감했을 것입니다. 여러분은 어땠는지 궁금한데 누가 먼저 말해 주겠어요?

　지도자는 이렇게 학생들에게 〈만나서 반가워요〉를 하면서 느끼고, 배우고, 경험한 것에 대해 이야기를 나누도록 하십시오. 그러다가 간간이 기본적 의사소통 및 대인관계 기술들을 간단히 정리해 주면 학생들에게 도움이 됩니다.

지도자 : 오늘 두 사람이 모둠에서 가진 유익한 경험이 여기서 그치지 말고 친구들과 학급
에서, 그리고 가정에서 계속 시도해 보도록 하세요. 그러면 여러분은 분명히 더
많은 소중한 친구들을 가지게 될 것이고, 또한 학교와 가정, 나아가 우리 사회를
보다 행복하게 만들 수 있을 것입니다. 여러분, 수고했어요.

※ 소책자 제작법

〈만나서 반가워요〉는 단면 복사를 해서 그림
과 같이 한쪽 면이 여백이 되도록 소책자로
만듭니다. 따라서 한쪽 면에 인쇄된 문항만
볼 수 있게 되어 있습니다. 아래 소책자의 내
용은 초등학생용으로는 적합하지 않습니다.
그러므로 선생님께서 아래의 내용을 참고하
여서 학년에 맞는 미완성 문장을 만들어 사용
하십시오.

만나서 반가워요

1. 내 이름은 _____ _이야.

2. 내 이름을 지어 주신 분은 _____이며 이름이 가진 뜻은 _____.

3. 내가 태어나서 자라난 곳은 _____이고, 형제가 _____.

4. 나의 외모는 엄마 아빠 중에서 _____를 닮았고, 성격은 _____를
닮았어.

5. 지금 너와 함께하면서 가지는 느낌은 _____.

6. 내가 새 학년이 되어서 이 교실에 들어왔을 때 느낌은 _____
_____.

7. 내 취미는 _____.

8. 내가 너를 처음 보았을 때 첫인상은 _____.

9. 내가 제일 좋아하는 음식은 _____.

10. 나는 우리 학급을 한마디의 형용사로 표현하면 _____.

11. 내가 지금 고민하고 있는 것은 _____.

경청 점검 : "네가 나에게 _____ 라고 말해 주었는데 맞니?"

12. 내가 가장 행복할 때는 _____.

13. 내가 제일 갖고 싶은 것은 _____.

14. (짝의 눈을 바라보면서 이 말을 하십시오.)

지금 나의 느낌은 _____.

15. 내가 학급에서 가장 걱정이 되는 것은 _____.

16. 나는 우리 학급이 행복하기 위해서 _____ 을(를) 할 거야.

17. 내가 제일 좋아하는 가수는 _____.

18. 나는 법과 규칙을 어기는 사람을 보면 _____.

19. 내가 엄마한테 제일 듣기 싫어하는 말은 _____.

20. 내가 가장 자랑스러워 보일 때는 _____.

21. 내가 선생님한테 제일 듣고 싶은 말은 _____.

22. (이 문항을 말할 때 짝과 시선을 맞추고 손을 잡아 주세요.)

내가 지금 너에게 가지는 느낌은 _____.

23. 나는 혼자 있을 때 주로 _____ 을(를) 해.

24. 내가 열등감을 느낄 때는 _____.

25. 나는 어른들이 하기 싫은 일을 억지로 하도록 할 때 나는 _____
_____.

26. 내가 제일 싫어하는 것은 _____.

27. 내가 절대로 포기할 수 없어서 꼭 이루고 싶은 꿈은 _____
_____.

28. 내가 정말 싫어해서 버리고 싶은 버릇은 _____.

29. 내가 가장 존경하는 사람은 _____.

30. 나는 자살 충동을 느낄 때가 있는데 _____.

31. 나는 사람들이 나를 _____으면 좋겠어.

32. 내가 친구들과 꼭 하고 싶은 것은 _____.

33. 내가 너한테 부탁하고 싶은 것은 _____.

34. 내가 발견한 너의 가장 멋진 점은 _____.

35. 내가 너한테 꼭 들려주고 싶은 말은 _____.

36. 나는 지금 기분이 _____.

37. 나는 오늘 우리의 만남을 한마디로 말하면 _____.

수고하셨습니다.

오늘 두 분의 만남과 사귐이 더욱 풍요롭고 소중하게 이어지기를 기대합니다.

2분 연설(1.3-45)

〈2분 연설〉은 학생들이 다른 사람들 앞에서 자기를 표현할 수 있는 기회가 됩니다. 공석에서 발표해 본 적이 한 번도 없는 학생이 의외로 많습니다. 자원하여 나온 학생이 앞으로 나와서 2분 동안 자유주제로 일장연설을 해 보도록 하십시오. 그런 다음 모든 학생들이 한 번씩 나와서 연설하도록 합니다. 연설 주제들은 다음과 같이 다양하게 정할 수 있습니다.

"내가 집 근처에서 1억원이 넘는 금덩어리를 주웠다면…."

"내가 반장이 된다면…."

"내가 부모님께 꼭 하고 싶은 말은…."

"나는 억울합니다!"

✂ 준비물 : 강대상(몸을 가려 주어서 편안하게 해 주기도 하지만 꼭 필요하지는 않습니다.)

당신을 아는 기쁨(1.3-114)

〈당신을 아는 기쁨〉은 둘씩 짝을 이루어서 평범한 이야기깃거리를 가지고 대화를 나누면서 서로를 알아 가는 활동입니다. 학생들은 자연스럽게 상대방을 이해, 수용, 경청하고 자기를 개방하면서 쌍방 의사소통을 하는 경험을 하게 됩니다.

■ 1단계

어린이들에게 활동용지와 연필을 각각 하나씩 나누어 주십시오. 둘이 마주 보고 앉도록 한 다음 상대방의 이름과 별칭(또는 별명)을 물어보아서 각자 활동용지에 적도록 합니다(이미 친숙한 사이인 경우에도 두 사람이 정식으로 이름과 별칭을 물어보고 활동용지에 기록하도록 하십시오).

■ 2단계

지도자는 각자 자기 짝에 대해 느낀 첫 인상을 네 가지 적는데 10자 이내의 단문(예 : '재주가 많아 보인다', '성격이 급하다' 등)으로 기록하십시오(2분). 지도자는 어린이들에게 자기가 쓴 글을 짝에게 보여 주지 않도록 알려 주세요. 모두 기록한 다음 짝끼리 마주 보고 앉아서 상대방에 대한 첫인상(기록한 내용)을 한 가지씩 주고받는 방식으로 대화를 나누도록 합니다(2~3분). 이때도 기록한 내용을 상대방에게 보여 주어서는 안 됩니다. 지도자는 어린이들이 대화를 나눌 때 '~같다'라고 끝나는 말을 사용하지 말도록 알려 줄 필요가 있습니다. 청소년들뿐만 아니라 대부분의 사람들은 '~인 것 같다'라고 말하는데 이런 식의 표현은 적절하지 않습니다. 따라서 지도자는 어린이들이 "나는 ○○가 ~하다고 생각해.", "나는 △△을(를) 보면 ~한 느낌이 들어."라는 식으로 말하도록 권하십시오.

■ 3단계

이렇게 첫인상 나누기를 마친 다음 지도자가 짝에 대한 질문을 10~12가지 정도 합니다. 예를 들어, 지도자가 "내 짝의 취미가 무엇일까요?" 하고 질문하였을 때 어린이들은 1번 질문 칸에다가 '취미'라고 적고 자기 짝을 유심히 살펴보고 '만화 그리기'라고 생각하면 '내 생각에는 아마도…' 칸에 '만화 그리기'라고 기록하면 됩니다.

이와 같은 방식으로 지도자가 10~12가지의 질문을 하면 어린이들은 각자 자기 짝에 대한 예상(느낌)을 '내 생각에는 아마도…' 칸에 기록합니다. 이 질문의 목적은 짝끼리 편안하고 즐겁게 대화를 주고받을 수 있도록 하는 데 있습니다. 그러므로 너무 진지하고 심각한 질문보다는 그냥 재미있고, 엉뚱하고, 때로는 난처한 질문들이 오히려 좋습니다.

예를 들면, 좋아하는 계절, 좋아하는 운동, 가수, 신발 크기, 가장 싫어하는 과목, 몸무게, 좋아하는 음식, 취미, 허리 사이즈, 화가 났을 때의 증상, 기쁠 때의 행동 따위입니다. 이때도 짝에게 기록한 내용을 보여 주지 마세요(5분).

질문에 대한 답을 모두 작성하면 이번에도 마주 보면서 1번 질문을 교대로 물어보고 짝으로부터 정답을 알아봅니다. '사실은…' 칸에다 정답을 적어 넣으면서 모든 질문을 확인해 보세요. 이런 방식으로 모든 질문에 대해 알아봅니다(5~7분). 어린이들은 정·오답과 무관하게 서로를 알아 가면서 만남과 사귐의 기쁨에 폭 잠겨들 것입니다.

■ **4단계**

이렇게 하여 누가 얼마나 맞추었는지를 확인해 보세요. 지도자는 어린이들이 얼마나 많이 맞추었는지에 대해 관심을 집중시키지 않도록 하세요. 그보다는 엉뚱하고 싱거운 질문(이야기깃거리)들을 가지고 친구와 많은 이야기를 나누게 되면서 서로를 보다 많이 알게 된 계기가 된 것에 대해 생각해 볼 수 있도록 하십시오. 대화를 나누면서 "과연 내가 생각했던 대로야!" 하는 면도 있었을 테고, "어? 이런 면도 있었네!", "이런, 이게 아니었잖아?" 하는 면도 있었을 것입니다. 이에 관해서 다시 '당신은…' 칸에 다섯 가지(10자 내외의 단문)를 적도록 하고 이를 가지고 마지막으로 이야기를 주고받도록 하세요(2분).

마지막으로 '느낀 점' 칸에 선입감이나 편견은 없었는지, 이 과정을 통해서 깨달은 점이 무엇인지 등을 간단히 적도록 하고 이에 관해 나누어 보세요(2분).

✂ 준비물 : 활동용지와 필기도구(인원수만큼)

당신은 누구십니까?

짝짓기	나의 짝		이름 :	
			별명 :	
첫 인상		느낌 1		
		느낌 2		
		느낌 3		
		느낌 4		
친구 알아가기		질 문	내 생각에는 아마도…	사실은…
	1.			
	2.			
	3.			
	4.			
	5.			
	6.			
	7.			
	8.			
	9.			
	10.			
	11.			
	12.			
당신은…		느낌 1		
		느낌 2		
		느낌 3		
		느낌 4		
		느낌 5		
느낀 점				

나만이 가진 특징(1.3-48)

8~10명씩 소모둠을 나누고 어린이들에게 종이와 연필을 하나씩 나누어 줍니다. 그런 다음 다른 사람들이 모르는 자기만의 특징, 장기, 경험 등을 다섯 가지씩 생각해 보고 종이에 적도록 합니다. 이때 다른 사람에게 그 내용을 보여 주어서는 안 됩니다. 소재는 엉뚱한 것일수록 좋습니다. 예를 들어, "나는 엉덩이에 큰 점이 있습니다."라거나 "나는 딸 다섯 중에 막내입니다."처럼 다른 사람에게는 도무지 없으리라고 생각하는 것을 생각해 봅니다. 그러니 평소 부끄럽게 여기고 있던 일(예 : "나는 열 살 때까지 오줌을 싼 적이 있습니다.", "나는 잠잘 때 코를 골면서 동시에 이빨도 심하게 갑니다.")과 같은 것들도 좋습니다.

이렇게 모두 기록을 마치면 한 어린이부터 다섯 가지 특징 중에서 첫 번째 특징을 소개합니다. 일례로 첫 번째 어린이가 "나는 안경 도수가 마이너스일만큼 눈이 나쁩니다."라고 말했다고 합시다. 그러면 나머지 어린이들은 이를 듣고 있다가 자기도 그만큼 시력이 약하다고 생각하는 어린이는 손을 번쩍 들면서 "나도!"라고 큰 목소리로 외치도록 합니다. 이렇게 손을 든 학생이 3명이면 그 학생은 3점을 벌점으로 받게 되지요. 그 학생은 자기 종이에 벌점을 적어 놓도록 합니다. 이런 식으로 학생들이 돌아가면서 자기의 특징을 소개해 봅시다. 놀이를 하는 동안 학생들은 자기 종이에 적어 놓은 내용을 바꿀 수 있습니다. 다른 친구가 말한 특징이 자기 종이에 적혀 있지 않아도 자기에게 해당되는 경우에는 손을 들면 됩니다. 이렇게 첫 번째 특징을 돌아가며 소개를 마치면, 같은 방법으로 다섯 번째 특징까지 합니다. 모두 마치면 각자 자기가 받은 벌점을 합산해 보고 누가 벌점을 가장 많이 또는 적게 받았는지 알아보세요.

이 놀이는 학생들이 자기를 편안하고 안전하게 개방하고 서로를 이해하고 수용하는 기회가 됩니다. 이 놀이를 하다 보면 별의별 엉뚱한 내용들이 터져 나와 웃음이 끊이지 않는답니다. 마지막으로 다른 모둠에서는 어떤 재미있는 일들이 벌어졌는지 알아볼 수 있습니다. 각 모둠에서 기발한 특징을 가진 학생들이 나와서 다시 발표할 수 있도록 하세요.

✂ 준비물 : 종이와 연필(인원수만큼)

▶▶▶ 놀이하는 지혜

〈나만이 가진 특징〉 놀이는 학생들이 안전한 분위기에서 자기를 개방할 수 있는 기회를 제공해 줍니다. 학생들은 수치스럽게 여겨져서 감추고 있던 일들, 신체의 특성, 특이한 버릇, 황당했던 경험 등과 같은 것들을 다른 사람들에게 감히 털어놓는 시도를 하게 만들어 줍니다. 자기를 드러내고 또 다른 친구들이 자기를 개방하는 모습을 보면서 안전함을 느끼고, 즐거워지고, 수용받는 느낌을 받게 되면서 학생들은 점차 소속감을 느끼고 편안해합니다. 자기개방self-disclosure이 힘든 주제만은 아닙니다. 지금까지 말할 수 없었던 것들을 이 기회를 통해 자신을 드러내는 용기를 얻습니다. 그러면서 진짜 고민들을 밝히는 시도를 하게 됩니다.

포근한 자리(1.3-186)

8~10명씩 모둠별로 둘러앉은 다음 한 어린이가 먼저 다른 친구를 지목하면서 그가 가진 좋은 점, 인상 깊은 점들을 얘기해 주도록 합니다. 이렇게 긍정적 피드백을 받은 사람은 같은 방법으로 다른 사람을 지명하고 그에 대해 자신의 긍정적인 느낌과 생각을 전해 줍니다. 어린이들은 이렇게 계속하는 동안 다른 사람으로부터 긍정적 피드백을 받게 되고 다른 사람에게 긍정적 피드백을 주게 되면서 안전하고 지지적인 분위기에 젖어들게 됩니다.

▶▶▶ 놀이하는 지혜 : 〈가위바위보〉로 정하지 않도록 하세요.

집단의 목표가 중요하다고 해서 개개인의 의견과 인격이 무시되는 일은 없어야 합니다. 각자 자기 의견을 적극적으로 밝히면서 친구들과 함께 뜻을 모아 집단의 공동목표를 모색할 수 있도록 도와주십시오. 이러한 점에서 학생들이 충분히 토론하지 않고 〈가위바위보〉로 정한다거나 다수결로 정하는 것은 바람직하지 않습니다. 학생들이 충분히 의논하여 합의에 이르도록 하는 것이 중요합니다. 이런 과정을 거쳐야 학생들은 친구들과 의논하여 결정한 것에 대해 책임감을 가지고 이를 준수할 수 있게 됩니다. 나아가 대의를 위해 양보할 수 있고, 절제하는 능력과 희생정신을 갖춘 이웃과 더불어 살아가는 성숙한 인간으로 성장해 나갈 것입니다.

나는 멋쟁이(1.3-42)

지도자는 학생들에게 자신의 단점은 일단 내려놓도록 하고 자기가 스스로 자랑스럽고 장하게 생각하는 점들이 무엇인지를 생각해 보도록 합니다(2분). 이어서 한 사람씩 돌아가면서 자기의 장점이나 자랑스러운 점을 발표해 보도록 합니다. 자기를 맘껏 뽐내고 자랑할 수 있으므로 누가 어떤 말을 하더라도 이를 무시하거나 빈정거리는 식의 부정적인 반응을 보이지 말아야 합니다. 그 대신 친구가 자랑하는 것을 무조건 인정하고 수용하도록 하십시오. 이 놀이는 진정성이 없이 '~하는 척'하게 되면 안 하는 것만도 못합니다. 학생들은 자기의 장하고 멋진 점을 소개할 때 다른 사람들로부터 인정받는 경험을 하게 될 것입니다. 이 활동은 단순해 보이나 학생들이 자기를 긍정적으로 받아들이고 자신감을 증진하는 데 큰 도움이 됩니다. 발표자가 자랑거리를 말할 때마다 다른 학생들은 "예, 맞습니다." 또는 "옳소!"로 맞장구쳐 주어도 좋습니다.

▶▶▶ 놀이하는 지혜 : 칭찬과 긍정적 언급의 차이

〈나는 멋쟁이〉와 〈포근한 자리〉는 지도자의 세심하고 적극적인 개입이 필요한 놀이입니다. 안타깝게도 부모와 형제 등의 중요한 타자significant others들로부터 긍정적인 지지를 받아 보지 못하고 자란 학생들이 의외로 많습니다. 그런 아이들은 자기와 가까운 사람들에게서 칭찬받기를 간절히 바라고 있습니다. 그러면서도 다른 사람에게는 좋은 말을 하지 못하고 오히려 상처를 주는 경우가 많습니다. 그것은 알고 보면 지극히 그럴 수밖에 없는 당연한 일입니다. 칭찬받는 것이나 다른 사람을 좋게 보고 칭찬하는 것이나 모두 익숙해 있지 않기 때문일 것입니다.

그런데 과연 칭찬이 학생들에게 유익한 것인지 생각해 볼 필요가 있습니다. 나는 그렇게 보지 않습니다. 실제로 칭찬은 도움이 되지 않습니다. 칭찬하는 사람의 기준에 미치면 그런 사람은 칭찬을 받게 되고, 거기에 미치지 못하면 야단맞게 되는 것이 아니던가요? 칭찬받으려고 애쓰는 사람은 자존감이 허약한 사람입니다. 외적 잣대에 의해서 자기를 맞추려고 하는 사람의 자존감이 높을 수가 없지요. 그러므로 비난과 꾸중을 듣는 것보다는 나을지는 몰라도 칭찬도 그리 도움이 되지 않습니다.

학생들에게 칭찬하기보다는 진정성 있는 긍정적인 언급을 자주 하도록 하십시오. 긍정적인 언급은 이를 말한 사람의 가치기준과 판단에 따라 하는 것이 아닙니다. 한 사람을 있는 그대로 보고 그가 가진 긍정적인 면을 보고 이를 알려 주는 긍정적 언급은 칭찬하는 것과 출발점부터 다릅니다. 인간중심 심리학자인 로저스가 상담자의 자질로서 중요하다고 강조한 무조건적인 긍정적 존중unconditional positive regard은 칭찬하는 것이 아닙니다. 내가 보고 느끼고 알게 된 그가 가진 긍정적인 면(아름답고, 귀하고, 소중하고, 특별하고, 독특한 점 등)을 그에게 알려 주는 것이 긍정적 언급입니다.

나는 비행청소년, 위기청소년이라고 말하는 소위 위험군에 속한 청소년들을 만나 오면서 단 한마디의 애정 어린 긍정적 언급이 그들에게 얼마나 큰 힘이 되고 변화를 주는지에 대해 깊이 경험하고 있습니다. 칭찬은 자기를 잃어버리게 만들기 쉬운 위험이 있습니다. 하지만 긍정적 언급은 자기를 애틋한 마음으로 바라볼 수 있도록 해 주고 자신을 소중한 존재로 받아들이도록 해 주는 강력한 영양제입니다. 메마른 땅을 촉촉이 적셔 주는 단비와도 같습니다. 긍정적 언급을 올바로 할 수 있도록 부단히 노력하십시오. 긍정적 언급은 학생들에게 아무리 자주 해도 지나치지 않습니다. 모둠지도자가 진솔한 마음과 고백으로 학생들에게 무조건적으로 긍정적인 언급을 하는 모범을 보여 주는 것은 너무나도 중요하고 시급합니다.

8~10명씩 여러 소모둠으로 나누어서 모둠별로 둘러앉습니다. 의자에 앉는 경우에는 원 중앙에 빈 의자를 갖다 놓고 바닥에 앉았을 때는 중앙에 방석을 1개 놓아두십시오. 한 학생이 중앙에 놓인 의자(방석)에 앉아서 자기소개를 간단하게 합니다(1분). 그런 다음 주위에 둘러앉은 학생들은 그의 이름을 부르면서 그에 대해 가지는 긍정적인 생각과 좋은 느낌을 한마디씩 들려주도록 하십시오(참고로 한 사람이 단문으로 20초 정도 간단하게 진술하는 것이 바람직합니다).

사람은 누구나 긍정적인 면과 부정적인 면을 같이 가지고 있습니다. 다른 사람들의 긍정적인 면을 생각해 보는 시간이지 부정적인 면이 없다거나 외면하려는 것은 아닙니다. 그러므로 굳이 다른 사람들의 부정적인 면을 들추어 내거나 비꼬는 일이 없도록 하십시오. 누구에게나 좋은 점이 있게 마련이므로 그 자리에서는 그의 장점이나 강점들이 진솔하게 나누어질 수 있도록 하십시오. 이런 마음가짐을 서로 느끼게 될 때 그 자리는 참으로 아늑한 행복감에 젖어들 것입니다.

한 사람이 너무 오랫동안 이야기를 하지 않도록 하십시오. 예를 들어, "재승이는 누구에게나 포근하고 편안한 마음을 안겨 주는 특별한 은사를 가진 사람입니다."라는 식으로 한두 마디로 간결하게 말합니다. 이때 원 안에 앉아 있는 사람은 "감사합니다." 또는 "정말요?"하는 정도의 반응만 하고 말을 하지 않도록 하세요.

남의 좋은 점을 인정하고 이를 지지해 주는 것이 얼마나 큰 기쁨이 되며 다른 사람으로부터 나의 좋은 점에 대해 듣는다는 것이 흐뭇한지를 몸소 체험하는 소중한 순간이 될 것입니다. 지도자는 지금 이 자리가 얼마나 편안하고 아름다운가에 대해 간단히 자기가 받은

솔직한 느낌을 나누고 이를 공유하기 위해 "여러분은 어떻게 생각하십니까?" 하는 질문을 던져 보는 것도 도움이 됩니다.

우리가 나누는 대화 속에서는 알게 모르게 남을 흉보고, 약점을 들춰 내고, 마음을 상하게 하고, 악의가 없다고 해도 부정적인 농담을 해서 알게 모르게 친구들의 마음을 아프게 한 일이 얼마나 많았는지를 반성해 보고, 이를 계기로 이런 부끄러운 일들을 우리들 사이에서 깨끗이 추방하자고 제안을 해 봅시다. 학생들이 서로 사랑으로 돌보아 주고 따뜻이 맞아주는 정을 나누는 사랑의 공동체를 가꾸어 봅시다.

▶▶▶ 생각 나누기

〈뜨거운 의자〉는 다른 사람을 칭찬하는 자리가 아니라는 사실을 꼭 기억해 두어야 합니다. 〈뜨거운 의자〉는 자기가 보는 다른 사람의 소중한 점, 아름다운 점, 인상 깊은 점을 들려주고 또 다른 사람들로부터 듣는 시간입니다. 다른 사람을 칭찬하는 것과 자기가 생각하고 느끼는 긍정적인 점을 그 사람에게 전해 주는 것은 전혀 다릅니다. 칭찬이 좋다고는 하지만 나의 기준에 따라 타인을 평가하는 것일 수 있습니다. 이와는 달리 타인에 대한 좋은 느낌이나 인상을 알려 주는 것은 너를 너로서 보는 것입니다. 예를 들면, "다정이는 언제나 힘들어하는 친구들을 도와주는 따뜻한 마음을 가진 친구야."라는 식의 말입니다. 이런 말은 나의 기준으로 평가해서 칭찬하는 것이 아니라 내가 느끼는 너의 아름다운 점을 솔직하게 표현한 것입니다. 이런 말들을 주고받을 때 사람들은 매우 편안하고 행복을 느끼게 됩니다.

또한 〈뜨거운 의자〉는 위로하고, 격려하고, 충고하는 자리가 아니라는 점도 꼭 유념해야 하겠습니다. 사랑을 담보로 충고하는 식의 표현은 도움이 되지 않습니다. 예를 들면 "내가 너를 사랑해서(또는 좋아해서) 하는 말인데 내가 조언 한마디 할게."라는 식의 말입니다. 이런 말을 들으면서 고마워하는 사람은 그리 많지 않을 것입니다. 마지막으로 타인에 대한 기대나 바람을 이야기하는 시간도 아닙니다. 청소년들은 분위기가 좋아지면 "나는 사실 ○○에게 다가가고 싶었는데 그러지 못했어. 이제 너와 친해지고 싶어."라는 말을 많이 합니다. 지도자는 학생들이 이런 식의 이야기가 나오지 않도록 하십시오. 단지 타인에 대한 좋은 인상, 느낌, 생각들을 나누고 들을 수 있도록 하십시오.

꿈의 의자

빈 의자 하나를 중심으로 호롱(촛불)을 반원 모양으로 여러 개 놓아두십시오. 외부에서 빛이 들어오지 않도록 커튼을 두르고 전등을 끈 다음 호롱에 불을 붙여 주십시오. 참가자들은 호롱으로부터 일정한 거리를 두고 둘러앉습니다.

〈꿈의 의자〉는 자신의 소중한 꿈을 자신과 다른 사람 앞에서 고백하고 나누며, 다른 사람의 꿈을 응원하고 지지해 주는 활동입니다. 지도자는 참가자들 중에 희망하는 사람이 나오면 〈꿈의 의자〉에 초대합니다. 지도자는 다음과 같이 참가자들을 초대할 수 있습니다.

"누구에게나 소중한 꿈이 있습니다. 또 누구나 꿈을 찾아가는 과정 중에 있습니다. 그렇기에 우리 모두 다 꿈길을 걷고 있다고 할 수 있습니다. 오늘 우리는 서로에게 특별한 시간을 가져 보려 합니다. 이 자리는 〈꿈의 의자〉입니다. 앞으로 여러분 중에 다른 사람들 앞에서 자신의 꿈을 고백하고, 나누고 싶은 사람을 초대할 것입니다. 누구나 희망하는 사람은 나올 수 있습니다.

여러분을 초대하기 전에 한 가지 나누고 싶습니다. 꿈은 무엇일까요? 분명한 것은 직업과는 다르다는 사실입니다. 오히려 꿈은 자신이 어떤 사람이 되고 싶은지, 어떤 삶을 살고 싶은지, 어떤 일을 하고 싶은지와 같은 질문에 가깝습니다. 그리고 이 자리는 자신의 꿈을 자랑하거나 혹은 누군가의 꿈을 평가하는 자리가 아닙니다. 자신의 꿈을 돌아보고 용기 있게 고백하고 나누는 자리, 서로의 꿈을 있는 그대로 들어주고 응원하며 지지해 주는 자리입니다. 이번 시간 서로에게 그런 자리가 될 수 있도록 마음을 모아 보길 기대해 봅니다.

자신의 꿈을 다른 이들에게 말하면 말할수록 그 꿈에 가까워진다고 하지요. 그리고 다른 이들의 꿈을 통해 나 역시 꿈을 그리는 기회를 얻기도 합니다. 여러분들이 기꺼이 용기 내어 자신의 꿈을 고백하고 나누는 이 자리에 나오기를 초대하고 싶습니다. 희망하는 사람은 조용히 손을 들어주어 알려 주세요." 누군가 자원하여 자신의 꿈 이야기를 들려주고 나면 소란스럽지 않으면서 따뜻한 박수를 보내 주거나, 잠시 간단하고 응원해 주는 노래를 불러주는 시간을 갖습니다. 이런 식으로 몇 명의 신청자를 받아 활동을 계속해 봅니다. 지도자는 활동시간을 고려해 참가자들에게 앞으로 남은 시간이 얼마간 있는지 미리 공유를 하여 시간 안배를 합니다.

예를 들면, "벌써 우리가 약속한 마지막 사람이 다 끝났군요. 이 자리에 나오고 싶은 사람이 더 있을 텐데 시간관계상 듣지 못하고 초대하지 못함이 아쉽고 미안한 마음입니다. 비록 오늘 꿈의 의자에 나오지 않았더라도 각자 간절한 자신의 꿈이 있고, 그 꿈을 놓지 않는다면 분명 그 꿈에 이르리라고 믿습니다. 오늘 자신의 꿈을 친구들 앞에서 용기 있게 나누어 준 친구들 또 진심으로 경청하며 응원을 보내 준 서로에게 고마운 마음을 담아 박수를 보내 줍시다. 마지막으로 서로의 꿈을 격려하며 한 번 더 박수를 보내 줍시다." 식으로 시간을 조율하며 활동을 마치면 되겠습니다.

참가자들은 〈꿈의 의자〉를 통해 자신의 꿈을 고백하고 나누며 서로의 꿈을 경청하고 지지하는 가운데 진정한 꿈이 무엇인지, 나의 꿈은 무엇인지 돌아보면서 힘과 용기를 얻는 기회를 갖게 됩니다. 나아가 서로를 가슴 설레고 마음 뜨거운 자리, 행복하고 따뜻한 공동체로 초대해 줍니다.

✂ 준비물 : 의자 1개, 호롱 5~7개

이웃사촌 놀이 | 경청 점검(1.3-38), 세 사람이 오순도순(1.3-32), 커피숍에서의 미팅(1.3-6), 재잘재잘(2.1-11), 뒤죽박죽(2.1-123), 만일 내가 ~라면(1.3-43), 일급 비밀(1.3-46), 터놓고 만납시다(1.3-57), 조각 맞추기(1.3-122), 얼굴 감상(1.3-141), 장님인도(1.3-145), 구름타기(1.3-157), 우정 잇기(1.3-190), 즉석 알아맞히기(1.3-191), 나는 특별한 사람(1.3-40), 나는 어떤 사람인가(1.3-78), 가치관 경매(1.3-106), 실타래 돌리기(1.1-35), 첫인상(1.1-46), 내 짝은 요(1.1-59)

M · E · M · O

짝짓기 놀이

학생 모두가 둥글게 서서 손을 잡습니다. 지도자가 먼저 〈둥글게 둥글게〉 동요를 부르면 학생들은 모두 노래와 함께 율동을 따라 하도록 합니다. 그러다가 지도자가 갑자기 "3명" 이라고 외치면 학생들은 3명씩 모여서 손을 잡고 쪼그려 앉습니다. 이와 같은 방식으로 지도자가 "5명", "8명" 하고 숫자를 바꾸어 가면서 계속합니다. 이 놀이에서 지도자가 꼭 기억해 두어야 할 것이 있습니다. 짝을 짓지 못한 학생이 매번 나오는데 그 학생들을 놀이에서 빼내어 벌을 세우지 말아야 합니다. 그러지 않고도 이 놀이를 계속 이어 나가면서 신나게 즐길 수 있는 지혜를 알려드리겠습니다. 우선 학생들에게 한 번 만난 친구는 다음 번에는 만날 수 없다고 알려 주어서 같은 친구들끼리만 모이지 않도록 하십시오. 이렇게 해야 섞여져서 친구들을 골고루 만날 수 있게 된답니다. 짝을 짓지 못한 학생(들)에게는 "다음 번에 또 걸리면 큰일 나니까 열심히 뛰어야 한다!"고 알려 주기만 하고 다시 합류시키면 됩니다. 짝짓기를 할 때 "어깨 다섯" 하면 다섯 사람이 어깨를 대면서 모이도록 하는 방법 도 있습니다. 이 밖에 "혈액형이 같은 사람", "생일이 낀 달이 같은 사람", "양말 색깔이 같은 사람", "신발 크기가 같은 사람" 등과 같은 방법으로 하면서 놀이를 이어 가세요.

▶▶▶ **놀이하는 지혜**

어린 시절 나는 잽싸지 못하고 느린 어리석은 아이였습니다. 그러다 보니 〈짝짓기 놀이〉 나 피구와 같은 놀이를 하였을 때 마지막까지 살아남은 적이 한 번도 없습니다. 놀이에서 걸리거나 잡히면 나는 늘 운동장 가운데에 쪼그리고 벌을 서고 있어야 했습니다. 나는 그 자리에서 이런 생각을 했었습니다. "나는 왜 항상 놀이를 하면서 이렇게 벌을 서야 하나? 모두 함께 즐길 수는 없을까?" 하고 고민했습니다. 지금 돌이켜 보면 그때 벌을 서면서 그런 고민을 했기 때문에 벌세우지 않는 놀이, 사람들을 솎아 내지 않는 놀이, 모두 함께 즐길 수 있는 놀이, 경쟁보다는 만남·사귐·우정·협동이 어우러진 놀이를 창조해 낼 수 있었습니다. 참 다행스러운 일입니다.

수건 돌리기(2.4-25)

원 대형으로 둘러앉고 술래 한 사람이 원 밖에 섭니다. 시작이 되면 술래는 원 밖을 돌다가 들고 있던 손수건을 살짝 어떤 한 사람의 등 뒤에 놓아둡니다. 둘러앉은 학생들은 고개를 돌려 뒤돌아볼 수 없으며 다만 손을 뒤로 대고 더듬을 수 있습니다. 술래는 손수건을 살짝 떨어뜨린 다음 아직도 손수건을 가지고 있는 것처럼 시치미를 뚝 떼고 능청맞게 걷는 듯 뛰는 듯하며 원을 다시 돌아 손수건이 등 뒤에 있는 줄도 모르고 있는 학생을 치면 그 사람은 잡히게 됩니다. 손수건을 발견한 학생은 자리에서 급히 일어나서 손수건을 들고 술래를 쫓아가서 손으로 쳐야 합니다. 이렇게 되면 술래는 잡히지 않으려고 줄행랑치는데 자기를 쫓아오는 학생이 앉았던 빈자리로 가서 앉으면 안심입니다. 이때 손수건을 들고 쫓아가던 새 술래는 아무 때나 손수건을 다른 사람의 등 뒤에 다시 떨어뜨릴 수 있습니다.

✂ 준비물 : 손수건 1개

토끼와 농부(2.4-125)

전원이 둥글게 서고 한 어린이에게 크기가 다른 2개의 고무공(큰 공은 농부, 작은 공은 토끼)을 넘겨 줍니다. 시작이 되면 작은 공을 먼저 오른쪽에 있는 어린이에게 넘겨 주고, 받은 어린이는 즉시 그 다음 어린이에게 던집니다. 토끼(작은 공)가 원 반대편 어린이에게까지 가면 농부(큰 공)가 같은 방향으로 출발하여 토끼를 쫓아갑니다. 즉 농부와 토끼는 서로 쫓고 쫓기는 신세가 됩니다. 이렇게 하여 작은 공(토끼)을 가진 어린이에게 큰 공(농부)이 가면 토끼가 잡히는 것이 되고, 반대인 경우에는 농부가 토끼에게 잡히게 됩니다. 토끼가 이긴 경우는 벌점이 1점, 농부가 이기면 벌점이 2점이 되고, 그 벌점은 해당 어린이에게 주어집니다. 공을 떨어뜨린 공을 줍기 전에 공이 오면 그 어린이도 벌점을 2점 받게 됩니다.

✂ 준비물 : 크기가 다른 공 2개, 또는 색깔이 다른 같은 크기의 공 2개

인원 : 15~20명

▶▶▶ **놀이하는 지혜**

〈수건 돌리기〉 놀이를 하다 보면 생각나는 청소년들이 있습니다. 보호관찰 중에 있던 지존파 청소년들을 캠프에서 만나게 되었습니다. 내가 속한 청소년과 놀이문화연구소는 상

담, 치료는 말할 것도 없고 교육이란 말도 사용하지 않으려고 노력하고 있습니다. 놀이 자체가 치료의 힘이 있어서 바로 제대로 놀면서 청소년들과 진솔한 인간관계를 맺게 되면 청소년들에게 큰 도움이 된다고 믿기 때문입니다. 그것도 지도자가 치료해서가 아니라 놀이가 청소년 자신이 스스로 변화하도록 해 주는 놀라운 경험을 하게 됩니다. 세 번째가 되던 날 열일곱 살 된 학생이 지도자에게 "선생님, 저 하고 싶은 것이 있는데 한 번도 해 보지 못했어요. 그래서 이번에 꼭 하고 싶어요."라고 말했습니다. "그래? 무엇을 하고 싶은데?"라고 물어보았더니 그가 "수건 돌리기요."라는 것이 아닙니까? 그런데 더 놀라운 사실은 나머지 7명의 청소년들 중에 한 사람도 비웃지를 않았다는 것입니다. 그래서 지도자가 〈수건 돌리기〉 놀이를 해 본 학생이 얼마인지 알아보았더니 반이 넘게 해 본 적이 없었습니다. 그중 제일 연배가 높은 학생이 자기는 해 보았다고 하면서 뒷주머니에서 손수건을 꺼내 들더니 "〈수건 돌리기〉 놀이는 흰 손수건으로 하는 거야!"라고 진지하게 말했습니다. 이렇게 하여 〈수건 돌리기〉가 시작되어 과장 없이 한 시간을 넘게 즐겼습니다. 놀이는 모두를 학생세계로 돌려놓는 신비롭고도 놀라운 힘을 가지고 있습니다.

삿치기삿치기사뽀뽀(2.1-119)

학생들이 둘러앉고 한 학생이 술래가 되어서 원 안으로 들어갑니다. 학생들은 모두 함께 "삿치기 삿치기 사뽀뽀" 하고 외치면서 손으로 무릎을 두 번, 손뼉을 두 번 치는데, 술래 몰래 정한 학생이 다른 동작을 하면 학생들은 술래가 눈치채지 못하도록 하면서 그 동작

을 따라 합니다. 술래는 동작을 바꾸는 친구를 찾아내야 하는데 요리조리 살펴보고 있다가 "너지?" 하고 지적합니다. 술래가 알아맞히면 발각된 사람이 술래가 되어서 다시 시작하고, 틀리면 알아맞힐 때까지 계속합니다.

날아다니는 동전(2.1-191)

모두 둥글게 둘러앉고 술래가 원 안으로 들어갑니다. 지도자는 술래가 잠시 눈을 감고 있을 때 동전을 1개 또는 2개를 건네주면 술래가 눈치채지 못하도록 손 안에 감춥니다. 술래에게 눈을 뜨도록 하고 동전을 쥐고 있는 학생을 찾아내도록 합니다. 동전을 들고 있는 학생은 가만히 들고 있지 말고 술래가 보지 못하도록 하면서 동전을 옆 친구에게 계속 전달합니다. 동전을 가지고 있지 않은 학생들도 자기가 진짜로 동전을 갖고 있는 것처럼 동작을 합니다. 처음에는 조심조심하던 학생들이 시간이 지나면서 술래 머리 위로 동전을 날려서 반대편 사람에게 전달하는 짜릿한 광경이 벌어집니다. 술래가 세 번까지 맞히지 못하면 상큼한 벌을 줄 수도 있고, 맞히면 잡힌 사람이 새 술래가 되어서 다시 시작합니다. 동전 수는 참가자 수에 따라 조절하세요.

✂ 준비물 : 동전 2~3개

▶▶▶ **놀이하는 지혜 : 놀이하는 사람은 생각보다 말과 행동이 앞섭니다.**

요즘 어린이들은 목소리가 너무 작아서 무슨 말을 하는지 잘 들을 수가 없습니다. 이렇게 큰 소리를 내지 못하는 것은 다른 사람들을 지나치게 의식하기 때문인 것이 분명합니다. 놀이에 빠져 있으면 사람들은 생각보다 말이 앞서고, 말보다 행동이 앞섭니다. 그래서 목소리가 커지고 다른 사람을 의식하지 않고 자기표현이 무의식적으로 자연스러워집니다. 어린이들이 맘껏 소리를 외칠 수 있도록 도와주는 것은 매우 중요합니다.

이웃을 사랑하십니까?(1.3-9)

학생들이 원대형으로 의자(방석)에 앉고 여분의 빈 의자가 있으면 원 밖으로 내어 놓도록 하십시오. 지도자가 의자에 앉아 있는 한 학생 앞에 서서 "이웃을 사랑하십니까?"라고 묻습니다. 이웃은 질문을 받은 학생의 양옆에 있는 두 친구들입니다. 그러면 그 학생은 "예" 또는 "아니요"라고 대답합니다. "예"라고 하게 되면 술래는 다른 사람을 찾아가고, "아니요"라고 하면 술래와 다른 학생들은 함께 목소리로 "그럼 누구를 사랑하십니까?"라고 다시 묻습니다. 이때 그 학생이 "양말을 신은 사람이요."라고 대답하면 양말을 신은 학생들은 모두 자리에서 일어나 다른 의자(방석)을 찾아가 바꿔 앉아야 합니다. '양말을 신은 사람이요'라고 말한 학생의 좌우에 앉은 두 학생은 양말을 신고 있지 않아도 싫어한다고 하니까 자리를 떠나야 합니다. 이때 술래는 가까운 빈자리를 찾아 잽싸게 앉으면 됩니다. 의자는 언제나 참가자 수보다 하나가 부족하기 때문에 결국 한 학생은 의자(방석)에 앉지 못하게

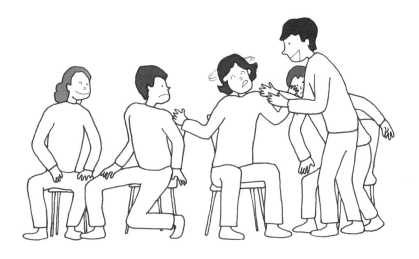

되는데 그 친구가 다시 술래가 되어서 놀이를 계속하게 됩니다. 대답은 "예쁜 사람을 사랑합니다.", "똑똑한 사람을 사랑합니다."라는 식으로 모호한 대답을 하거나, "반지를 낀 사람을 사랑합니다.", "허리벨트를 맨 사람을 사랑합니다.", "검은색 양말을 신은 사람을 사랑합니다.", "모든 사람을 사랑합니다."라는 식으로 하면 되지요.

풍선 터트리기

참가자 수만큼의 풍선을 4~6개씩 색깔별로 준비해 둡니다. 지도자는 아무런 설명 없이 학생들을 모아 놓고 그 중앙에 풍선뭉치를 공중에 흩뿌리면서 "빨리 잡아라!" 하고 외칩니다. 그러면 학생들은 정신없이 풍선을 잡는답니다. 이렇게 하여 학생들이 모두 풍선을 하나씩 집으면 풍선 색깔별로 모여서 풍선을 크게 불어 묶도록 합니다. 그런 다음 놀이규칙을 알려 주는데 매우 간단합니다. 시작이 되면 내것 네것 구분 없이 풍선을 손으로 잡을 수 없습니다. 그러면서 다른 모둠의 풍선을 발로 밟아서 터트리는 것입니다. 다시 설명하면 어떤 풍선도 손으로 잡을 수 없고 손으로 풍선을 터트리는 것은 반칙입니다. 그러므로 자기 모둠 풍선은 손바닥으로 쳐서 높이 하늘로 올리고 다른 모둠의 풍선은 손으로 쳐서 바닥에 떨군 다음 발로 밟아서 터트려야 합니다. 자, 모두 준비 되었으면 시작하세요!

풍선 밟기

참가자들에게 풍선을 1개씩 나누어 주고 불어서 발목에 묶도록 합니다. 풍선을 묶는 끈의 길이는 적어도 30cm 정도 되어야 합니다. 시작이 되면 자기 풍선이 터지지 않도록 지키면서 다른 사람의 풍선을 밟아서 터뜨리도록 합니다.

✁ 준비물 : 풍선과 끈(인원수만큼)

▶▶▶ 놀이하는 지혜

놀이에서 규칙을 어기면서까지 이기는 일을 절대로 허용해서는 안 됩니다. 그러기 위해서는 학생들을 경쟁에서 벗어나게 해야 합니다. 경쟁을 부추기고 비교하지 않으면 청소년들은 비로소 경쟁에서 자유로워지고 편안해합니다. 그리고 점수를 매겨서 상을 주고 벌을 세우지도 말아야 합니다. 즐거워야 하는 놀이인데 왜 벌을 주고 또 받아야 하는지 도무지 말이 안 됩니다. 규칙을 어겼다고 학생을 야단치는 것도 바람직하지 않습니다. 선생님은 규칙을 어긴 어린이에게 "야, 너 그러지 마!" 하면서 잘못을 지적하고 꾸짖지 마십시오. 그 대신 어린이 스스로 규칙을 어긴 사실을 인식하고 이를 인정할 수 있도록 하는 지혜가 필요합니다. 어린이가 야단맞고 추궁당하는 느낌이 들지 않으면서 규칙을 어긴 사실을 인식할 수 있도록 도와주라는 말입니다.

풍선농구

두 모둠으로 나누고 상대방 선수와 등을 맞대고 양반자세로 앉거나 의자가 있으면 의자에 앉도록 합니다. 지도자가 풍선을 중앙에서 토스함으로써 놀이가 시작되는데 각 모둠 사람들은 풍선을 손으로 쳐서 골인 지역의 땅에 닿도록 합니다. 이렇게 하면 1점을 얻게 됩니다. 풍선이 양 옆으로 떨어지게 되면 아웃이 되어서 지도자가 그 자리에서 다시 안으로 던져 넣어 줍니다. 미리 정한 점수를 먼저 얻은 모둠이 승리하며 풍선을 동시에 2개 사용하면 훨씬 격렬해집니다. 엉덩이가 땅바닥에서 떨어지면 가차 없이 상대 모둠에게 1점을 주도록 하여 질서 있는 분위기에서 진행하도록 하세요.

✂ 준비물 : 풍선

십자 풍선배구(2.1-53)

방의 네 귀퉁이에 의자를 놓고 노끈을 매거나 사람들이 노끈을 붙잡아서 중앙에 노끈이 1m 높이에서 X자로 가로지르도록 합니다. 4~6명씩 네 모둠으로 나누고 각각 한 진영씩 차지하여 엉덩이를 바닥에 대고 앉습니다. 모둠당 풍선을 2~4개씩 나눈 다음 시작이 되면 풍선을 손으로 사정없이 때려서 다른 모둠 진영으로 넘기도록 합니다. 지도자는 적당한 시간에 중지를 시키도록 하는데 중지된 순간 자기 진영에 들어있는 풍선의 수가 바로 벌점이 되므로 풍선의 수가 적은 것이 좋습니다. 같은 방법으로 여러 번 반복하여 어느 모둠이 가장 벌점이 적은지 알아봅시다. 이 놀이는 노끈의 높이를 60cm 정도로 낮추고 손 대신에 발만을 사용해 보는 것도 재미있습니다.

✂ 준비물 : 노끈, 풍선

돌 싸움

두 모둠으로 나누고 그림과 같이 교실 바닥에 종이테이프로 중앙선을 그립니다. 두 모둠은 각자 한 진영을 차지하여 들어가서 신문지를 뭉쳐서 주먹 정도 크기의 종이공을 만듭니다. 돌맹이 대신 사용할 종이공이며, 한 학생이 5개 정도가 적합니다. 그런 다음 교실 양쪽에 직경 3m 정도 반원을 그려서 중심에 의자를 놓고 한 학생(수문장)이 앉고 물을 반쯤 채운 종이컵을 머리 위 정수리에 놓습니다.

규칙은 다음과 같습니다. ① 상대 진영에는 들어갈 수가 없습니다. ② 자기 진영에서 종이공을 던져서 상대편의 수문장의 머리에 얹혀 있는 종이컵을 맞춰 떨어뜨리면 1점을 얻게 됩니다. ③ 자기 진영에 떨어진 공은 수집할 수 있지만 상대 진영에 들어가서 공을 집어올 수 없습니다. ④ 자기편에 그려진 반원(직경 3m 정도)에는 수문장 외에 아무도 들어갈 수 없습니다. ⑤ 이상의 규칙을 위반하게 되면 상대 모둠이 1점을 얻게 됩니다. 이렇게 되면 준비 끝!

전후반 각 5점씩 총 10점을 먼저 얻는 모둠이 이기는 것을 알려 주고 시작이 되면 그 순간부터 공을 던지고 막고 줍느라고 순식간에 아수라장이 됩니다. 지도자는 학생들이 규칙을 엄격히 지킬 수 있도록 공정하게 심판을 보도록 하십시오.

세 번 돌고 절하기(2.4-8)

어린이들이 손을 잡고 둥글게 서고 술래가 원 안에 들어가서 두 손으로 눈을 가립니다. 어린이들은 주위를 빙빙 돌면서 한 목소리로 술래에게 "여보세요. 당신은 누구시오?" 하고 물으면, 술래는 "나는 장님이요."라고 대답합니다. 어린이들이 다시 "뭣 때문에 여기까지 오셨소?" 하고 물으면 술래는 "여러분과 놀고 싶어서 왔지요."라고 대답합니다. 어린이들은 이 말을 받아서, "그러면 세 번 돌고 절을 하시오."라고 말하고 나서 그 자리에 섭니다. 술래는 눈을 감은 채로 그 자리에서 세 번 돌고 나서 그 자리에서 절을 하면 절을 받은 사람이 술래가 되어서 다시 계속합니다.

사과와 이쑤시개(2.1-73)

중간 크기의 사과를 4등분한 것을 각 모둠에 1개씩 나누어 주고 이쑤시개를 참가자들 모두에게 1개씩 나누어 줍니다. 첫 번째 사람은 사과에 꽂은 이쑤시개를 입에 물고 있도록 합니다. 시작이 되면 두 번째 사람이 물고 있는 이쑤시개로 사과를 찔러서 가져가고 세 번째 사람에게 같은 방법으로 넘겨 줍니다. 이때 손을 사용해서는 안 됩니다. 사과에 박힌 이쑤시개는 점점 많아져서 갈수록 힘들어집니다. 이쑤시개에 찔리지 않으려고 애쓰는 사람들의 모습이 재미있습니다. 이쑤시개는 양쪽 끝이 모두 뾰쪽한 것을 사용하십시오. 사과 대신 마시멜로를 사용해도 좋습니다.

✂ 준비물 : 사과, 이쑤시개

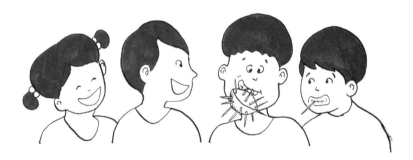

빨대로 과자 나르기(2.1-91)

모둠별로 정렬한 다음 참가자에게 빨대를 1개씩 나누어 주고 입에 물도록 합니다. 열 선두에 있는 사람에게 고무밴드나 구멍이 뚫린 과자를 하나씩 나누어 줍니다. 시작이 되면 빨대에 과자를 꿰어서 옆 사람에게 전달하는데, 손을 사용하지 말고 옆 사람이 입에 물고 있는 빨대에 과자를 꿰어서 옮기도록 합니다. 빨대 대신 나무젓가락을 사용할 수 있으며 고무밴드 대신 종이컵을 사용해도 좋습니다.

✂ 준비물 : 빨대와 과자(인원수만큼), 고무밴드

스무고개(2.4-111)

술래를 정하여 잠시 밖으로 내보낸 다음 물건 이름을 한 가지 정합니다. 술래가 다시 들어와서 사람들에게 질문을 하여 물건 이름을 알아맞혀야 하는데 질문은 스무 번으로 한정되어 있습니다. 그 안에 맞히지 못하면 다시 술래가 되고, 맞히면 술래를 바꾸어서 계속합니다.

특별한 만남(2.1-2)

참가자 전원에게 각각 다른 내용이 적힌 전달문을 한 장씩 나누어 줍니다. 시작이 되면 사람들은 이곳저곳을 돌아다니면서 만나는 사람과 인사를 나눈 다음 〈가위바위보〉를 합니다. 이긴 사람은 자기 쪽지에 적힌 내용을 읽어 주거나 보여 주어서 진 사람이 지시된 내용을 그 자리에서 하도록 합니다. 쪽지의 내용(예)은 다음과 같습니다. "쪼그려 뛰기를 10번 하세요.", "'당신이 얼마나 아름다운지 황홀할 지경입니다'라는 말을 큰 목소리로 세 번 외치세요.", "나를 등에 업고 그 자리에서 열 번 돌으세요.", "내 오른쪽 볼에 당신의 예쁜 입술로 뽀뽀하십시오.", "내 콧잔등에 빨간 립스틱으로 루돌프 사슴코를 그려 주십시오.", "당신의 가장 예쁜 신체 부분이 어디인지 보여 주고 이를 설명해 주십시오.", "내 앞에서 애교 넘치는 포즈를 취하십시오." 등의 재미있는 내용들을 여유 있게 만들어 놓으십시오. 〈가위바위보〉를 해서 진 사람은 이긴 사람의 명령에 꼼짝 없이 따라야 하며, 이렇게 마치면 가지고 있는 전달문을 맞바꾸고 헤어집니다. 진 사람은 자기의 전달문을 읽어 주지 말고 그대로 맞바꾸면 되지요. 자! 이제 다른 사람들을 찾아가 봅시다.

✂ 준비물 : 지시문을 적은 쪽지(인원수만큼)

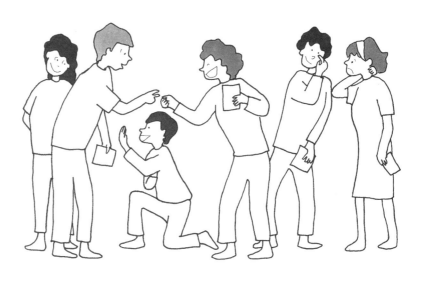

웃기는 사람들

참가자들에게 각각 쪽지 4장씩, 그리고 연필을 하나씩 나누어 주세요. 첫 번째 쪽지에 위대한 인물을 한 사람 생각해 보고 그 이름을 하나 적어 보도록 합니다. 두 번째 쪽지에는 "어디에서?"를 적어 보도록 합니다. 세 번째 쪽지에다가는 "무엇을 했습니까?"를, 그리고 마지막 네 번째 쪽지에는 "왜?"를 적도록 합니다. 지도자는 이 쪽지들을 따로 모아서 섞은 다음, 다시 1, 2, 3, 4번 쪽지들을 한 장씩 가져가도록 합니다. 온통 뒤섞여 버렸으므로 돌아가면서 발표하는 동안 전혀 엉뚱한 내용들이 연발하면서 모두들 한바탕 웃게 될 것입니다. 예를 들면 "① 링컨 대통령은 ② 화장실에서 ③ 거북선을 만들었다, ④ 왜냐고? 배고프니까."라는 식의 얼토당토한 말이 나올 것입니다.

✂ 준비물 : 쪽지(1명당 4장씩), 필기도구

이웃사촌 놀이 | 몸짓으로 알아맞히기(2.1-174), 묵찌빠 짝짓기(2.1-059), 옷 바꾸기(2.1-222), 고 · 백 · 점프(2.1-126), 손짓 몸짓(2.1-94), 풍선 안 속담 찾기(2.1-030), 조각난 사진 맞추기(2.1-57), 무슨 맛이지?(2.1-081), 만물 가방(2.1-084), 색종이 수집(2.1-104), 관찰력(2.1-124), 등에 그림 전달하기(2.1-132), 인간사슬 만들기(1.1-30), 속담을 맞춰요(1.1-50), 커플 쪽지(1.1-53), 짝을 찾아라(1.1-54), 벙어리 짝찾기(1.1-58), 짝을 찾아서(1.1-63), 이름 훔쳐보기(1.1-65), 무엇이 달라졌나요(1.1-67)

M·E·M·O

대부분의 지도자는 아이들을 어떻게 하면 잘 놀려 줄 수 있을 것인가를 가지고 많은 고민을 합니다. 앞에서 이미 언급하였듯이 다른 사람을 억지로 놀려 줄 수가 없습니다. 지도자는 놀 수 있는 기회와 상황, 그리고 거리를 제공해 줄 수 있을 뿐입니다. 그러고도 학생이 스스로 놀이를 해서 즐기지 않으면 어쩔 수 없는 것입니다. 학생이 자기주도적으로 참여할 수 있도록 촉진하고 지지한다는 점에서 놀이지도자는 수준 높은 지도력을 필요로 합니다.

마찬가지로 운동장 놀이도 지도자가 학생들을 일일이 지도할 것이 아니라 자기가 하고 싶은 것을 찾아가서 즐길 수 있는 놀이가 되도록 하십시오. 예를 들면 농구장, 피구장, 족구장을 만들어 놓은 운동장에는 학생들이 각자 하고 싶은 운동을 찾아가서 친구들과 하도록 하는 경우입니다. 이러한 놀이를 예로 들어 보겠습니다. 경쟁이 없는 놀이는 드물고 경쟁한다고 해서 모두 나쁘다고 할 수 없습니다. 또한 경쟁놀이가 협동놀이와 상반된 것도 아닙니다. 참가자들의 동의를 거쳐서 정한 규칙을 존중하고 지키면서 하는 놀이에서는 이기고 지는 것이 문제가 되지 않습니다. 놀이에서 진 사람도 결과에 관계없이 놀이 자체를 즐기기 때문입니다. 치열한 경쟁을 하는 가운데서도 놀이하는 사람들은 깊은 사귐과 만남, 그리고 협동이 이루어집니다. 경쟁은 놀이의 조건인 것이지 목적이 될 수 없습니다. 승패의 결과를 가지고 물질적 보상을 하는 것은 놀이가 아닌 것입니다. 지도자는 참가자들이 놀이규칙을 잘 준수하면서 승패를 떠나 놀이 자체를 즐길 수 있도록 도와주십시오.

01 : 공 놀이

보디가드(2.2-26)

두 모둠(각 10~15명)에서 한 모둠이 원 안의 제한 구역으로 들어간 다음 주장을 정하도록
합니다. 다른 한 모둠 사람들은 원 밖에 그려진 큰 원에 서서 작은 원 안의 상대편 주장을
배구공(탱볼)을 던져서 맞혀야 합니다. 이때 작은 원안의 사람들은 주장을 제외하고는 모
두 한 발로만 서 있어야 하는데 발은 가끔 바꾸어도 됩니다. 원 안에 있는 사람이 두발을
모두 땅에 닿으면 아웃이 됩니다. 주장을 지키는 사람은 날아오는 공을 손을 제외한 온 몸
으로 막을 수 있습니다. 주장이 공에 맞으면 놀이는 끝나고 공수를 바꾸어서 다시 합니다.
지도자는 공이 맞을 때까지 시간을 재어서 어느 모둠이 더 오래 버티는지 알아보세요. 오
래 버틴 모둠이 당연히 이기게 되지요.

✂ 준비물 : 배구공

원 피구(2.2-168)

모둠당 10~15명씩 두 모둠으로 나누고 한 모둠은 큰 원에 둘러서고 다른 모둠은 큰 원 안의 작은 원으로 둘러 갑니다. 시작이 되면 큰 원 둘레에 선 사람들은 배구공을 던져서 작은 원 안에 있는 사람들의 무릎 아래쪽을 맞추도록 합니다. 무릎 아래 부분을 맞은 사람들은 아웃이 되며, 모두 아웃이 되면 두 모둠은 공수를 바꾸어서 다시 합니다. 무릎 위를 맞추거나 던진 공을 작은 원 안에 있는 사람이 노바운드로 받으면 공을 던진 사람은 아웃이 됩니다. 공수를 바꾸어서 해 보고 어느 모둠이 더 오래 견디는지 겨루어 봅시다.

✂ 준비물 : 배구공

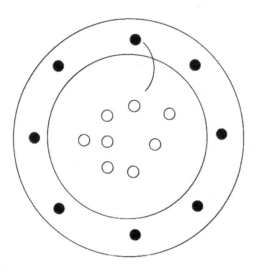

얼음놀이(2.4-5)

술래를 제외한 모든 어린이들은 순서대로 번호를 불러서 고유번호를 1개씩 가집니다. 술래가 한 지점에서 테니스공을 수직으로 하늘 높이 힘껏 던지면서 번호(또는 사람 이름)를 크게 외칩니다. 그러면 그 번호에 해당하는 어린이는 공중에 뜬 공을 향해 달려가서 떨어지는 공을 잡고, 그동안 술래와 나머지 어린이들은 사방으로 멀리 도망칩니다. 낙하지점에서 공을 잡은 어린이가 "얼음" 하고 큰 소리로 외치면 달아나던 어린이는 그 자리에 멈추어 섭니다. 공을 가진 어린이는 공을 던져서 한 사람을 맞추고, 어린이들은 날아오는 공에 맞지 않도록 몸을 움직여서 피하거나 공을 잡아야 합니다. 그런데 표적이 된 어린이는 두 발을 땅바닥에서 떼지 않고 피해야 합니다. 이렇게 하여 공에 맞은 어린이는 나이를 1년 먹게 되고, 공에 세 번 맞은 어린이는 벌칙을 받게 됩니다. 그러므로 공에 맞은 사람이 얼떨떨해하다 보면 옆에 있는 어린이에 의해 졸지에 3년을 먹을 수도 있답니다. 주인 없는 공은 누구든지 달려가서 잡은 사람이 "얼음" 하고 외치면 공을 잡으려고 경합하던 사람을 공으로 쉽게 맞출 수가 있으므로 꼼짝 없이 세 번 연속 공에 맞을 수 있으니 조심해야 합니다.

▶▶▶ 놀이하는 지혜 : 지적과 알림의 차이

규칙을 어겨서라도 무조건 이겨야 한다는 생각을 가진 학생들이 많은 것이 사실입니다. 그러다 보니 놀이를 할 때 반칙을 하는 학생들이 항상 있습니다. 그때 지도자는 "야! 너 반칙이야. 나와!" 하는 식으로 해당 학생에게 규칙을 어긴 것을 지적하고 야단을 치기 쉽습니다. 이런 태도는 옳지 않습니다. 학생이 비록 규칙을 어겼어도 지도자로부터 꾸중을 듣게 되었을 때 큰 잘못을 저지른 것 같은 부정적인 느낌을 가지지 않도록 해야 합니다. 그보다는 학생이 자신이 규칙을 위반한 사실을 본인이 지각하고 인정할 수 있도록 하는 지혜가 필요합니다. 이를 위해 지도자는 법을 어긴 학생에게 그가 그렇게 한 사실을 알려 주어서inform 그가 이를 지각할 수 있도록 도와주어야 합니다. 그렇게 될 때 그 학생은 꾸중받고 야단맞는 불쾌한 느낌을 받지 않으면서도 자기가 잘못한 사실을 인정하고 고칠 수 있게 됩니다. 지도자는 학생들이 죄의식을 느끼지 않게 하면서 스스로 인정하고 책임을 질 수 있도록 도와줄 책임이 있습니다.

삼각대 쓰러뜨리기(2.2-172)

그림과 같이 길이 1m 정도의 막대기 3개를 직경 2m의 원안에 서로 기대어 세워 놓고 모둠당 10~15명씩 두 모둠으로 나누고 각각 자기 진영에서 마주 보고 섭니다. 시작이 되면 발로 공을 차서 상대편의 삼각대를 맞혀서 쓰러뜨리면 1득점이 되는데 시간을 정하지 않고 점수를 정해 놓고 할 수도 있습니다. 모든 선수들은 삼각대가 세워져 있는 원 안으로 들어갈 수 없으며, 전후반 15분 또는 20분이 적당합니다.

✂ 준비물 : 축구공, 삼각대 2개

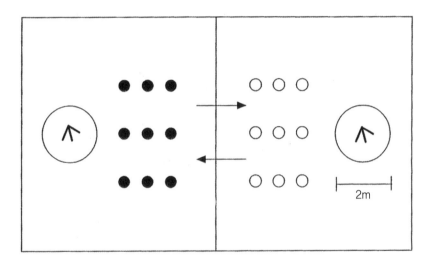

찜뽕(2.4-34)

고무공(또는 테니스공)으로 하는 야구입니다. 타자가 야구방망이로 공을 치는 것이 아니라 한손으로 공을 띄워서 떨어지는 공을 주먹으로 치는 방식으로 진행합니다. 두 모둠으로 나누고 공수를 정한 다음 공격 모둠 사람들이 돌아가면서 공을 칩니다. 타자가 공을 던져서 치기 때문에 투수는 필요가 없으며 도루나 인필드플라이가 없는 것 외에 정식 야구의 규칙을 따릅니다. 3아웃이 되면 공수 교대를 하고, 6~9이닝 정도로 정하여 겨루어 보세요.

✂ 준비물 : 테니스공

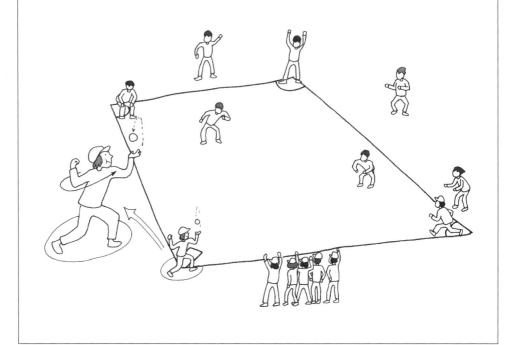

독 안에 든 쥐(2.4-127)

술래는 쥐가 되어서 원 안으로 들어가고 나머지 어린이들은 원 주위에 둘러섭니다. 시작이
되면 공을 던져서 술래의 허리 아래 부분을 맞히도록 합니다. 쥐를 맞힌 어린이는 새 술래
가 되어서 원 안으로 들어갑니다.

✂ 준비물 : 배구공 크기의 공

▶▶▶ **놀이하는 지혜**

어린 시절 우리가 놀았던 그때를 돌이켜 생각해 보세요. 놀이에서 지면 "한 번 더하자!"
고 하면서 다시 하였죠. 그래도 또 지면 "다시 한 번!" 이렇게 하면서 같은 놀이를 여러
번 반복했습니다. 그리고 상품을 주고받은 적이 없었습니다. 여기에 우리가 되돌려야 할
소중한 교훈이 담겨 있습니다. 놀이에서 놀이 외에 다른 보상이 개입되면 놀이는 변질되
고 도박으로 전락합니다. 이런 분위기에 젖은 학생들은 놀이를 즐기지 못합니다. 오로지

보상에만 집착하게 되어 "이기면 뭐 줘요?"라는 말을 하게 되고 지면 '잡쳤다'고 생각하게 되는 거지요. 승부에 큰 의미를 두지 않고 물질적 보상을 하지만 않아도 치열하게 경쟁하면서도 함께하는 즐거움을 가질 수 있습니다.

훌라후프 연결하기(2.2-31)

모둠당 5~10명씩 구성하여 모둠별로 정렬한 다음 각 모둠의 맨 앞사람에게 훌라후프를 목에 걸어 줍니다. 시작이 되면 그 사람은 훌라후프를 다리로 떨어뜨려서 발등에 건 다음 옆 사람의 목에 걸어 주는데 손을 사용할 수 없습니다. 이렇게 하여 어느 모둠이 제일 먼저 마치는지 겨루어 봅시다.

✄ 준비물 : 모둠 수만큼의 훌라후프(훌라후프 대신 밧줄로 만든 고리를 사용해도 좋습니다.)

도깨비 혼내주기(2.2-35)

8~15명씩 두 모둠으로 나누고 마주 보고 섭니다. 각 모둠 사람들은 고유번호가 있어서 지도자가 번호를 부르면 호명된 사람들은 눈가리개를 하고 더듬어서 몽둥이를 찾습니다. 몽둥이를 먼저 찾은 사람이 정해진 시간 내에 몽둥이로 상대방을 때리면 득점이 되고 만약 때리지 못하였을 때는 상대방이 오히려 점수를 얻게 됩니다. 안전을 위해 몽둥이는 손목만 흔들어서 때리도록 하십시오. 지도자는 간간이 몽둥이를 쉽게 찾을 수 없도록 몽둥이를 약간 옮겨 놓으세요.

✂ 준비물 : 눈가리개, 종이 몽둥이(2개)

▶▶▶ **놀이하는 지혜**

승부를 가리는 놀이에서 어떻게 하면 만남과 사귐, 협동이 이루어질 수 있도록 할 것인가를 가지고 오랫동안 고민해 왔습니다. 그런데 나는 그 고민을 어느 순간 어린 시절 친구들과 동네 골목길에서, 캠프에서, 공터에서 놀았던 놀이를 돌이켜보다가 통쾌하게 해결할 수 있었습니다. 그 해답은 아주 간단했습니다. 놀이에서 이긴 모둠이나 사람에게 이겼다고 알려 주고 그냥 넘어가면 경쟁놀이의 폐해에서 벗어날 수 있습니다. 경쟁은 놀이의 조건인 것이지 목적이 되어서는 안 됩니다. 이기고 지는 것은 문제가 되지 않습니다. 경쟁놀이에서도 규칙을 잘 지키는 가운데 하게 되면 사람은 진솔한 만남과 사귐을 가지게 되고 우정을 나눌 수 있게 된답니다. 승부에 집착하거나 보상에 관심을 가지게 되면 공동체는 깨져 버리고 놀이는 왜곡되어 버립니다.

골목대장(2.2-42)

인원수를 감안하여 원을 적당한 크기로 그리고 그 안에 모든 사람이 들어갑니다. 시작이 되면 사람들은 서로 밀거나 잡아당겨서 다른 사람들을 원 밖으로 내보냅니다. 원 밖으로 밀려나거나 선에 발이 닿은 사람은 즉시 나가도록 하세요. 이렇게 하여 누가 가장 마지막까지 살아남는지 겨루어 봅시다. 이 놀이는 모둠으로 나누어 겨루기를 할 수도 있습니다.

02 : 잡기 · 치기 놀이

오재미 낚아채기

두 모둠(5~10명)으로 나누고 모둠별로 어린이들은 각기 고유번호를 가집니다. 지도자가 숫자를 부르면 그 번호에 해당되는 어린이가 놀이터 중앙으로 달려 나와서 상대 모둠 어린이에게 붙잡히지 않고 중앙 바닥에 놓여 있는 오재미를 집어서 제자리로 돌아오면 그 모둠은 1점을 얻습니다. 반대로 상대편에게 붙잡히면 1점을 빼앗아 갑니다. 오재미를 집었다가 놓친 경우에는 상대편에게 점수가 돌아갑니다.

준비물 : 오재미
모둠 형태 : 5~10명씩 두 모둠을 구성

대문 닫기(2.4-117)

술래를 제외한 나머지 어린이들은 집 안으로 모두 들어가 있습니다. 집에는 문이 2~3개 있어서 집 안의 어린이들은 문을 마음대로 열고 드나들 수 있지만, 집 밖에 있는 술래는 자기 마음대로 문을 열고 집 안으로 들어갈 수 없습니다. 그러므로 술래는 집 문이 열렸을 때를 틈 타 집 안으로 들어가야 합니다. 문은 2개의 돌멩이가 붙어 있으면 닫혀 있고, 떨어져 있으면 열려 있는 것입니다. 시작이 되면 어린이들은 계속 문을 여닫으면서 집을 들락날락하게 되는데 이때 술래는 이들을 쫓아가서 잡아야 합니다. 집 안의 어린이들이 실수로 문을 열어 놓으면 술래는 이 틈을 타서 집 안으로 들어갈 수 있습니다. 그러면 어린이들은 술래를 피하여 집 밖으로 모두 빠져나가서 다시 돌아와야겠지요. 이렇게 하여 술래에게 잡힌 어린이가 새 술래가 되어서 다시 합니다.

✂ 준비물 : 작은 돌멩이 6개
인원 : 10~15명

큰길과 오솔길(2.2-68)

술래 두 사람을 정하여 각각 토끼와 여우가 되어서 나머지 사람들이 그림과 같이 인간 미로를 만들어서 옆 사람과 손을 잡고 정렬한 곳 반대편에 섭니다. 시작이 되면 여우는 토끼를 잡으러 인간 미로를 따라 뛰어가고 토끼는 도망을 치는데 토끼가 잡힐 것 같으면 지도자는 '큰길'과 '오솔길'을 외쳐서 여우가 토끼를 잡을 수 없도록 도와줍니다. 즉 술래가 "큰길"이라고 외치면 사람들은 오른쪽 방향으로 몸을 돌려서 옆 사람과 손을 잡고, "오솔길"하고 외치면 사람들은 왼쪽 방향으로 몸을 돌려서 옆 사람의 손을 잡는 것입니다. 이렇게하여 여우가 술래를 잡을 때까지 계속하다가 잡히게 되면 다시 토끼와 여우를 정하여 계속해 보세요.

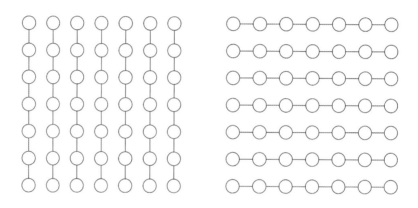

도깨비 방망이(2.2-72)

둥글게 둘러앉은 다음 원 가운데에 휴지통을 뒤집어 놓고 그 위에 신문지를 둘둘 말아서 만든 방망이를 하나 놓아둡니다. 술래 한 사람이 도깨비가 되어서 방망이를 들고서 돌아다니다가 아무 사람이나 느닷없이 무릎을 치고 달아납니다. 달아날 때는 반드시 방망이를 휴지통 위에 놓아야 하는데 방망이를 떨어뜨리면 술래가 다시 해야 합니다. 느닷없이 방망이에 맞은 사람은 즉시 자리에서 일어나 술래를 잡으러 갑니다. 술래를 잡지 못하면 그 사람이 다시 술래(도깨비)가 되어서 계속합니다.

✂ 준비물 : 신문지

바가지 돌리기(2.2-91)

이 놀이는 〈수건 돌리기〉와 같습니다. 다만 수건 대신 바가지를 사용하는 것이 다릅니다. 모두 둥글게 앉고 술래가 바가지에 물을 가득 담고 원 밖을 돌아다니다가 갑자기 바가지에 담긴 물을 한 사람의 머리에 쏟아 붓고 바가지를 버리고 달아납니다. 물세례를 받은 사람은 바가지를 들고 술래를 쫓아가서 잡습니다. 술래는 원을 한 바퀴 돌아서 빈자리에 앉으면 되고, 술래는 그 전에 잡아야 합니다. 잡히면 술래가 다시 하고, 못 잡으면 술래가 바뀌어서 다시 하면 됩니다.

✄ 준비물 : 바가지, 물을 가득 채운 양동이

무지개축구(2.2-34)

두 모둠에게 색깔이 다른 풍선을 하나씩 나누어 주고 불도록 합니다. 풍선들을 모두 농구 코트 중앙에 섞어 놓고, 각 모둠에서 골키퍼가 한 사람씩 나와서 엔드라인에서 약간 떨어진 곳에 직경 2m의 원을 그리고 중앙에 큰 그릇을 놓습니다. 시작이 되면 두 모둠은 풍선을 손으로 쳐서 자기 모둠 골키퍼에게로 전달하면 골키퍼는 풍선을 잡아서 그릇에 담습니다. 단, 골키퍼는 원을 벗어날 수 없습니다. 풍선을 손으로 잡을 수 없으며 손으로 쳐서 이동해야 하는데 상대 모둠의 풍선은 밟아서 터뜨릴 수 있습니다. 당연히 그릇에 풍선을 많이 담은 모둠이 이기게 되지요.

✂ 준비물 : 풍선(인원수만큼)

얼음 땡(2.4-9)

술래 외에 나머지 어린이들은 모두 놀이터에 흩어집니다. 시작이 되면 술래는 친구들을 쫓아가서 잡아야 합니다. 쫓기는 어린이가 술래에게 잡히기 직전에 "얼음" 하고 외치면서 그 자리에 서면 죽지 않습니다. 그 대신 그 어린이는 얼어 버려서 그 자리에 꼼짝하지 않고 서 있어야 합니다. 그러면 살아 있는 친구 중에 하나가 손으로 치면서 "땡" 하고 외치면 다시 살아나서 도망갈 수 있습니다. 이렇게 하다가 잡힌 어린이가 다시 술래가 됩니다.

아이를 찾습니다(2.4-6)

어린이들은 둥글게 둘러앉고 술래가 원 밖에 서서 돌아다닙니다. 그러다가 한 어린이의 등을 두드리면서 "우리 집 순이 못 보았소?" 하고 물으면 그 사람은 "예, 보았지요."라고 대답합니다. 술래가 "어떤 옷을 입었나요?" 하고 다시 물으면 그 어린이는 "빨간 양말을 신고 있지요."(예)라고 말하면 빨간 양말을 신고 있는 어린이는 그 소리를 듣자마자 자리에서 일어나 원을 한 바퀴 돌아서 제 자리로 돌아옵니다. 이때 술래는 이 친구를 찾아가서 잡아야 하는데 잡으면 그 친구가 술래가 되고, 잡지 못하면 다시 술래가 되어서 계속합니다.

동물 나라(2.2-60)

여러 모둠으로 나누고 각 모둠에게 종이를 끼운 바인더와 연필을 하나씩 나누어 주십시오. 지도자는 사전에 〈보물 찾기〉를 준비하는 것과 같은 방법으로 보물 쪽지들을 행사 장소에 감추어 둡니다. 쪽지에는 숲 속에 사는 온갖 동물(또는 곤충)들의 이름이 적혀 있습니다. 같은 동물을 여러 개씩 준비해 두어도 무방합니다. 동물의 종류는 현존하는 동물들만 아니라 멸종된 동물(공룡 따위)들도 몇 가지 끼워 놓으십시오. 쪽지에 이름만 적어 놓기보다는 동물들의 그림을 예쁘게 그려 놓는 것이 좋습니다. 감추는 방법은 바위 틈, 관목, 넓은 나뭇잎 뒷면, 나뭇가지 틈새와 같이 눈에 잘 띄지 않는 곳에 압정이나 테이프를 가지고 붙여 둡니다. 시작이 되면 모둠 사람들은 흩어져서 조심조심 돌아다니면서 쪽지를 찾습니다. 이 놀이는 다른 〈보물 찾기〉와는 달리 쪽지를 찾은 사람은 그 쪽지를 집어들 수 없으며 다만 그 동물의 이름과 장소만 확인하고 놓습니다. 쪽지를 찾은 사람은 조장에게 달려가서 동물의 이름과 찾은 장소를 알려 주면 조장은 이를 종이에 기록하도록 합니다. 이때 이것을 다른 모둠이 눈치채지 않도록 해야 한다는 것입니다. 그러니 은밀하게 소곤소곤 알려 주세요. 시간은 20~30분 정도가 적당하며 모든 모둠이 한자리에 모여 어디에 무슨 동물이 있었는지를 확인하여 채점을 합니다. 지도자는 시작하기 전에 쪽지를 발견한 사람은 다른 모둠 사람들이 그 쪽지를 찾지 못하도록 없애 버리거나 흙이나 낙엽으로 덮어 놓는 식의 반칙을 범하지 않도록 알려 주십시오.

✂ 준비물 : 바인더, 연필, 종이(모둠 수만큼), 그리고 동물(또는 곤충)의 이름을 적은 쪽지들
모둠 형태 : 3~5명으로 구성된 여러 모둠

동그라미 밟기(2.4-7)

어린이들은 모두 손을 잡고 둥글게 원을 만들고 그 안에는 직경 2~3m의 작은 원이 그려져 있습니다. 시작이 되면 어린이들은 손을 잡고 시계 방향 또는 반대 방향으로 돌면서 함께 노래를 부릅니다. 지도자가 갑자기 "밀어라!" 하고 외치는 순간 어린이들은 손을 잡고 있는 상태에서 좌우의 친구들을 밀어서 작은 원 안으로 집어넣습니다. 원 안에 발이 닿은 어린이는 죽습니다. 지도자가 "그만!" 하고 외치면 중단하고 죽은 어린이는 잠시 원 밖으로 나가 있습니다. 나머지 어린이들은 손을 잡고 돌면서 노래를 부르면서 다시 시작합니다. 이렇게 하여 마지막까지 누가 끝까지 살아남는지 알아봅시다.

돌아 돌아(2.4-149)

모두 손을 잡고 둥글게 둘러앉고 술래가 원 밖에 서 있도록 합니다. 시작이 되면 술래는 원 밖을 어슬렁거리다가 손으로 잡고 있는 손목을 치면 두 어린이는 즉시 자리에서 일어나 서로 반대 방향으로 달려가서 제 자리로 돌아와 앉아야 합니다. 이때 술래는 그 자리에 여유있게 앉을 수 있으므로 빨리 돌아온 한 사람만이 제자리를 차지할 수 있게 되고 나머지 어린이가 새 술래가 됩니다. 제 자리에 되돌아갈 가능성이 없어 보일 때는 달리던 중에 다른 사람들의 손목을 칠 수도 있습니다. 그렇게 되면 한꺼번에 네 어린이가 달리게 됩니다.

인원 : 20~30명

쥐새끼를 잡아라(2.4-148)

두 모둠 중에서 한 모둠이 쥐덫이 되어서 원대형으로 손을 잡고 둘러섭니다. 나머지 한 모둠은 쥐들이 됩니다. 쥐덫이 된 어린이들은 옆 사람들과 잡은 손을 들고 있도록 하는데 이때 쥐들은 마음대로 그 아래로 들락날락할 수 있습니다. 그러다가 지도자가 "잡아라!" 하고 외치면 쥐덫이 된 어린이들이 들고 있던 손을 급히 내려놓습니다. 이렇게 하여 원 안에서 빠져나오지 못한 어린이는 쥐덫에 걸려서 붙잡힙니다. 잡힌 어린이들은 쥐덫이 되며 마지막 쥐가 잡힐 때까지 계속합니다. 모두 잡히면 쥐덫과 쥐들이 역할을 바꾸어서 같은 방법으로 다시 해 봅시다.

무릎싸움(2.4-30)

'닭싸움'이라고도 하는 이 놀이는 두 손으로 한쪽 발을 잡은 상태에서 다른 사람을 무릎으로 쳐서 넘어뜨리는 겨루기입니다. 〈무릎싸움〉은 두 사람이 겨루기와 모둠을 나누어서 겨루기가 있습니다. 모둠으로 나누어서 각각 놀이터 양편에 서고 한 사람씩 나와서 겨룹니다. 발에서 손을 떼거나 두 발이 땅에 닿으면 지게 됩니다. 이긴 사람은 다음 사람과 다시 겨루게 되며 이렇게 하여서 한쪽 모둠 사람이 모두 질 때까지 계속합니다.

이웃사촌 놀이 │ 그물놀이(2.4-1), 문어들의 사냥(2.4-136), 고양이와 쥐(2.4-002), 꼬리치기(2.2-142), 빨간 손수건을 피해라(2.2-064), 돌아 잡기(2.4-078), 헹가래 배구(2.2-159), 자리 바꾸기(2.4-004), 여우야 여우야 뭐하니(2.4-028), 꼬리잡기(2.4-033), 진놀이(2.4-040), 전쟁놀이(2.4-041), 38선 놀이(2.4-061), 돌아잡기(2.4-078), 곤봉 맞히기(2.5-003), 미친 말(2.5-035)

03 : 이어달리기 놀이

엿 먹이기(2.4-11)

엿을 물고 반환점을 돌아오는 이어달리기 놀이입니다. 반환점에 콩가루에 엿을 묻어 놓은 접시 2개를 탁자 위에 놓아둡니다. 시작이 되면 양 모둠 맨 앞에 있는 어린이는 신속히 반환점으로 달려가서 콩가루에 묻혀 있는 엿을 찾아서 입에 물고 출발선으로 달려와서 다음 친구와 교대합니다. 손은 사용하지 마십시오.

✂ 준비물 : 접시, 콩가루, 엿, 테이블

번호 바꾸기(2.4-42)

두 모둠으로 나누어서 각자 15m 정도 떨어진 위치에서 평행선을 하나씩 차지하여 마주보고 정렬합니다. 모둠별로 어린이들은 각자 자기 번호를 가집니다. 두 모둠 중간 지역에는 작은 깃발(또는 의자)을 하나 놓아둡니다. 지도자가 번호를 부르면 그 번호에 해당되는 어린이들은 자리에서 뛰어나와 깃발(의자)을 돌아서 제 자리로 돌아갑니다. 먼저 도착한 어린이의 모둠이 1점을 얻게 됩니다. 같은 방식으로 계속해 보다가 단순히 뛰지만 말고, "3번, 앙감질", "6번, 오리걸음" 하는 식으로 바꾸어서 해 보아도 재미있답니다.

✂ 준비물 : 깃발 또는 의자 1개

뒤집어쓰기

두 모둠으로 나누고 10m 간격을 두고 마주 보고 섭니다. 시작이 되면 각 모둠에서 첫 번째 사람이 커다란 마대(부대자루)가 놓여 있는 중간지점으로 달려가서 마대를 뒤집어쓰고 벗기를 3번 하고 자기 모둠으로 돌아와서 다음 사람과 교대합니다. 이 놀이는 여러 모둠이 동시에 할 수 있으며, 두 모둠인 경우에는 마대 3개, 세 모둠이면 4개, 네 모둠이면 5개의 마대를 중앙지점에 놓아두십시오.

✂ 준비물 : 마대(4~6개)

지네 행렬

모든 모둠은 이어달리기 대형으로 서고 두 손과 발을 모두 땅에 대고 앉은 상태에서 양 손으로 앞 사람의 발꿈치를 잡으면 영락없는 지네 모양이 됩니다. 시작이 되면 이런 상태에서 반환점을 돌아옵니다. 앞으로 나아가다가 한 사람도 떨어지지 않도록 하십시오. 이 놀이는 두 사람, 또는 3~5명이 함께할 수 있으며 잔디밭에서 하는 것이 안전합니다.

감자 골프

지도자는 출발선에서 6m 떨어져 있는 곳에 선(사격선)을 그리고 그 선에서 1m 떨어진 곳에 동그란 과녁을 2개 그립니다. 과녁의 점수는 맨 안쪽의 가장 작은 원이 15점, 그다음이 10점, 세 번째 원이 5점입니다. 두 모둠으로 나누고 출발선에 정렬합니다. 출발선에는 끝이 휘어져 있는 막대기와 감자를 하나씩 놓아둡니다. 시작이 되면 첫 번째 주자는 막대기로 감자를 사격선까지 몰고 가서 과녁을 향해 감자를 칩니다. 감자는 동그랗지가 않기 때문에 감자를 과녁에 집어넣는 것이 쉽지 않습니다. 감자가 들어간 위치에 따라 점수가 정해지며 지도자는 이를 기록해 둡니다. 사격선에서 감자를 친 다음에 주자는 신속하게 감자와 막대기를 들고 출발선으로 돌아와서 다음 사람과 교대하십시오. 이 놀이는 골프와는 달리 많은 점수를 얻는 것이 좋지요.

✂ 준비물 : 감자, 막대기(모둠 수만큼)

물 나르는 처녀

각 모둠의 첫 번째 사람들에게 물이 들어 있는 종이컵 1개와 풍선을 나누어 줍니다. 시작이 되면 머리에 물컵을 이고 가랑이에는 풍선을 끼운 상태에서 조심조심 반환점을 돌아오는 것입니다. 물컵을 떨어뜨린 경우에는 즉시 그 자리에 서고 자기 모둠 사람이 달려가서 물컵에 다시 물을 채워서 머리에 얹고 다시 시작합시다.

✂ 준비물 : 물컵과 풍선(모둠 수만큼)

다람쥐 쳇바퀴

대형 종이상자를 이용하여 다람쥐가 쳇바퀴를 굴리듯이 그 안에 들어가 종이상자를 굴려서 반환점을 돌아오는 놀이입니다. 돌아올 때는 반대 방향으로 종이상자를 굴려서 돌아옵니다. 놀이를 시작하기 전에 종이상자의 크기에 따라 무릎을 꿇고 굴리거나, 허리를 굽힌 채로 서서 굴리거나, 2명이 들어가서 같이 굴리는 등의 방법을 정해 놓습니다. 종이상자는 찢어지기 쉽고, 스테이플러 철사 침에 찔릴 수 있으므로 테이프로 외부를 감싸 두고 여분으로 몇 개 더 준비해 두도록 하십시오.

✂ 준비물 : 같은 크기의 커다란 종이상자 여러 개

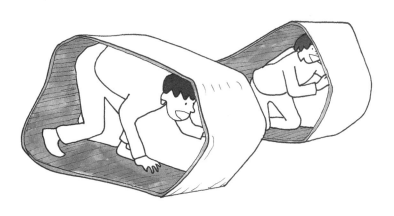

럭비공 굴리기

모둠 별로 럭비공과 막대기를 하나씩 나누어 주고 이어달리기 대형으로 정렬합니다. 시작이 되면 각 모둠에서 첫 번째 사람이 나와서 막대기로 럭비공을 굴려서 반환점을 돌아옵니다. 발로 럭비공을 차서는 안 됩니다. 어느 모둠이 가장 먼저 마치는지 겨루어 봅시다.

✂ 준비물 : 럭비공과 막대기(모둠 수만큼)

깡충깡충

커다란 부대자루를 모둠 수만큼 준비하여 출발선에 놓아두고 모둠별로 출발선에 정렬합니다. 시작이 되면 열 첫 번째 사람부터 시작하여 마지막 사람까지 반환점을 돌아옵니다.

✂ 준비물 : 부대자루(모둠 수만큼)

징검다리

각 모둠의 첫 번째 사람에게 헌 잡지를 세 권씩 나누어 줍니다. 참가자들은 목적지까지 종이(잡지 또는 신문지)를 밟고서만 움직일 수 있습니다. 즉 한 권의 잡지를 자신의 앞으로 던진 다음 그 종이 위를 밟고 섭니다. 이렇게 하여 책을 앞으로 던지면서 그 위로 걸어가는 것입니다. 이렇게 하여 반환점을 돌아오는데 밟았던 종이는 주워서 다시 앞으로 놓으면서 출발선으로 돌아옵니다. 발이 땅에 닿은 사람은 그 자리에 서서 큰 목소리로 10까지 센 다음 다시 시작합니다.

✂ 준비물 : 헌 잡지 또는 신문지

깡통 치기

반환점에 모둠 수만큼의 깡통을 세워 놓으십시오. 시작이 되면 첫 번째 주자들은 눈가리개를 하고 출발선에 있는 막대기를 들고 조심조심 깡통이 있는 곳으로 다가갑니다. 이때 동료들은 자기 편 사람이 깡통에 바로 접근할 수 있도록 큰 소리로 방향을 알려 주세요. 깡통에 도달하여 막대기로 깡통을 맞힌 사람은 그 자리에서 눈가리개를 벗고 반환점으로 돌아와서 다음 사람과 교대합니다.

✂ 준비물 : 눈가리개와 깡통(인원수만큼)

보물 캐기

반환점에는 쪽지들을 넣어 둔 종이상자를 넣어 두십시오. 시작이 되면 첫 번째 사람들은 반환점으로 달려가서 상자 안에 들어 있는 쪽지를 한 장 꺼내서 자기 모둠으로 돌아옵니다. 이때 반환점에서 쪽지를 펴 보아서는 안 됩니다. 자기 모둠으로 돌아온 사람들은 쪽지를 펴보고 거기에 적힌 물건을 구해 옵니다. 이때 모둠 사람들은 그 물건을 빨리 찾을 수 있도록 도와주십시오. 이렇게 하여 가장 먼저 물건을 구해 온 사람의 모둠이 1점 얻게 되며 같은 방법으로 여러 번 계속합니다. 쪽지들 중에는 가끔씩 '꽝'이라고 적어 놓은 쪽지라든지, '춤 잘 추는 사람', '발이 큰 사람'과 같이 사람을 찾는 내용을 넣어 두어도 재미있습니다.

✂ 준비물 : 물건이름을 적은 쪽지들

풍선 쓸기

시작이 되면 참가자들은 풍선을 빨리 불어서 묶은 다음 풍선을 빗자루로 쓸어서 반환점으로 돌아옵니다. 풍선은 가볍기 때문에 의외로 많은 시간이 걸립니다. 출발점과 반환점까지의 거리는 8~10m 정도가 적당하며, 풍선을 쓸다가 터지게 되면 그 자리에서 풍선을 불어서 다시 시작합니다.

✂ 준비물 : 풍선, 빗자루

▶▶▶ 놀이하는 지혜

승부를 가리는 겨루기 놀이를 하다 보면 불평불만의 소리가 나오기 쉽습니다. 누가 선을 밟았느니, 건드렸느니, 시간이 지났다느니, 속였다느니 하는 항의가 자주 나옵니다. 그 중에서 한쪽이 너무 기울어서 매번 형편없이 지게 되면 지도자는 난감해집니다. 그래서 안쓰러운 생각에 슬쩍 이긴 것처럼 조작하기 쉽습니다. 어느 정도 승부에 균형을 맞추려는 생각에서지요. 그런데 이것은 어느 누구에게도 도움이 되지 않고 오히려 해가 됩니다. 어떤 경우에도 놀이규칙은 공정하고 엄격하게 지켜져야 합니다. 승패와 관계 없이 놀이를 즐길 수 있도록 하는 것이 지도자의 역할입니다.

M · E · M · O

어린 시절 골목을 휘젓고 다니면서 놀았던 기억이 새롭습니다. 골목처럼 〈숨바꼭질〉 놀이를 하기에 안성맞춤인 곳은 없지요. 골목 구석구석에는 몸을 숨길 수 있는 은밀한 곳이 무궁무진했었지요. 하다 못해 술래에게 잡히지 않으려고 악취 나는 시멘트 쓰레기통에 숨기도 했으니까요. 이제는 그런 골목들을 찾아보기가 어렵게 되었습니다. 골목에서 놀았던 그리운 놀이들을 여기에 소개합니다.

우리 속 호랑이(2.4-26)

직경 2m 정도 되는 원을 그리고 술래는 호랑이가 되어서 원 안으로 들어갑니다. 어린이들은 신발을 하나씩 벗어서 원 중앙에 던져 넣습니다. 시작이 되면 원 밖에 있는 어린이들은 호랑이(술래)에게 잡히지 않도록 주의하면서 원 안에 있는 자기 신발을 빼내야 합니다. 반대로 술래는 이들이 신발을 빼앗지 못하도록 침입하는 어린이들을 손으로 쳐야 합니다. 따라서 서로 자기 신발만 빼낼 것이 아니라 술래를 유인하는 협공작전을 벌이는 것이 도움이 됩니다. 술래에게 잡힌 어린이는 술래가 되어서 계속하게 되며, 끝까지 술래가 잡지 못하면 마지막 1개 남은 신발의 주인공이 술래가 됩니다.

발자국 뛰기(2.4-29)

어린이들이 출발선에서 열 걸음을 힘차게 뛰어서 그 자리에 서 있습니다. 이어서 술래가 아홉 걸음을 뛰고 그 자리에서 두 발을 모으고 선 다음 손을 내밀어 친구를 손으로 치면 그 사람이 술래가 됩니다. 여러 사람이 동시에 잡히면 그들 중에서 한 어린이가 술래가 됩니다. 한 어린이도 잡지 못하는 경우에는 술래가 "한 발 앞으로 나와라!"라고 외칩니다. 그러면 어린이들은 출발선으로 달려가야 하는데 모든 어린이들이 동시에 뛰지 않아도 됩니다. 어린이들은 각자 술래를 피해 한두 사람씩 출발선을 향해 달려가는데 그러다가 붙잡힌 사람이 술래가 됩니다. 문제는 마지막까지 남은 어린이입니다. 꼼짝없이 잡힐 수밖에 없으므로 출발선으로 무사히 돌아간 어린이들은 다시 나와서 술래를 성가시게 만듦으로써 친구가 잡히지 않고 출발선으로 도와줄 수 있지요. 이렇게 하고도 술래가 한 사람도 잡지 못하면 술래를 다시 해야 합니다.

인원 : 5~10명

뒷씨름(2.4-36)

두 모둠으로 나누고 각 모둠에서 한 사람씩 나와서 직경 2m 정도의 원 안에 들어가 팔짱을 끼고 서로 등을 대고 섭니다. 시작이 되면 엉덩이로 밀치고 때려서 상대방을 원 밖으로 내쫓습니다. 상대방을 원 밖으로 내몬 어린이는 1점을 얻게 되고 다음 상대와 다시 겨룹니다. 손은 사용하지 않도록 하며 여러 명이 동시에 할 수도 있습니다. 이때는 인원을 감안하여 원의 크기를 적당하게 조절하세요.

오리망(2.4-62)

땅바닥에 여러 칸의 사각형을 그린 놀이판을 만들고, 그 안에 돌멩이를 던져 놓고 앙감질로 돌멩이를 쳐서 옮겨가는 놀이입니다. 오리망은 전국적으로 퍼져 있어서 종류가 여러 가지 있으나, 그 대표적인 예를 설명하면 다음과 같습니다. 말을 1칸에 던져 놓고 앙감질로 2번 칸에 보냅니다. 이때 말이 선 밖으로 나가거나 선에 닿으면 실격이며 다음 사람이 이어서 합니다. 이렇게 3, 4, 5, 6, 7, 8의 순서로 앙감질로 전진하는데 3번 칸에서는 4, 5, 6을 거치지 않고 7번으로 건너뛸 수도 있습니다. 3번 칸에서 건너뛰어 7번 칸으로 말을 보내면 다리를 벌려 4, 5번 칸을 두 발로 딛고 앙감질로 6, 7칸으로 건너가서 말을 맨 끝 칸인 8번 칸으로 보냅니다. 3번 칸에서 될 수 있는 한 적은 칸수를 거쳐 8번 칸에 이르는 어린이가 이깁니다.

✂ 준비물 : 말(납작한 돌멩이)
인원 : 2~10명

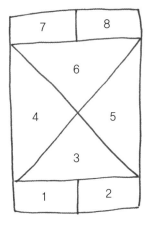

굴 빠지기(2.4-119)

2~4모둠으로 나누고 각 모둠은 두 사람씩 손을 잡고 마주 보고 정렬합니다. 시작이 되면 열 맨 뒤쪽의 두 어린이는 손을 잡고 친구들이 잡고 있는 손 밑을 통과하여 열 맨 앞쪽으로 빠져나와서 다시 두 어린이가 양손을 붙잡습니다. 그러면 다음 번 두 어린이는 같은 방법으로 굴을 통과하는데, 이렇게 하여 어느 모둠이 가장 먼저 마치는지 겨루어 봅시다.

인원 : 40~60명

각도기 사방치기(2.4-77)

〈사방치기〉는 주로 여자 어린이들이 전국적으로 즐기던 놀이입니다. 그중에서 〈각도기 사방치기〉는 두 사람 또는 두 모둠으로 나누어서 할 수 있습니다. 〈가위바위보〉로 공수를 정하여 이긴 사람(모둠)이 '집' 칸 밖에서 일렬로 선 다음 한 사람씩 차례대로 납작한 돌을 '집' 칸에 던져 넣습니다. 다음에는 첫 번째 사람부터 앙감질로 돌을 차서 한 칸 한 칸 넘어갑니다. 마지막 칸까지 무사히 도착 하였으면 '달'이나 '해' 칸 어느 한쪽으로 돌을 차서 넣어야 합니다. 돌이 '달' 칸으로 들어가면 오던 길로 되돌아와서 1번 칸에서 '해' 칸을 거쳐서 '달' 칸으로 건너갑니다. 일단 '달' 칸에 도착하면 앙감질인 채로 돌을 차서 집으로 들여보내면 첫 번째 관문은 통과한 것입니다. 그런데 마지막 칸에서 찬 돌이 '해' 칸으로 들어갔으면 '달'을 거쳐서 '해' 칸으로 넘어와서는 두 발을 모두 땅에 댈 수 있습니다. '해' 칸에 들어와서는 손으로 돌을 집으세요. 발등에 돌을 얹어 놓고 발을 치켜들어서 공중에 뜬 돌을 손으로 다시 잡습니다. 그런 다음, 앙감질로 반대 순서대로 집에까지 되돌아오면 비로소 첫 번째 관문을 통과한 것이 됩니다. 이런 방법으로 다시 돌을 1번 칸에 던져 놓고 같은 방법으로 계속하여 마지막 칸까지 먼저 마친 사람이 이깁니다. 4, 6, 8명이 두 모둠으로 나누어서 할 수 있으며, 진행 중에 돌이 선에 닿거나 선을 발로 밟으면 죽습니다.

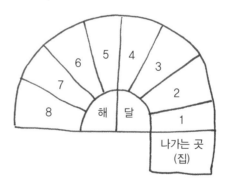

먼저 달팽이 모양의 선을 땅바닥에 크게 그려 놓습니다. 두 모둠으로 나누어서 각각 자신의 진지(1), (2)에 들어갑니다. 시작되면 양 모둠에서 한 사람씩 상대 모둠의 진지를 향하여 힘차게 뛰어갑니다. 그러다가 만나는 지점(3)에서 두 사람은 마주 보고 〈가위바위보〉를 하고, 이긴 사람은 바로 "이겼다!"라고 외친 다음 계속해서 상대방의 진지를 향해 뛰어갑니다. 진 사람은 곧바로 놀이터 밖으로 나가도록 하며, 진 모둠에서는 상대방의 "이겼다!" 소리가 들리자마자 한 어린이가 진지에서 뛰어나가서 돌격해 오는 적과 마주쳐야 합니다. 이렇게 하여 마주친 장소에서 또 〈가위바위보〉를 하며, 결국에는 상대 모둠의 진지를 먼저 밟은 모둠이 이기게 됩니다. 진지를 밟기도 전에 상대 모둠의 어린이들을 모두 이기는 경우도 마찬가지입니다. 선을 밟은 어린이는 즉시 놀이터 밖으로 나가도록 합시다.

인원 : 10~20명

이사 가는 날(2.4-120)

3~6명으로 3모둠을 만들어서 놀이터의 네 귀퉁이에 그려놓은 원 안에 들어갑니다. 한 원은 비워 놓는데 지도자는 3모둠에게 각각 동, 서, 남으로 이름을 지어 주고 비어 있는 원을 '북'으로 정합니다. 그런 다음 한 어린이가 술래가 되어서 운동장 중앙에 서 있도록 합니다. 지도자가 동, 서, 남 가운데 한 모둠을 부르면 그 모둠 어린이들은 재빨리 '북'으로 자리를 옮겨야 합니다. 이때 술래는 원래의 자리를 떠나 이동하는 어린이들을 잡아야 합니다. 술래는 잡은 어린이와 역할을 바꾸어서 잡힌 모둠에 들어가고 잡힌 어린이가 술래가 되어서 계속합니다. 지도자는 한꺼번에 두 모둠을 부를 수도 있는데 이때는 먼저 부른 모둠이 비어 있는 원으로, 두 번째로 호명된 모둠은 지도자가 먼저 부른 모둠의 자리로 이동합니다.

인원 : 10~20명

토끼 꼬리(2.4-123)

두 모둠으로 나누고 각 모둠은 안전지대와 감옥을 가집니다. 그리고 중앙에는 중립지대가 있습니다. 모든 어린이에게 천 조각(길이 20~30cm)을 나누어 주고 허리 뒤춤에 끼워 넣도록 합니다. 소위 토끼 꼬리인데 허리벨트에 묶어서는 안 됩니다. 모둠별로 천 색깔을 달리하여 모둠을 구별할 수 있도록 하세요. 이제 어린이들은 모두 중립지대로 들어가서 상대 모둠의 꼬리를 사냥합시다. 꼬리를 빼앗긴 어린이는 곧바로 상대방 감옥에 갇히게 됩니다. 상대 모둠에 꼬리를 빼앗기지 않고 무사히 들어가서 붙잡힌 동료들을 구출해 낼 수 있습니다. 구출자가 감옥에서 빠져나온 어린이와 함께 손을 잡고 자기 모둠 안전지대로 돌아오면 두 사람은 살아나게 됩니다. 상대 모둠 어린이들을 모두 체포하거나 일정 시간 내에 포로들을 더 많이 가진 모둠이 승리하게 됩니다. 이 놀이는 3~4모둠으로 진행할 수 있으며, 이때는 사각형 놀이터의 4개변을 한 변씩 차지하게 되고 모둠별로 안전지대와 감옥을 1개씩 가집니다.

준비물 : 인원수만큼의 천 조각(모둠별로 색깔이 달라야 합니다.)

인원 : 20~40명

누구지?(2.4-128)

술래를 제외한 모든 어린이들이 둥글게 서서 손을 잡습니다. 술래가 눈가리개를 하고 원 안으로 들어가고 어린이들은 노래를 부르면서 빙글 돌다가 술래가 "동작 그만!" 하고 외치면 그 자리에 섭니다. 눈을 감고 있는 술래는 그 자리에서 돌다가 손가락으로 한 방향을 가리킵니다. 손가락으로 지적당한 어린이는 술래에게 걸어가서 "나는 당신과 친한 친구지요. 내가 누구일까요?" 하고 말하는데 술래가 눈치채지 못하도록 가짜 목소리를 냅니다. 그러면 술래는 그 목소리를 듣고 "그럼요, 너는 내 친구 ○○지요." 하고 대답합니다. 술래가 바로 맞추면 술래가 바뀌고 맞추지 못하면 술래는 다시 하도록 합니다.

준비물 : 눈가리개

인원 : 10~15명

오재미 넣기

선에서 3m 정도 떨어진 곳에 직경 40cm 정도 되는 원을 그려 놓으세요. 그런 다음 어린이들이 순서를 정하여 선에 서서 오재미(모래주머니)를 던져서 원 안으로 들어가도록 합니다. 한 어린이가 다섯 번씩 던져서 원 안으로 들어간 수만큼 점수를 얻게 됩니다. 이렇게 하여 누가 가장 많은 점수를 얻는지 겨루어 봅시다.

준비물 : 오재미
인원 : 5~10명

토끼와 사냥꾼(2.4-132)

토끼와 사냥꾼을 정하고 나머지 어린이들은 모두 손을 잡고 원대형으로 섭니다. 토끼는 원 안에 들어가 있고 사냥꾼은 원 밖에 서 있도록 합니다. 시작이 되면 사냥꾼은 토끼를 잡으려고 달려드는데 어린이들은 불쌍한 토끼가 잡히지 않도록 도와줍니다. 원을 그리고 서 있는 어린이들은 토끼가 쉽게 도망갈 수 있도록 손을 들어 통로를 만들어 주는 대신, 사냥꾼은 쉽게 따라갈 수 없도록 손으로 막아 주십시오. 토끼가 사냥꾼에 잡히면 다른 두 어린이와 교대하여 계속해 봅시다. 경우에 따라서는 토끼 한 마리에, 사냥꾼 두 사람으로 할 수 있습니다.

겨울잠 자는 곰 찾기(2.4-131)

울창한 숲 속에서 하기에 꼭 알맞은 놀이입니다. 술래가 곰이 되어서 어린이들이 100을 세는 동안 은밀한 곳을 찾아가서 숨습니다. 시작이 되면 어린이들은 흩어져서 곰을 찾아다니는데 곰을 발견한 어린이는 다른 친구들에게 이 사실을 알리지 말고 오히려 곰(술래)이 다시는 발각되지 않도록 꼭꼭 숨겨 주십시오. 그러므로 술래를 찾은 어린이는 곰이 보다 안전한 다른 곳으로 자리를 옮길 수 있도록 도와주는 것입니다. 이렇게 하여 결국 맨 마지막에 곰을 발견한 어린이나 끝까지 찾지 못한 어린이가 새 술래가 되어서 다시 해 봅시다.

물고 물리고(2.4-134)

10m 간격으로 평행선을 긋고 두 모둠이 마주 보고 섭니다. 지도자는 두 모둠 사이에 서서 종이를 뭉쳐서 만든 공 40~50개를 중앙에 흩뿌려 놓습니다. 마지막으로 참가자 전원에게 길이가 40cm 정도 되는 노끈을 나누어 주고 등 뒤 허리춤에 끼어서 꼬리처럼 달도록 합니다. 지도자가 시작신호를 알리면 어린이들은 모두 달려들어서 땅바닥에 널려 있는 종이 공들을 집어 가는데 이때 꼬리(노끈)가 상대편 사람들에게 빼앗기지 않도록 조심해야 합니다. 종이 공들을 주워서 자기 진영으로 돌아온 다음 공의 수와 빼앗은 노끈(빼앗긴 노끈)의 수를 가지고 점수를 계산해 봅니다. 계산하는 방법은 공은 개당 1점이고, 빼앗은 노끈은 3점입니다.

✂ 준비물 : 헌 신문지, 노끈(길이 40cm 정도, 인원만큼)
인원 : 10~30명

새 나라의 어린이(2.4-135)

두 모둠으로 나누어서 50cm 간격을 두고 서로 머리를 안쪽으로 놓고 땅바닥에 눕습니다. 그리고 한 모둠은 '동물'이 되고 다른 한 모둠은 '물고기'가 됩니다. 지도자가 두 모둠 사이에 서서 물고기 이름을 대면 '동물' 모둠은 벌떡 일어나서 자기 편 안전지대로 도망가고, '물고기' 모둠도 역시 잽싸게 일어나서 도망치는 동물 모둠 어린이들을 쫓아가서 안전선을 넘어가기 전에 잡습니다. 잡힌 사람의 수만큼 점수를 얻게 되는데 미리 점수를 정하여 그 점수를 먼저 딴 모둠이 이깁니다. 인원과 어린이의 연령에 따라 안전선의 거리를 적당히 조절하십시오.

인원 : 20~30명

문어들의 사냥(2.4-136)

가로, 세로가 15~20m 정도 되는 사각형을 그리고 술래 두 어린이가 놀이터 안으로 들어갑니다. 나머지 어린이들은 한쪽 선 밖에서 정렬해 있다가 시작이 되면 반대편 선으로 달려갑니다. 이때 문어(술래)들은 길을 가로막으면서 달려오는 어린이를 손으로 쳐서 잡습니다. 잡힌 사람들은 새 술래가 되는데 이들은 잡힌 그 자리에 서서 움직일 수 없으며 다만 옆으로 지나가는 어린이들을 손으로 칠 수 있습니다. 이렇게 하여 누가 마지막까지 살아남는지 알아봅시다.

인원 : 20~40명

저 돼지 누구고?(2.4-137)

어린이들이 눈가리개를 한 술래를 중심으로 손을 잡고 둘러섭니다. 시작이 되면 어린이들은 시계 방향으로 노래를 부르면서 돌다가 술래가 "동작 그만!" 하고 외치면 어린이들은 즉시 그 자리에 섭니다. 그리고 술래는 아무 방향이나 손가락으로 지적하여 "너 돼지 노래해."라고 말하면 지적받은 어린이는 술래가 누구인지 알아채지 못하도록 "꽥꽥꽥…" 돼지 멱따는 목소리로 노래를 부릅니다. 가령 〈산토끼〉 노래를 정하였다면 "산토끼 토끼야 어디를 가느냐"란 가사 대신에 돼지 울음소리로만 노래를 부르는 것입니다. 이 노래를 듣고 술래는 그 어린이가 누구인지 알아맞혀야 합니다. 이렇게 하여 술래가 맞추면 술래는 바뀌게 되고 맞추지 못하면 그 술래는 다시 하도록 합니다. 이 놀이는 서로 잘 알고 있는 친구들끼리 즐길 수 있습니다.

✂ 준비물 : 눈가리개
인원 : 5~10명

오재미 훔치기(2.4-138)

같은 인원으로 두 모둠으로 나누고 어린이들은 각기 고유번호를 가집니다. 지도자가 숫자를 부르면 각 모둠에서 그 번호에 해당되는 어린이들이 달려 나와서 중앙 바닥에 놓여 있는 오재미를 잡아채서 제자리로 돌아와야 합니다. 오재미를 안전하게 가지고 오면 그 모둠은 1점을 얻습니다. 반대로 상대편에게 붙잡히면 붙잡은 모둠이 1점을 빼앗아 갑니다. 오재미를 집었다가 놓친 경우에는 상대편에게 점수가 돌아갑니다. 두 주자들이 모두 오재미를 주워서 도망치지 못한 경우에는 나머지 어린이들이 "무궁화 꽃이 피었습니다."를 외치고 이때를 틈타서 오재미를 주워 자기 진영으로 돌아와야 합니다. 이것도 실패하면 두 사람 모두 놀이에서 탈락하게 됩니다.

✂ 준비물 : 오재미
인원 : 10~20명

선녀와 요정(2.4-139)

'요정'과 '선녀' 두 모둠으로 나눕니다. 3m 간격을 두고 선을 3개 그리고 요정들은 첫 번째 선에, 선녀들은 세 번째 선에 같은 방향을 바라보고 정렬합니다. 즉 선녀들은 요정들의 등을 보고 서 있게 되지요. 지도자가 중앙선 끝에 서서 시작을 알리면 선녀들은 요정을 향하여 살금살금 다가갑니다. 이때 열 맨 끝에 서 있는 요정만이 뒤를 돌아볼 수 있는데 선녀들이 중앙선을 넘어 들어오면 아무 때나 "잡아라!" 하고 외칠 수 있습니다. 선녀들은 놀라 선 밖 자기 진영으로 도망가고 요정들은 선녀들을 쫓아가서 잡도록 합니다. 잡힌 선녀들은 요정이 되며, 같은 방식으로 두 모둠이 역할을 바꾸어서 해 봅니다.

한밤중에 도둑(2.4-140)

두 모둠으로 나누어서 반원씩 차지하고 앉습니다. 직경 2m 정도의 원을 방 중앙에 그리고 그 안에 수비 모둠에서 한 어린이가 나와서 눈가리개를 하고 앉습니다. 그런 다음 지갑, 손수건, 열쇠, 연필, 가방 등과 같은 물건들을 원 안에 흩어 놓습니다. 시작이 되면 공격 모둠에서 한 어린이가 나와서 원 안에 들어 있는 물건들을 몰래 살짝 훔쳐 가는데 이때 눈가리개를 한 원 안의 술래는 물건을 도둑맞지 않도록 지키면서 그 어린이를 손으로 쳐서 잡아야 합니다. 수비 모둠 어린이들은 도둑의 위치를 말로 알려 줌으로써 물건이 도둑맞지 않도록 하고 도둑을 잡을 수 있도록 술래를 도와줍니다.

✂ 준비물 : 눈가리개, 잡동사니 물건들(지갑, 손수건, 열쇠, 연필, 가방 등)

인원 : 15~30명

자리 차지하기(2.4-143)

술래를 제외한 모든 어린이들은 원대형으로 의자에 앉습니다. 빈 의자는 원 밖으로 치우고 의자에서 모두 일어나도록 합니다. 지도자(술래)가 어린이들과 함께 노래를 부르면서 원을 돕니다. 그러다가 술래가 갑자기 "앉아라!" 하고 외치면 어린이들은 근처에 있는 의자로 달려가서 잽싸게 앉습니다. 이때 술래도 의자에 앉아야 하므로 한 사람이 의자를 차지하지 못하게 됩니다. 그 어린이가 술래가 되어서 다시 시작합니다. 술래가 "앉아라!"고 외치는 대신에 꽹과리나 쟁반 같은 물건을 쳐서 신호를 보낼 수 있습니다. 또한 술래가 박수를 한 번 치면 그냥 넘어가고, 두 번 연속으로 치면 의자에 앉도록 하여 혼란을 가중시켜도 재미있습니다.

✄ 준비물 : 의자 또는 방석(인원만큼)
　　　　인원 : 15~30명

가로지르기(2.4-144)

두 어린이가 쫓고 쫓기는 사람이 됩니다. 시작이 되면 두 사람 사이로 한 사람이 가로질러 가면 쫓아가는 어린이는 원래 쫓던 사람을 포기하고 그 대신 자기 앞을 가로질러서 간 사람을 잡아야 합니다. 이렇게 서로 살려 주고, 살고 하면서 계속하다가 술래에게 잡힌 사람이 나오면 그 사람이 다시 술래가 됩니다.

콩 다섯 알(2.4-141)

어린이 모두에게 콩(또는 땅콩)을 5개씩 나누어 주고 시작이 되면 돌아다니면서 마주치는 친구와 이야기를 나누도록 합니다. 이때 대화 중에 '예', '아니요'라고 대답해서는 안 됩니다. 그러면 "예", "아니요"를 말한 어린이는 상대방에게 콩을 1개 받게 됩니다. 이렇게 하여 가지고 있는 콩을 빨리 없애는 놀이입니다.

✂ 준비물 : 콩 또는 땅콩

인원 : 10~30명

알까기(2.4-145)

직경 15~20m의 원을 그리고 모두 원안으로 들어갑니다. 세 모둠으로 나누고 '가' 모둠이 술래가 됩니다. 시작이 되면 술래 모둠은 '나'와 '다' 모둠 사람들을 쫓아다니면서 붙잡습니다. 붙잡힌 사람은 그 자리에서 다리를 크게 벌리고 서 있어야 합니다. 그러나 살아 있는 사람이 잡힌 사람의 다리 사이를 기어서 빠져나가면 술래에게 잡힌 사람은 다시 살게 됩니다. 이렇게 하여 모두 잡으면, '나' 모둠이 잡으러 다니고, '가'와 '다' 모둠은 도망을 칩니다. 각각 시간을 재어서 어느 모둠이 가장 먼저 잡는지를 겨루어 봅시다.

인원 : 20~60명

여우꼬리(2.4-146)

술래 한 사람이 여우가 되고 다른 사람들은 한 변이 10m 정도인 정방형의 놀이터에 흩어져 서 있습니다. 여우는 길이가 1.5m 정도 되는 노끈을 등 뒤 허리춤에 끼웁니다. 시작이 되면 여우는 사람들을 쫓아가서 손으로 치는데 잡힌 사람은 그 즉시 몸이 굳어 버려서 꼼짝할 수 없습니다. 이렇게 여우가 사람들을 잡으러 다닐 때 어떤 사람이 용감하게도 여우의 뒤로 다가가서 꼬리를 낚아채면 그 사람이 여우(술래)가 되고 그때까지 잡혀서 몸이 굳어 버린 사람들이 다시 살아나게 되지요. 그 대신 꼬리를 빼앗긴 여우가 몸이 돌덩이가 되고, 꼬리를 다시 매단 여우(새 술래)가 다시 사냥을 떠납니다.

✂ 준비물 : 노끈(1.5m 길이)
인원 : 15~30명

M·E·M·O

1.10 : 민속놀이

우리나라 민속놀이는 수를 셀 수 없을 정도로 많고 다양합니다. 어린이들은 떼를 지어 몰려다니면서 시간 가는 줄도 모르고 정신없이 놀았습니다. 민속놀이들은 대부분 위험하기까지 할 정도로 과격합니다. 뛰고 도망치고 밀치고 잡아당기고 부딪히면서 놀았습니다. 이렇게 과격한 놀이를 하다 보니 무릎이 까지고 팔꿈치가 터지고 코피가 나기 일쑤였지요. 하지만 예전에는 아이들 싸움에 어른이 끼어드는 것을 부끄럽게 생각해서 이를 문제 삼지 않았었습니다. 그런데 요즘은 어떤가요? 자기 자식이 놀다가 조금 다치면 학부모가 당장 달려와서 항의하는 정도가 아니라 고소까지 하는 삭막한 세상이 되어 버렸습니다.

나는 교육개혁이 되지 않는 가장 큰 이유가 이와 결코 무관하지 않다고 생각합니다. 누구도 책임지려고 하지 않기 때문입니다. 혹시 아이가 다칠까 봐, 다치면 책임져야 하는 부담 때문에 어린이들을 아예 놀지 못하도록 막고 있는 것이 솔직한 학교현실입니다. 그래서 어린이들은 날이 갈수록 무기력해지고 있습니다. 놀지 못해서 그렇습니다. 이런 생각을 하다 보니 들판을 휘젓고 다니면서 뒷산에 올라 골목길을 뛰어다니면서 공터에서 놀았던 과격한 놀이들이 더욱 그리워집니다.

빵 다섯 발(4.2-118)

두 모둠으로 나누고 각자 40~60m 정도 떨어져서 직경 3m 정도 되는 원을 그려서 진지를 만듭니다. 진지 안에는 공주가 서 있습니다. 시작이 되면 각 진영에 있는 어린이들은 조심조심 상대방 진지로 나아가는 상대 모둠 어린이를 보면 적당한 거리에서 "빵"하고 손으로 지적하며 외칠 수 있습니다. 먼저 "빵"하고 외친 어린이가 서 있는 자리에서 다섯 발자국을 뛰고 나서 손을 내밀어 손끝으로 상대방을 치면 그 사람은 잡히고, 반대로 손이 닿지 않으면 반대로 잡혀 가는 신세가 되지요. 이렇게 잡힌 어린이는 상대방의 포로가 되어서 공주가 서 있는 진지 안에 들어가 있습니다. 시간이 지나면서 어린이들은 점점 줄게 되어서 상대방 어린이들을 모두 붙잡거나 상대 진지의 공주를 붙잡은 모둠이 이기게 됩니다. 이 놀이는 대부분 영동지방의 어린이들만이 즐겼다고 합니다. 몸을 부딪치지 않고 기지와 재치를 사용하는 놀이라는 점이 돋보입니다.

인원 : 20~30명

숨바꼭질(2.4-15)

'술래잡기' 또는 '술래놀이'라고도 하는 〈숨바꼭질〉은 오랫동안 어린이들이 즐겨 온 민속놀이입니다. 〈숨바꼭질〉은 숨은 어린이를 찾기도 하고 숨었던 어린이가 먼저 뛰쳐나오기도 한다는 뜻입니다. 〈숨바꼭질〉을 하려면 우선 근처에 있는 나무기둥이나 전봇대를 집으로 정합니다. 그런 다음 술래가 집에 머리를 대고 손으로 눈을 가린 채로 하나에서 오십, 또는 백까지 숫자를 셉니다. 그러는 동안 어린이들은 각자 흩어져서 숨을 곳을 찾아 몸을 숨깁니다.

술래가 숫자 세기를 마치면 눈을 뜨고 집을 떠나 숨어 있는 친구들을 찾아나섭니다. 그러다가 발견하면 친구 이름을 크게 부르면서 집으로 달려가 손으로 집을 찍으면 그 사람은 잡히게 됩니다. 하지만 발각된 친구가 술래보다 먼저 달려가서 손으로 집을 찍으면 살게 됩니다.

잡힌 어린이들은 집에 손을 대고 있으면서 다음과 같은 노래를 함께 부릅니다.

"꼭꼭 숨어라 머리카락 보인다.
꼭꼭 숨어라. 옷자락이 보인다.
살금살금 달아나자.
빨리빨리 달아나자."

이렇게 하여 술래가 친구들을 모두 찾으면 맨 처음 잡힌 사람이 술래가 되어서 다시 합니다. 술래가 찾다, 찾다 결국 모두 찾지 못하면 술래는 "못 찾겠다. 꾀꼬리!" 하고 외칩니다. 그러면 숨어 있던 사람들은 그 자리에 나와서 다시 시작합니다. 〈숨바꼭질〉은 저녁노을이 들면서 어두워지는 저녁시간에 하는 것이 가장 좋습니다. 북한 어린이들은 이 놀이를 '숨박곡질'이라고 부른답니다.

인원 : 10~20명

무궁화 꽃이 피었습니다

술래가 된 어린이가 담벼락이나 나무기둥에 눈을 대고 "무궁화 꽃이 피었습니다."를 외칩니다. 외치는 동안 10m 뒤에 서 있는 다른 어린이들은 조금씩 움직여서 술래에게 다가갑니다. 술래가 "무궁화 꽃이 피었습니다."를 마치고 뒤돌아보았을 때 움직이고 있던 어린이는 잡혀서 술래의 손을 잡고 일렬로 서 있도록 합니다. 살아있는 어린이들은 계속 술래에게 다가가서 잡힌 어린이의 손을 치면 그들은 도망칩니다. 이렇게 도망치다가 술래에게 다시 잡힌 어린이는 새 술래가 됩니다.

인원 : 10~15명

여우야 여우야 뭐하니?(2.4-28)

어린이들은 출발선에 정렬하고 3m 떨어진 전방에 술래가 등을 돌리고 서 있습니다. 그러면서 어린이들과 술래는 다음과 같은 노래를 주고받습니다.

아이들 : 여우야 여우야 뭐하니?

술래 : 잠잔다.

아이들 : 잠꾸러기

아이들 : 여우야 여우야 뭐하니?

술래 : 세수한다.

아이들 : 멋쟁이

아이들 : 여우야 여우야 뭐하니?

술래 : 밥 먹는다.

아이들 : 무슨 반찬?

술래 : 개구리 반찬.

아이들 : 살았니? 죽었니?

술래 : (이때 술래는 '살았다'와 '죽었다' 중에서 하나를 택하여 말합니다.) ○○다!

술래가 "살았다!"고 외치면서 뒤로 돌아 잡으러 오면 어린이들은 잽싸게 뒤돌아서 안전선 밖으로 도망가야 하고, 반대로 술래가 "죽었다!"라고 외치고 돌아보면 모든 사람들은 마치 얼은 사람처럼 그 자리에 꼼짝없이 서 있어야 합니다. 이때 몸을 움직이는 것이 발각된 어린이가 술래가 되어서 놀이를 계속합니다.

인원 : 10명 내외

깡통 차기(2.4-31)

이 놀이는 〈숨바꼭질〉을 하기에 적당한 곳에서 즐길 수 있는 놀이입니다. 땅바닥에 직경 30cm 정도의 원을 그리고 그 안에 음료수 깡통을 놓아둡니다. 시작이 되면 어린이들은 발로 깡통을 세게 차서 멀리 날려 보냅니다. 원 가까이에 있던 술래는 깡통이 땅에 떨어지는 순간 잽싸게 달려가서 깡통을 주워서 원 안으로 다시 갖다 놓습니다. 이때 나머지 어린이들은 술래가 볼 수 없는 곳을 찾아가서 몸을 숨깁니다. 깡통을 제 자리에 갖다 놓은 술래는 숨어 있는 어린이들을 찾아 나서는데, 문제는 마음대로 원을 떠날 수 없다는 데 있습니다. 술래가 원에서 멀리 떨어져 있을 때 숨어 있던 한 어린이가 비어 있는 원으로 달려가서 깡통을 발로 차 버리면 낭패이기 때문입니다. 그래서 술래는 숨은 사람을 잡아내면서도 깡통을 지켜야 합니다. 술래는 숨어 있는 사람을 발견하면 원으로 달려가서 깡통을 발로 밟고 그 사람의 이름을 외치면 됩니다. 이렇게 하여 붙잡힌 어린이들은 손을 잡고 원 주위에 서 있도록 하는데 살아 있는 어린이 하나가 달려와서 깡통을 차면 잡힌 어린이들은 다시 도망칠 수 있습니다. 이런 방식으로 술래를 바꾸어서 다시 해 봅시다.

✂ 준비물 : 음료수 깡통

꼬리잡기(2.4-33)

〈꼬리잡기〉 놀이는 지역에 따라 '수박 따기', '돌아 따기', 또는 '호박 따기'라고도 합니다. 두 모둠은 각자 앞 사람의 허리띠를 잡고 한 줄로 늘어서는데 첫 번째 어린이가 대장이 됩니다. 어린이들은 〈아리랑〉이나 〈강강술래〉 따위의 노래를 부르며 빙빙 돌아다니다가 노래가 끝나면 양쪽의 대장이 나서서 어느 편이 먼저 수박을 딸 것인지를 정합니다. '가' 모둠 쪽이 먼저 〈수박 따기〉를 하면 '가' 모둠의 대장이 늙은 할머니 시늉을 하면서 '나' 모둠으로 가서 "할멈 계신가?" 하고 묻습니다. 그러면 '나' 모둠 어린이들은 "왜 왔습니까?" 하면서 노래하듯이 주고받습니다. '가' 모둠의 대장이 "수박 따러 왔지." 하면 '나' 모둠 어린이들은 "이제야 겨우 망울이 맺혔으니 내일모레 오시지요." 하고 다시 노래를 부르며 마당을 돕니다.

어느 정도 지난 다음 '가' 모둠 대장이 다시 '나' 모둠으로 다가가서 같은 질문을 하는데 이때는 "이제 겨우 사발만큼 자랐소." 하는 대답을 듣고 되돌아갑니다. 이와 같은 방법으로 "동이만큼 자랐소.", "나 하나 따 주시오."라는 말에까지 이릅니다. 수박이 자라는 과정이 이보다 더 오래 걸릴 수도 있습니다. 그러다가 "수박 1개 따 가시오." 하는 말이 떨어지면 금세 시끄러워집니다. '가' 모둠 어린이들이 수박을 따내려고 덤벼들기 때문인데 '나' 모둠 어린이들은 1개도 빼앗기지 않으려고 도망칩니다. 맨 앞에 있는 '가' 모둠의 대장만이 호박을 딸 수 있는데 호박은 다름 아닌 '나' 모둠 어린이들입니다. '나' 모둠은 줄(수박넝쿨)이 끊어지지 않게 요리조리 피해 다녀야 합니다. 이렇게 하여 상대가 수박을 따거나 중간이 끊어지면 공수를 바꾸어서 다시 해 봅시다.

게줄다리기(2.4-37)

〈거북이 힘내기〉와 비슷한 줄다리기 놀이로써 밀양지방에서 하는 줄다리기입니다. 그림과 같이 짚으로 엮은 게 모양의 줄을 목에 걸고 한 사람에서 다섯 사람씩 편을 갈라서 줄다리기를 합니다. 줄다리기를 하는 사람들도 즐겁지만 보는 사람들도 응원하는 재미, 보는 재미가 그만인 놀이랍니다.

✂ 준비물 : 줄다리기 밧줄(그림 참조)
인원 : 10~50명

우리 집에 왜 왔니 왜 왔니?(2.4-38)

두 모둠을 만들고 서로 어깨동무를 하고 상대 모둠 어린이들과 마주 보고 섭니다. 그중 어느 한쪽 모둠 어린이들이 같은 걸음걸이로 씩씩하게 걸어 나가면서 "우리 집에 왜 왔니, 왜 왔니, 왜 왔니?" 하고 외칩니다. 이때 상대 모둠 어린이들은 뒷걸음질을 하다가, 반대로 어깨에 힘을 가득 주고 싸움을 하듯이 앞으로 걸어가면서 "꽃 찾으러 왔단다, 왔단다, 왔단다." 하고 대답합니다. 다시 첫 번째 모둠이 "무슨 꽃을 찾으러 왔느냐, 왔느냐?" 하고 반격하면, 반대편 어린이들 중에 하나가 상대편 어린이들 중에 한 어린이의 이름을 부르면서, "(수민이)꽃을 찾으러 왔단다, 왔단다." 하고 외칩니다. 이렇게 되면 호명한 어린이와 이름이 불려진 어린이가 나와서 〈가위바위보〉를 하게 되는데 진 사람은 이긴 사람 모둠에 잡혀가게 됩니다. 잡혀간 사람은 이번에는 모둠을 바꾸어서 다시 하게 되는데 하다 보면 언젠가는 한쪽 모둠 어린이들이 모두 잡혀가는 때가 오게 되며 이때 〈우리 집에 왜 왔니 왜 왔니 왜 왔니?〉 놀이는 마치게 됩니다.

인원 : 10~20명

우 리 집에   왜   왔 니   왜   왔 니   왜 왔 니
꽃 찾 으 러   왔   단 다   왔   단 다   왔 단 다
무 슨 꽃 을   찾   으 러   왔   느 냐   왔 느 냐
○ ○꽃 을   찾   으 러   왔   단 다   왔 단 다

장치기(2.4-39)

〈장치기〉는 고려 때 한 장수가 산성에서 어린이들에게 무예를 가르칠 목적으로 시작하였다고 전해집니다만, 그보다 훨씬 전부터 어린이들이 즐겨 왔던 민속놀이입니다. 〈장치기〉는 오늘날의 필드하키와 비슷한 놀이로 소프트볼을 사용할 수 있지만 대신 깡통이나 플라스틱 공을 사용해도 좋습니다. 원래는 소나무의 옹이가 있는 부분이나 고양나무, 박달나무와 같이 단단한 나무를 둥글게 깎아 만들었다고 하는군요. 장치기채(스틱)는 끝이 약간 휜 막대기(1~1.2m 정도)를 사용합니다. 두 모둠으로 나누어서 시작이 되면 공(깡통)을 막대기로 쳐서 상대 골대에 집어넣는 놀이입니다. 장치기채로 얼굴을 맞으면 위험하므로 장치기채가 허리 위로 올라가거나, 발로 공(깡통 또는 플라스틱 공)을 차지 않도록 주의하세요. 만약 채가 너무 높이 올라가면 그 즉시 놀이를 중지시키고 그 자리에서 상대 모둠에게 공격권을 주도록 합니다. 축구에서의 프리킥과 같이 말입니다.

✁ 준비물 : 깡통, 막대기(인원수만큼)
인원 : 10~20명

쥐불놀이(2.4-55)

〈쥐불놀이〉는 음력 정초부터 보름날 전후에 밤에 논두렁이나 둑에 있는 마른 풀에 불을 질러 까맣게 태우는 놀이입니다. 예전에는 바싹 말린 쑥을 지름 5cm 정도의 다발로 묶어 공중에 빙빙 돌려서 불을 붙였다고 합니다. 요즘에는 구멍을 숭숭 낸 깡통에 철사를 길게 매달아 나무나 종이를 넣고 불을 붙여서 빙빙 돌리기도 합니다.

✂ 준비물 : 깡통, 철사

까막잡기(2.4-52)

〈까막잡기〉는 어두운 밤에 순찰하는 순찰 대원이 도둑을 잡는 것처럼 눈을 감고 캄캄한 중에 사람을 찾는 놀이라 하여 붙여진 이름입니다. 두 모둠으로 나누고 번갈아 가며 둘러앉습니다. 각 모둠에서 1명씩 나와서 〈가위바위보〉를 하여 이긴 어린이가 쥐가 되고 진 어린이는 고양이가 됩니다. 두 어린이는 눈가리개로 눈을 가리고 원 안에 흩어집니다. 시작이 되면 쥐는 그 자리에서 손뼉을 "짝! 짝!" 치고 고양이는 그 소리를 듣고 쥐를 잡으러 갑니다. 하지만 쥐는 잡히지 않으려고 자리를 옮기고 고양이는 손뼉 소리를 듣고 쥐를 따라가서 잡아야 합니다. 주위에 둘러선 어린이들은 조용히 있으면서 두 사람이 쫓고 피하는 모습을 즐기세요. 술래들은 원 밖을 나가서는 안 됩니다. 이 놀이는 시간을 정해 놓고 붙잡도록 하거나 쥐가 박수를 몇 번 치도록 정해 놓고 그 안에 고양이가 붙잡도록 할 수 있습니다. 이와 같은 식으로 다른 두 사람이 술래가 되어서 계속해 보세요. 눈을 가리고 하는 놀이여서 잔디밭에서 하는 것이 안전합니다.

준비물 : 눈가리개 2개
인원 : 20~40명

해바라기(2.4-65)

우선 아래의 그림과 같이 땅바닥에 그립니다. 크기는 참가자의 수에 따라 적당하게 그리도록 하십시오. 같은 수로 두 모둠을 만들고 공수를 정합니다. 공격 모둠은 '가' 구역으로 가고 수비 모둠은 '나' 구역으로 들어가면 놀이가 시작됩니다. 공격 모둠은 화살표 방향으로 전원이 달려가서 다시 '가' 구역으로 무사히 돌아와야 합니다만 결코 쉽지가 않습니다. 수비 모둠 사람들은 '나' 구역에서 바깥을 넘나들면서 통과하는 공격 모둠의 사람들은 밖으로 밀어내거나 끌어당기기 때문입니다. 공격 모둠 사람들은 잎이 넓은 지역에서는 안전하므로 잠시 쉬어 갈 수 있습니다. 선을 밟은 공격 모둠 사람은 즉시 놀이터 밖으로 나가도록 하며, 출발지점인 '가' 구역으로 무사히 돌아온 사람이 몇 명인지 알아보고 공격과 수비를 바꾸어서 다시 해 봅시다. 그렇게 하다 보면 살아남은 사람이 더 많은 모둠이 이기게 되지요. 이와 같은 방법으로 여러 번 해 보세요. 할 때마다 해바라기 모양이 조금씩 달라져서 늘 새로운 기분이랍니다.

인원 : 20~40명

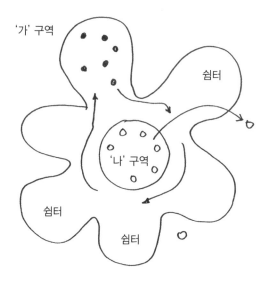

진놀이(2.4-40)

진놀이는 함경도에서는 '진치기', '진잡기', 평안도에서는 '진지키기'라고 부릅니다. '견첩록'
에는 중종(1506~1544) 때 어떤 사람이 제자들과 함께 음모를 꾸민다고 하여 왕명으로 이
들을 체포하고 보니 이들은 남산에서 진을 정하고 편을 갈라 〈진놀이〉를 한 죄밖에 없었다
는 재미있는 기록을 보면 〈진놀이〉는 꽤 오래 전부터 즐겨 왔던 민속놀이입니다.

〈진놀이〉는 두 모둠이 25~30m 떨어져 있는 진지를 하나씩 차지하고 진지에서 나온 상
대편 사람들을 잡아오거나 상대편 진지를 먼저 점령하는 신나는 전쟁놀이입니다. 두 모둠
으로 나누고 직경 3m 정도의 원(진지)을 2개 그리는데 진지 간의 거리는 25~30m가 적
당합니다. 진지를 하나씩 차지하고 진지 안에는 진지기 한 사람을 두어 진지를 떠나지 않
고 지켜야 합니다. 모둠 별로 작전을 짜는 시간을 준 다음 시작이 되면 어린이들은 상대방
진지를 점령하기 위하여 자기 진지를 나옵니다. 그런데 '가' 모둠에서 어린이 A가 나오면,
'나' 모둠에서도 어린이 B가 나와서 어린이 A를 쫓습니다. 바로 이어서 늦게 나온 사람은
바로 앞서 나온 사람을 잡을 수 있습니다. 따라서 '가' 모둠에서는 어린이 A를 보호하기 위
해 어린이 C가 진지에서 나와서 '나' 모둠의 어린이 B를 쫓아갑니다. 이처럼 바로 뒷사람
만이 바로 앞에 나온 사람을 잡을 수 있는 것입니다. 이렇게 하다 보면 누가 누구를 쫓고,
누구에게 쫓기는지 모를 정도로 복잡해지기도 합니다. 어쨌든 상대방에게 잡힌 어린이는
포로가 되어서 포로들은 상대 모둠 진영에서 시작하여 자기 모둠 방향으로 손을 잡고 길
게 늘어섭니다. 도망치던 어린이는 아무 때든지 자기 진지로 돌아갈 수 있으며, 들어갔다
가 나오면 처음부터 다시 한 것이 되어서 도리어 자기를 쫓던 어린이를 잡을 수도 있습니

다. 포로들은 자기 모둠 어린이가 달려와서 손으로 치면 다시 살아나서 도망칠 수 있습니다. 상대편 사람들을 모두 사로잡거나, 진지기가 진지를 떠나 있을 때 상대편 진지를 손으로 먼저 짚는 모둠이 이깁니다. 어느 모둠도 상대방 진지를 점령하지 못하는 경우에는 포로의 수가 적은 모둠이 이기는 것으로 가릴 수 있습니다.

인원 : 30~60명

기마전(2.4-51)

모둠별로 네 사람씩 모여서 세 사람은 말이 되고 한 사람은 기수가 됩니다. 힘이 가장 센 사람이 앞에 서고 두 사람이 뒤쪽 양 옆에 서서 안쪽 손은 앞 사람의 어깨를 잡고 바깥쪽 손은 앞 사람이 뒤로 보낸 손을 깍지를 끼는 자세로 잡습니다. 이렇게 말을 만들고 그 위에 기수가 올라갑니다. 말 뒤쪽의 두 사람의 안쪽 팔은 말안장이 되고 바깥쪽 팔은 발디딤 역할을 하게 됩니다. 시작신호가 나면 양 모둠의 사람들을 함성을 외치면서 상대 모둠으로 달려가서 상대 모둠의 기수들을 말에서 떨어뜨리는 매우 격렬한 놀이입니다. 이밖에도 기수들이 모자를 쓰고 하면서 상대방의 모자를 빼앗는 방법과 공을 던져서 기수를 맞히는 방법도 있습니다. 모자를 빼앗긴 사람은 패하게 되므로 즉시 놀이터에서 나가야 합니다. 말 중에서 한 사람이라도 양 손이 떨어지는 경우도 마찬가지입니다. 시간을 정하여 어느 모둠의 말이 더 많이 살아 있는지 겨루어 봅시다. 공으로 하는 기마전은 말과 기수 외에 공을 줍는 사람이 2~3명 더 있다는 점이 다릅니다. 모둠별로 공을 2~3개 나누어 주고 시작이 되면 기수들은 공을 상대방 기수에게 던져서 맞힙니다. 공에 맞은 기수와 말들은 죽게 되므로 날아오는 공을 잡거나 피하도록 합니다. 공을 줍는 사람들은 공을 주워서 자기 모둠의 기수에게 가져다줍니다. 이 기마전도 끝까지 살아남은 기수가 많은 모둠이 이기게 됩니다.

인원 : 40~100명

혹뿔 놀이(2.4-45)

두 모둠으로 나누고 공수를 정합니다. 공격 모둠은 바깥 원에 나와 있는 혹같이 생긴 곳에 들어가 있고, 수비는 원 안쪽 또는 원 밖에 흩어져서 섭니다. 시작이 되면 바깥 원에 들어가 있는 공격 모둠 어린이들은 수비 모둠 어린이들을 피하여 원을 한 바퀴 돌아갑니다. 수비는 이들이 안전하게 달아나지 못하도록 원 안팎을 뛰어다니면서 막습니다. 공격 모둠 어린이가 선을 밟으면 잡힌 것이 되어 원 밖으로 나가 있도록 합니다. 혹이 나와 있는 부분은 피난처인데 일단 그 안으로 들어가 있으면 수비 모둠은 공격할 수가 없으므로 안전하게 쉬면서 친구들과 작전을 짤 수 있답니다. 공격 모둠 어린이들 중에서 한 어린이라도 원을 한 바퀴 돌아 제자리로 돌아오면 1점을 얻게 되면서 잡힌 사람들이 살아서 다시 할 수 있는 기회가 주어집니다. 수비 모둠 사람들이 모두 잡히면 공수를 바꾸어서 다시 해 봅시다.

인원 : 20~30명

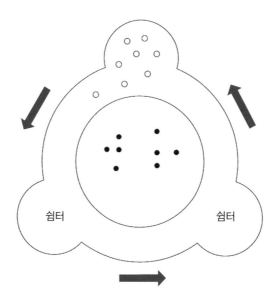

깨금 싸움(2.4-47)

두 모둠으로 나누고 15m 떨어진 곳에 직경 40cm 정도의 원을 만들고 그 안에 돌멩이를 하나씩 놓아둡니다. 어린이들은 각자 자기 진영으로 가 있다가 시작이 되면 한쪽 손으로 한쪽 발을 잡은 상태에서 앙감질로 뛰어 상대 진영으로 전진합니다. 그러다가 상대 모둠 어린이를 만나면 몸으로 밀치거나 손으로 밀어서 상대방을 쓰러뜨립니다. 넘어지고, 두 발이 땅에 닿고, 잡고 있는 발과 손이 떨어지는 어린이는 놀이터를 떠나야 합니다. 이렇게 하여 상대 진영에 놓여 있는 돌멩이를 먼저 줍거나 상대 모둠 어린이들을 모두 무너뜨리는 모둠이 이깁니다.

준비물 : 돌멩이 2개
인원 : 20~30명

7자 놀이(2.4-43)

두 모둠은 각자 자기 진지로 들어가 있습니다. 각 모둠은 보물을 지키는 어린이와 상대 모둠의 보물을 빼앗는 어린이들을 결정하고 작전을 짜도록 합니다. 어린이들은 자기 진영에서는 두 발로 걷고 뛸 수 있지만 일단 자기 진영을 나서면 앙감질로만 뛰어야 합니다. 그리고 정해진 문을 통해서만이 드나들 수 있습니다. 진영 밖에서 상대 모둠 사람과 마주치게 되면 앙감질을 한 상태에서 서로 밀거나 당겨서 넘어뜨리도록 합니다. 먼저 넘어지거나 두 발이 땅에 닿은 어린이는 잡혀서 잠시 놀이터 밖으로 나가 있도록 합니다. 그러다가 상대 진영의 문을 통과해서 들어가면 두 발을 모두 사용해서 걸을 수 있으며 상대방의 보물을 빼앗을 수 있습니다. 상대 모둠의 어린이들을 모두 잡거나, 보물을 빼앗은 모둠이 이기게 됩니다. 보물은 작은 깃발을 꽂아두거나 모자를 사용할 수 있습니다.

준비물 : 깃발 또는 모자 2개씩
인원 : 20~40명

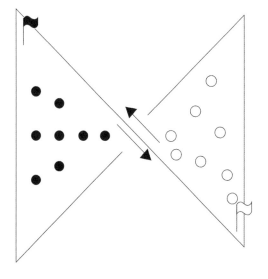

돼지불알(2.4-59)

우선 길이가 30m~40m 정도 되는 길을 다음과 같이 그립니다. 길의 폭은 좁은 곳은 50cm 정도, 넓은 곳은 1.5m 정도 되게 변화무쌍하게 그리면 됩니다. 한쪽 끝에는 모둠 친구들이 충분히 들어갈 수 있을 만큼 집을 크게 만들고, 반대쪽에는 종착역을 만듭니다. 이렇게 길 그리기를 마치면 10~ 20명씩 두 모둠을 만들고 〈가위바위보〉로 공격과 수비를 정합니다. 공격 모둠 어린이들은 집으로 모두 들어가고 수비 모둠 어린이들은 길 구석구석으로 흩어져서 길목을 지킵니다. 시작이 되면 공격 모둠 어린이들은 집을 떠나서 종착역을 향해 달려가고 수비하는 친구들은 그들을 길 밖으로 끌어냅니다. 이렇게 하여 공격 모둠 어린이들 중에서 한 사람이 종착역에 도달하면 공격 모둠이 이깁니다.

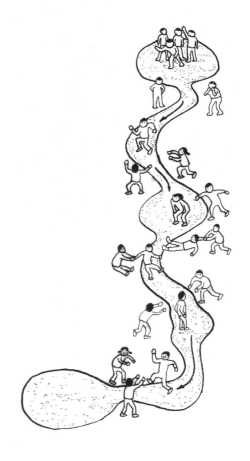

반대로 수비 모둠 어린이들이 공격 모둠 어린이들을 모두 끌어내면 수비 모둠이 이깁니다. 이렇게 하여 두 모둠이 공수를 바꾸어서 계속 합니다.

인원 : 20~40명

이웃사촌 놀이

38선 놀이(2.4-61), 별 놀이(2.4-69), 십자돌기(2.4-85), 전쟁놀이(2.4-41), ㄹ자 놀이(2.4-46), 길 내기(2.4-68), 안경 놀이(2.4-67), 칠교놀이(2.4-60), 오리망(2.4-62), 돌아잡기(2.4-78), 이사 가는 날(2.4-120), 다람쥐와 방(2.4-147), 오십보 백보(2.4-153)

M•E•M•O

1.11 | 환경 · 생태놀이

환경 · 생태놀이를 시작할 때 준비운동처럼 하는 놀이들을 소개합니다. 이 놀이들은 어린이들이 자연과 환경에 관심을 가지질 수 있도록 해 주는 데 크게 도움이 됩니다. 무엇보다도 특히 생명체인 자연물들과의 만남을 통해서 어린이들은 자기가 살아 있는 소중한 생명체라는 사실을 깨닫게 되고 자기와 온갖 생물에 대한 애정과 책임을 가질 수 있게 됩니다.

고기잡이

두 모둠으로 나누어서 20m 정도 떨어져서 마주 보고 섭니다. 두 모둠은 각각 '그물'과 '물고기'가 됩니다. 그물 모둠 어린이들은 손과 손을 마주 잡고 중간 지점에 길게 늘어서서 손을 잡아서 그물을 만듭니다. 시작이 되면 물고기가 된 어린이들은 그물쪽을 향하여 달려가서 그물에 걸리지 않고 빠져나가야 합니다. 물고기들은 그물을 찢을 수 없으며 그물이 에워싸면서 달려들면 그물을 피해서 달아나거나 그물 사이를 빠져나가야 합니다. 물고기들은 그물을 억지로 끊을 수 없습니다. 그물에 걸린 물고기들은 즉시 놀이터 밖으로 나가 있고, 살아남은 물고기들은 모두 잡힐 때까지 계속합니다. 이렇게 하여 모두 잡힐 때까지 몇 번 했는지 알아보고, 역할을 바꾸어서 다시 해 본 다음 더 빨리 잡은 모둠이 이기게 됩니다.

토끼와 사냥개

세 모둠으로 나누고 모둠별로 앞사람의 어깨에 손을 얹어서 원을 만듭니다. 두 모둠에서 두 어린이가 나오고, 한 모둠에서는 한 어린이가 나옵니다. 그러니까 모두 다섯 어린이가 나오게 되는데 그중에서 네 사람은 토끼가 되고 나머지 한 어린이가 사냥개가 됩니다. 토끼 중에서 세 어린이는 토끼굴인 3개의 원 안으로 한 사람씩 들어갑니다. 일단 토끼굴 안으로 들어가 있으면 사냥개로부터 안전합니다. 나머지 토끼 한 마리는 굴속에 들어가 있지 못하므로 사냥개에게 쫓기는 위기에 처해 있습니다. 시작이 되면 도망치다가 가까운 굴속으로 들어가면 그 안에 들어가 있던 토끼는 반대로 토끼굴에서 나와야 합니다. 이렇게 하여 사냥개에 잡힌 토끼는 술래가 되어서 사냥개가 됩니다. 토끼굴을 만들고 있는 어린이들은 엉덩이, 배, 어깨로 사냥개를 막아서 토끼를 보호하고, 또 토끼가 무사히 빠져나가고 들어올 수 있도록 안전하게 길을 내 줄 수 있습니다.

먹이사냥

직경 5m 정도 되는 원 밖에 어린이들이 둘러섭니다. 두 친구가 원 안으로 들어가서 눈가리개를 합니다. 그중에서 한 어린이가 호랑이(포식동물)가 되고, 한 어린이는 먹이(사슴)가 됩니다. 이처럼 동물 이름은 실제로 있는 동물로 정하는 것이 바람직합니다. 어린이들은 이 놀이를 하면서 먹이 사슬에 관해 이해할 수 있게 될 테니까요. 시작이 되면 포식동물인 호랑이는 채식동물인 사슴을 잡아먹으려고 조심조심 다가갑니다. 사슴은 당연히 도망쳐야 하지요. 둘러 서 있는 어린이들은 호랑이와 사슴이 원 밖을 벗어날 것 같으면 등이나 어깨를 손으로 살짝 두드려 주어서 원 안으로 들여보냅니다. 어린이들은 사슴이 잡아먹히지 않도록 도망칠 방향이나 호랑이가 있는 위치를 알려 줄 수 있습니다. 이 놀이는 호랑이 목에 방울을 단 목걸이를 걸고 할 수도 있습니다. 그렇게 하면 훨씬 더 긴장감이 높아집니다. 인원수에 따라 포식동물과 먹이감의 수를 늘려서 하거나, 원의 크기를 조정할 수도 있습니다. 눈을 가리고 하는 놀이이므로 부딪히지 않도록 하고 뛰어다니는 일이 없도록 주의하세요. 이 놀이는 실내와 실외에서 모두 할 수 있습니다.

✂ 준비물 : 눈가리개, 종

동물 이름 맞히기 놀이

즐겁게 놀면서 동물생태학을 익힐 수 있는 놀이입니다. 두 모둠으로 나누고 각각 종이와 연필을 하나씩 나누어 준 다음 동물을 하나 정해서 그 동물에 대한 설명을 6~8가지 정도 적도록 합니다. 이때 설명은 일반적인 것에서 시작하여 점차 구체적으로 설명하도록 합니다. '다람쥐'를 예로 들어봅시다. ① 다리가 4개입니다. ② 몸집이 작습니다. ③ 꼬리가 길고 탐스럽습니다. ④ 앞 이빨이 길고 빨리 자랍니다. ⑤ 나무를 잘 탑니다. ⑥ 도토리와 밤을 좋아합니다.

이런 식으로 특정 동물의 특징들을 종이에 적고 나서 두 모둠이 2미터 떨어져서 마주 보고 정렬합니다. 그리고 서 있는 자리에서 10m 정도 양쪽 후방에 안전선을 긋습니다. 이제 놀이를 시작해 봅시다. 먼저 A 모둠이 자기 동물에 대한 첫 번째 설명을 하면 상대 모둠에서 한 어린이가 그 동물 이름을 말합니다. 정답이 아니면 일어나지 않아도 됩니다. 이번에는 역할을 바꿔서 B 모둠이 같은 방법으로 자기 동물의 특징을 한 가지 말합니다. 이렇게 서로 번갈아 가면서 한 모둠이 동물 이름을 맞힐 때까지 계속하다가 동물 이름을 알아맞힌 모둠이 나오면 금세 아수라장이 됩니다. 정답을 맞힌 모둠 어린이들은 뒤로 도망치는 상대 모둠 친구들을 안전선을 넘기 전에 붙잡아야 합니다. 이렇게 하여 잡힌 사람의 수만큼 점수를 얻게 됩니다.

✄ 준비물 : 종이와 연필(인원수만큼)

조약돌을 찾아라

어린이들은 둥글게 둘러앉아서 두 손을 컵 모양으로 오므린 상태로 있습니다. 술래는 조그만 조약돌을 손에 들고 원 주위를 돌아다니면서 친구들의 손바닥에 조약돌을 쥐어 주는 척 합니다. 그러면 어린이들은 진짜로 돌을 잡은 것 같은 시늉을 합니다. 그러다가 술래가 한 친구의 손에 조약돌을 살짝 떨어뜨리고 나서 계속 능청을 떨며 돌아다니다가 갑자기 "튀어라!"라고 소리칩니다. 이때 조약돌을 가진 어린이는 즉시 안전지역을 향해 도망치고 다른 어린이들은 그가 정해진 안전지역에 들어가기 전에 그를 잡아야 합니다. 이렇게 하여 조약돌을 쥐고 도망치는 사람을 잡은 사람이 다음 판의 술래가 됩니다. 돌을 가진 어린이가 잡히지 않고 안전지역으로 들어가면 다시 하도록 합니다.

✄ 준비물 : 조그만 조약돌

발뒤꿈치 치기

눈가리개를 한 술래의 손에 낙엽 또는 지푸라기 등을 집어넣은 부대자루를 쥐어 줍니다. 어린이들은 술래를 중심으로 하여 둥글에 둘러섭니다. 시작이 되면 어린이들은 술래에게 살금살금 다가가서 술래의 발꿈치를 손으로 칩니다. 술래는 서 있는 자리에서 빙글빙글 돌 수 있지만 걸어다닐 수 없습니다. 하지만 그대로 가만 있으면서 당할 수는 없으니까 쌀부대를 휘둘러서 침입하는 친구들을 때려서 맞힙니다. 한 어린이가 술래의 발꿈치를 치면 놀이는 일단 끝나게 되어서 처음부터 다시 시작하고, 침략자를 부대로 맞힌 어린이가 나오면 술래가 바뀌게 됩니다.

✂ 준비물 : 부대자루(낙엽 또는 지푸라기)

때려잡자

참가자들의 원대형으로 둘러서고 술래 한 사람이 원 중앙으로 들어갑니다. 눈가리개를 한 술래에게 지팡이(나무막대기)를 줍니다. 시작이 되면 어린이들은 원 주위를 계속 돌다가 술래가 지팡이로 땅을 치면 그 자리에 섭니다. 눈을 가린 술래가 지팡이를 들어서 지적하서 동물 이름을 한 가지 말합니다. 예를 들어, 술래가 "호랑이"라고 말하면 지명된 어린이는 술래가 자기가 누구인지를 알아채지 못하도록 위장하여 "어흥" 하고 소리를 지릅니다. 술래는 그 친구가 누구인지 이름을 대서 알아맞히도록 합니다. 이렇게하여 술래가 맞히면 술래가 바뀌게 되고 알아맞히지 못하면 처음부터 다시 하게 됩니다. 이 놀이는 10명 이내의 집단에서 적당한 놀이입니다.

✂ 준비물 : 눈가리개, 지팡이(또는 막대기)

나무꾼과 천사

10~15미터 정도 떨어져서 평행선을 긋고 '나무꾼' 모둠과 '천사' 모둠으로 나누어서 중간 지점에 1미터 정도 떨어져서 마주 보고 섭니다. 지도자는 이들 중간 지점에서 동식물에 관한 이야기를 들려주는데 어린이들은 그 이야기가 사실이면 천사들이 나무꾼을 쫓아가서 안전지대로 들어가기 전에 잡아야 하고, 거짓이면 나무꾼이 천사들을 붙잡고 반대로 천사들은 도망쳐야 합니다. 그런데 지도자의 말이 맞는지 틀린지 모호할 때가 재미있어집니다. 맞는다고 생각하는 사람들은 잡으러 달려갈 것이고 틀린다고 생각한 사람들은 뺑소니치게 되니까 서로 뒤엉켜 버립니다. 이때 지도자는 너무 성급하게 정답을 알려 주지 말고 적당히 시간을 보내다가 정답을 알려 줍니다. 이렇게 되면 금세 쫓아가고 도망치는 사람들로 아수라장이 되고 맙니다. 이렇게 하여 각 모둠에서 붙잡은 사람이 몇 명인지 알아보고 점수를 매기면서 계속해 보세요.

나는 누구일까?

지도자는 여러 가지 동물을 그린 그림(또는 사진)들을 준비해 두고 모든 참가자들의 등에 스카치 테이프를 이용하여 붙입니다. 이때 어느 누구도 자기의 등에 어떤 그림이 붙어 있는지를 알려 주어서는 안 됩니다. 시작이 되면 참가자들은 이사람 저사람들을 찾아다니면서 자기가 어떤 동물인지를 물어봅니다. 그러면 질문을 받은 사람은 "예", "아니요"만 대답할 수 있습니다. 이렇게 하면서 시간이 지나는 동안 자기가 어떤 동물인지 알아내는 사람들이 하나둘 나타날 터인데 끝까지 알아내지 못하는 사람들도 반드시 나타납니다. 이런 사람들에게는 애교 어린 벌칙을 하나 선사합시다. 이런걸 가지고 엎친 데 덮친 격이라고 하나요?

✄ 준비물 : 종이와 스카치테이프

공으로 하는 어·조·목

널리 알려진 〈어·조·목〉를 공으로 하는 놀이로 살짝 바꾸어 보았습니다. 어린이들은 둥글게 둘러앉고 술래 한 사람이 원 안으로 들어갑니다. 술래가 이리저리 돌아다니다가 들고 있는 공을 갑자기 한 친구에게 던지면서 어·조·목 중에서 하나를 외칩니다. 공을 받은 어린이는 다섯을 셀 동안 그에 해당하는 생물 이름을 대야 합니다. 예를 들어 "어"魚 하면 그 어린이는 물고기 이름 중에서 하나를 빨리 말해야 합니다. "조"鳥 하면 새 이름을, "목"木 하면 나무 이름을 말해야 하지요. 쉬운 것 같아도 갑자기 공을 받게 되면 그 어린이는 당황하게 됩니다. 이렇게 하여 5초 안에 이름을 대면 공을 던진 술래는 다시 공을 돌려받아서 계속하고, 이름을 대지 못하면 술래를 바꾸어서 계속하면 됩니다.

그것을 찾아라

두 모둠으로 나누어서 10m 간격을 두고 마주 보고 정렬합니다. 각 모둠 사람들은 순서를 정하여 자기 번호글 기억해 둡니다. 지도자는 준비해 놓은 상수리나무 잎, 오리나무 가지, 솔방울, 버섯, 다래, 머루, 개암나무 열매, 도토리 등과 같은 자연물들을 8~10가지 중간 지점에 놓아둡니다. 이제 놀이를 어떻게 하는지 예를 들어서 설명해 보겠습니다. 지도자가 "오리나무 가지, 3번" 하고 외치면 각 모둠에서 3번인 사람들이 중간지점으로 달려가서 오리나무를 유심히 살펴본 다음, 근처 숲으로 들어가서 오리나무 가지를 찾아와야 합니다. 이렇게 하여 먼저 찾아온 모둠이 1점을 얻게 됩니다. 잘못 구해 왔거나 산가지를 꺾어 온 모둠에게는 벌점을 줄 수도 있습니다. 이 놀이는 주위에 있는 나무, 들풀, 야생화들의 이름 과 특성을 자연스럽게 익힐 수 있도록 해 주는 즐겁고도 유익한 자연놀이입니다.

✂ 준비물 : 인근 숲에서 구할 수 있는 자연물 8~10가지

동물 모양을 만들어 봅시다

5~6명씩 여러 집단을 만들고 각 패에게 동물 이름이 적힌 쪽지를 한 장씩 나누어 준다. 그리고 이들에게 3분 정도 시간을 주어서 집단별로 몸을 이용하여 동물 모양을 만들어 보 도록 합니다.

한 자리에 다시 모여서 돌아가면서 동물을 몸으로 표현하도록 합니다. 이때 다른 패 사 람들은 그것이 어떤 동물인지를 알아맞추어 봅니다. 가장 먼저 맞춘 패가 1점을 가져가게 되며, 이렇게 모든 패가 한 번씩 해 본 다음 지도자가 다른 쪽지를 나누어 주어서 다시 해 봅니다.

단순히 알아맞추는 데 초점을 두지 말고 그들의 표현이 정확했는지를 지도자는 간간히 정리해 주는 것을 잊지 말아야겠습니다.

양념치기 : 쪽지를 나누어 주는 대신에 지도자가 동시에 한 가지 동물 이름을 대면 패원들 은 서로 의견을 나누고 협동하여 몸으로 그 동물의 모양을 만들어 보는 것도 재미있습니 다. 이때는 지도자가 가장 신속하고, 창의적이고, 정확하게 묘사한 패에게 1점을 주는 식으 로 계속 진행합니다.

동물 가족

〈동물 가족〉 놀이는 짝짓기에 딱 어울립니다. 지도자가 동물이나 곤충 이름을 적은 쪽지를 2장씩 만들어서 참가자들에게 나누어 줍니다. 참가자 인원이 홀수일 때는 동물 중에서 하나를 3장 만들면 됩니다. 지도자는 참가자들이 쪽지에 적힌 동물 이름을 읽어 보도록 하고 나서 쪽지들을 다시 돌려받습니다. 이때 참가자들은 자기가 어떤 동물인지를 다른 사람들에게 말해서는 안 됩니다. 시작이 되면 참가자들은 몸짓으로 자기가 어떤 동물인지를 표현하면서 돌아다니면서 자기 짝을 찾습니다. 몸짓으로만 해야지 동물 울음소리를 내거나 말할 수 없습니다. 간단해 보이지만 몸으로 표현하기 곤란한 동물들이 많습니다. 예를 들어 악어, 하이에나, 카멜레온, 여우, 기린과 같은 동물을 몸으로 표현하기란 쉽지 않은 일이지요. 어쨌든 이렇게 하여 자기 짝을 빨리 찾아보도록 하세요. 이런 동물들은 울음소리를 내서 찾아보도록 해도 어렵습니다. 악어가 어떻게 우는지 알고 있지 못하잖아요. 정말로 해괴망측한 울음소리들로 시끌벅적해질 것입니다. 짝을 찾기가 쉽지 않으니 그만큼 재미도 있답니다.

반달 사냥

북아메리카 인디언들이 청소하면서 하는 놀이였다고 합니다. 어린이들에게 정사각형이 그려져 있는 빙고판 용지를 하나씩 나누어 주고 주위에 어떤 자연물들이 있는지 샅샅이 찾아서 그 이름을 빙고판 사각형 빈칸에 적어서 모두 채우도록 합니다. 빙고판은 놀이 시간에 따라 16, 25, 36개 중에서 하나를 선택하면 됩니다. 어린이들이 모두 빈칸을 채운 다음 정답을 맞출 때 지도자가 쓰레기 이름만 부르지 말고 다음과 같이 독창적인 방법을 사용하십시오. 즉 가시가 많은 것, 끈적끈적한 것, 얼음같이 차가운 것, 매끄러운 것, 부드러운 것, 딱딱한 것, 둥근 것, 먹을 수 있는 것, 어두운 것, 밝은 것, 솜털(보풀)이 일어난 것, 사람들과 가장 가까이 있는 것, 매우 희귀한 것, 무시무시한 것 등을 말해 주게 되면 어린이들은 자기가 관찰하여 기록한 자연물들을 보다 유심히 관찰할 수 있게 됩니다. 이렇게 하면 1자 빙고를 만든 어린이들이 계속 나오게 되는데 지도자는 어린이들이 자연물에 관한 정보를 알려 줄 수 있겠지요.

매와 꿩 놀이(2.4-113)

두 모둠으로 나누어서 매와 꿩이 되어서 놀이터에 흩어집니다. 시작이 되면 매는 꿩을 쫓아가서 잡고 반대로 꿩은 잡히지 않으려고 도망을 칩니다. 매에게 붙잡힌 꿩은 잡힌 그 자리에 꼼짝 없이 서 있는데 살아 있는 꿩이 잡힌 꿩을 치면 살아납니다. 이렇게 하여 꿩들이 모두 잡히면 역할을 바꾸어서 다시 합니다.

인원 : 20명 내외

계절 탐색

우리나라는 봄, 여름, 가을, 겨울, 사계절이 뚜렷해서 변화무쌍하고 심심할 날이 없는 축복받는 나라입니다. 하지만 누구나 특별히 좋아하는 계절이 있을 것입니다. 〈계절 탐색〉은 소풍을 가서, 또는 근처의 숲속을 찾아가서 즐길 수 있는 놀이입니다. 어린이들에게 아래의 놀이용지를 나누어 주고 작성해 보도록 하면 계절마다 가진 특징들을 이해하고 느끼는 데 큰 도움이 됩니다.

계절 탐색

1. 돌아다니면서 아름다운 것들을 찾아보세요.

   • 모양이 예쁜 것 :

   • 아름다운 소리가 나는 것 :

   • 감촉이 좋은 것 :

   • 향기로운 냄새가 나는 것 :

2. 편히 쉴 수 있는 아늑한 장소를 찾아보고, 그 장소에 대해 설명해 보세요.

3. 지금까지 살아오면서 이 기간 중에 기억나는 일 중에서 세 가지를 적어 보세요.

4. 이 계절에 꼭 어울리는 동물이 있다면 무엇일까요?

5. 이 계절에 꼭 하고 싶은 야외활동 중에서 두 가지를 적어 보십시오.

6. 이 계절에 딱 어울리는 시 한 수를 지어서 읊어 보세요.

7. 돌아다니면서 아래와 같은 자연물들을 찾아보세요.

   • 나에게 가장 어울리는 자연물 :

   • 무서운 느낌이 드는 물건 :

   • 불쌍해 보이는 물건 :

   • 슬픈 느낌이 드는 물건 :

   • 행복한 기분이 드는 물건 :

8. 최근에 훼손되어서 없어져 버린 자연물들이 있는지 살펴보세요.

9. 내가 이것을 좋아하는 이유

   • 바람 :

   • 비 :

   • 눈 :

   • 우박 :

   • 햇빛 :

   • 구름 :

   • 요즈음 같은 날씨(온도) :

   • 기타 :

한밤중 놀이(2.4-114)

술래가 여우가 되고 나머지 어린이들은 병아리가 됩니다. 병아리들이 무리를 지어서 여우 굴에 조심조심 접근하여 "여우야, 여우야, 지금 몇 시냐?" 하고 물어봅니다. 그러면 여우는 아무 시간이나 대답할 수 있는데, 여우가 "한밤중이다."라고 말하면서 갑자가 몸을 돌려 달려오면 병아리들은 도망쳐야 합니다. 이렇게 하여 잡힌 병아리들은 여우 새끼가 되어서 여우와 함께 병아리들을 잡게 됩니다. 이렇게 하여 병아리들이 모두 잡히면 술래를 바꾸어서 계속합니다.

장미꽃과 나비(2.4-130)

어린이들이 반씩 나누어서 장미꽃과 나비가 됩니다. 장미꽃이 된 어린이들은 60~90cm 정도 간격으로 흩어져서 그 자리에 쪼그리고 앉도록 합니다. 시작이 되면 나비들은 두 손을 나비의 날개처럼 팔락이면서 장미 꽃밭을 빠른 속도로 뛰며 날아다닙니다. 그러다가 지도자가 "그만" 하고 외치면 그 즉시 나비들은 그 자리에 서 있어야 하는데 이때 장미꽃들은 자기 근처에 있는 나비들은 다리를 옮기지 않고 손을 뻗쳐서 잡습니다. 이렇게 하여 잡힌 나비들은 붙잡힌 그 자리에 앉아서 장미꽃이 됩니다. 이렇게 하여 나비들이 모두 잡힐 때까지 계속합니다.

새와 포유동물(2.4-133)

까치와 까마귀(2.2-69)와 비슷한 놀이입니다. 8~10m 간격을 두고 평행선을 3개 긋습니다. 두 모둠으로 나누어서 동물과 새가 되어서 중앙선에 1m 간격을 두고 마주 보고 섭니다. 지도자가 새 이름(딱따구리, 부엉이, 참새 등)을 외치면 새 모둠 사람들은 동물 모둠들을 쫓아가고, 동물 이름(토끼, 고양이, 여우 등)을 외치면 동물들은 새들을 쫓아가서 안전선을 통과하기 전에 잡아야 합니다. 예를 들어, 지도자가 "코끼리" 하고 외치면 코끼리는 동물이므로 새들을 쫓아가서 잡고, 반대로 새들은 재빨리 뒤로 돌아 자기편 안전선으로 도망갑니다. 안전선을 통과하기 전에 잡힌 어린이는 잡은 사람 편이 됩니다. 이렇게 하여 어느 모둠이 많이 잡는지 알아봅시다. 지도자는 동물이나 새 이름 대신 간간이, 지렁이라든가 바퀴벌레 따위의 곤충 이름을 불러서 어린이들을 혼란스럽게 할 수 있습니다.

인원 : 20~40명

다람쥐와 밤(2.4-147)

어린이들은 듬성듬성 떨어져서 의자에 앉아 눈을 감고 한 손은 앞으로 내놓고 들고 있도록 합니다. 시작이 되면 술래는 다람쥐가 되어서 돌아다니다가 밤(분필)을 한 사람의 손바닥에 떨어뜨립니다. 이렇게 밤을 받은 어린이는 눈을 떠서 술래를 쫓아가서 잡아야 하고 술래는 도망을 쳐서 자기를 잡으러 쫓아오는 어린이가 앉았던 의자에 앉습니다. 술래가 빈 의자에 무사히 앉으면 쫓아오던 어린이가 새 술래가 되고, 잡히면 다시 술래를 해야 합니다.

준비물 : 밤(또는 분필)

이웃사촌 놀이 : 황새치기(2.2-66), 잠자는 곰 지키기(2.2-62), 다람쥐(2.2-67), 까치와 까마귀(2.2-69), 새와 물고기(2.2-71), 토끼꼬리(2.4-123), 토끼와 농부(2.4-125), 겨울잠 자는 곰 찾기(2.4-131), 연못의 개구리(2.4-150), 오리가 난다(2.2-9), 자연물 채집(2.2-12), 동물나라(2.2-60)

M • E • M • O

하루라도 빨리 남북통일이 이루어지기를 간절히 기대합니다. 나는 북한의 놀이책을 몇 권 구해서 읽어 보면서 이념은 달라도 어린이들의 놀이가 어쩌면 그렇게 똑같은지 놀랍고도 반가웠습니다. 그래! 통일이 되면 남북 어린이들이 만나서 사귀고 나누면서 상처를 치유하고 하나가 되는 길은 놀이밖에 없다고 생각했습니다. 그런 소망과 믿음을 담아서 북한의 어린이 놀이들을 몇 가지 담아 보았습니다.

돌아오기 타구(2.4-153)

시작점에서 공을 쳐서 첫 구뎅이(구덩이)로부터 마지막 구뎅이까지 공을 최대한 빨리 넣어서 돌아오는 놀이입니다. 4~6명의 어린이들이 순서를 정한 다음 첫 번째 어린이가 시작점에 공을 놓고 공채로 쳐서 첫 번째 구뎅이에 공을 넣습니다. 공을 집어넣지 못하면 다음 어린이가 하게 되는데 차례가 다시 돌아오면 공이 있던 자리에서 시작하도록 합니다. 이렇게 하여 누가 가장 먼저 시작점으로 돌아오는지 겨루어 봅시다. 돌아오기 타구는 2~3명씩 편을 만들어서 할 수 있습니다.

✂ 준비물 : 야구공, 막대기(인원수만큼)
인원 : 4~6명

곧바로 치기 타구(2.4-152)

두 모둠으로 나누고 각 모둠에서 한 어린이 1명씩 나와서 마주 보고 섭니다. 순서를 정하여 시작점에 공을 놓고 공채(스틱)로 공을 칩니다. 점수는 첫 번째 구뎅이(구덩이)에 공이 들어가면 1점, 가장 멀리 떨어진 10번째 구뎅이에 들어가면 10점을 얻습니다. 공은 두 번씩 치는데 공이 구뎅이에 들어가면 그에 해당하는 점수를 더 얻게 됩니다. 각 편에서 한 사람씩 돌아가며 하고 점수를 합산하여 어느 편이 더 많은 점수를 얻는지 겨루어 봅시다.

✂ 준비물 : 야구공, 막대기(2개 이상)
인원 : 10~20명

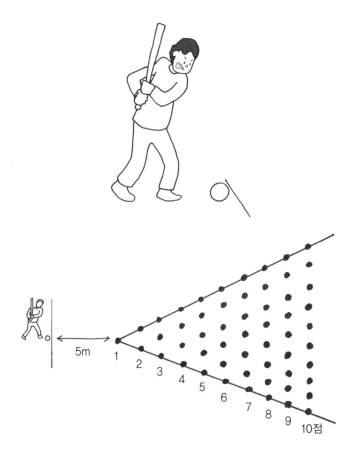

비석치기(2.4-156)

〈비석치기〉는 지방에 따라서 '말치기', '비껴치기', '자새치기', '돌치기' 등 여러 가지로 불리고 있습니다. 〈비석치기〉는 두 사람 또는 여러 모둠을 나누어서 할 수 있습니다. 먼저 적당한 거리(4~6m 정도)를 띄워 선을 그은 후 가로, 세로가 각 10cm 정도의 기와 조각이나 납작한 조약돌(말)을 하나씩 구해 옵니다. 공격과 수비를 정하여 수비는 선에 말을 세웁니다. 말을 던지는 방법은 매우 다양해서 처음에는 선채로 던지지만, 방법이 점점 어려워집니다. 즉 발등에 말을 올려놓고 세워져 있는 말을 쓰러뜨리기, 발이나 원 안 사이에 말을 끼우고 간 다음 떨어뜨려서 넘어뜨리기, 말을 던져 놓고 앙감질로 뛰어가 발로 차서 맞히기, 말을 배 위 · 어깨 위에 얹어 놓고 떨어뜨려서 넘어뜨리기(소위 떡장수), 말을 허리에 싣고 뒷걸음질쳐 가서 떨어뜨리기, 고개를 옆으로 젖혀서 말을 뺨에 얹어 놓고 걸어가 떨어뜨려서 맞히기 등이 있습니다.

북한에서는 〈비석치기〉를 '비사치기'라고 하는데 〈비사치기〉는 놀이에 쓰이는 둥글납작한 돌을 곧바로 날려 보내지 않고 사선으로 날려 보내어 친다는 데서 유래하였다고 합니다. 〈비사치기〉는 10cm, 두께는 3~5cm 정도의 돌멩이를 사용합니다. 과녁 돌은 높이 20cm, 직경 10~15cm 정도의 땅에 세울 수 있는 돌을 사용합니다. 놀이를 하기 위하여 먼저 10m 정도의 거리를 사이에 두고 두 편이 마주 보고 섭니다. 그리고 중간지점에 과녁돌을 세워놓으면 됩니다. 말은 두 편에서 하나씩 가집니다. 두 편의 주장들이 나와서 말 한쪽에 연필로 표식을 하고 머리 높이로 던져서 표식이 보이는 쪽이 먼저 하기로 합니다. 놀이는 두 편에서 1명씩 엇바꾸어 가면서 합니다.

첫 번째, 어린이의 놀이는 시작점에서 선채로 말을 던져서 과녁돌을 넘어뜨리는 것입니다.

두 번째는 시작점(출발점)에서 세 걸음 걸어 나와 선 다음 말을 손에 쥐고 뒤로 돌아서서 다리를 벌린 상태에서 두 다리 사이로 말을 던져서 과녁돌을 넘어뜨립니다.

세 번째는 시작점에서 말을 쥐고 세 걸음 앞으로 걸어 나간 다음 말을 땅 위에 놓고 발로 차서 과녁돌을 넘어뜨립니다.

네 번째는 말을 발등에 올려놓고 다섯 걸음 앞으로 걸어 나가서 발등으로 말을 날려 보내어 과녁돌을 맞추어 넘어뜨립니다.

다섯 번째는 말을 두 발 사이에 끼우고 두 발로 말을 날려 보내서 과녁돌을 넘어뜨립니다.

여섯 번째는 말을 두 발 사이에 끼우고 두 발 모두 뛰기로 일곱 걸음 앞으로 나가서 두 원 안으로 말을 날려 보내서 과녁돌을 맞춥니다.

일곱 번째는 말을 겨드랑이에 끼고 여덟 걸음 앞으로 걸어 나가서 겨드랑이 말을 떨어 뜨려 과녁돌을 넘어뜨립니다.

여덟 번째는 말을 어깨 위에 올려놓고 앞으로 아홉 걸음 걸어 나가서 어깨로 말을 떨어 뜨려 넘어뜨립니다.

아홉 번째는 말을 머리 위에 이고 열 걸음 걸어 나가서 머리 위의 말을 떨어뜨려서 맞추어 넘어뜨립니다.

열 번째는 가장 어려운데 말을 목 등에 올려놓고 뒷걸음질로 열 걸음 걸어 나가서 말을 떨어뜨려 넘어뜨립니다.

열한 번째는 말을 손에 쥐고 눈을 감은 채로 앞으로 걸어 나가서 말을 던져 과녁돌을 넘어뜨려야 합니다.

이렇게 열한 가지 방법으로 두 편 어린이들이 엇바꾸어 가면서 즐깁니다. 과녁돌을 넘어 뜨린 어린이는 계속하고, 넘어뜨리지 못하면 다음 어린이에 이어서 하도록 하며 과녁돌을 맞히면 1점, 넘어뜨리면 2점을 얻게 됩니다.

✂ 준비물 : 말(조약돌, 기와조각 등)
인원 : 4~6명

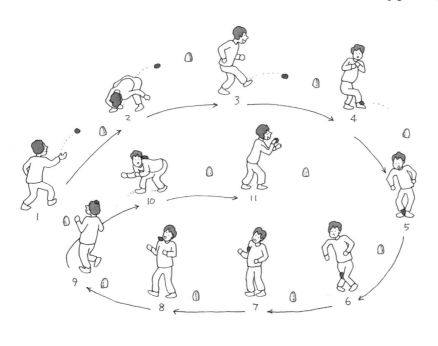

산가지놀이(2.4-155)

옛날 옛적 우리 조상들이 수를 셈할 때 쓰던 작은 막대기를 '산가지'라고 하는데 이를 가지고 즐기던 놀이입니다. 한 사람이 산가지를 한 줌 쥐고 방바닥이나 식탁 위에 흩뿌려 놓습니다. 그런 다음 나머지 사람이 순서를 정하여 돌아가며 누가 산가지를 더 많이 가져가는지를 겨루는 놀이입니다. 산가지를 하나씩 조심스럽게 잡는데 다른 산가지를 건드려서 움직이지 않게 하여 가져갑니다. 그러다가 산가지가 하나라도 움직이게 되면 그 사람은 죽게되고, 무사하게 집으면 죽을 때까지 계속합니다. 간단한데도 박진감이 넘치는 놀이입니다. 산가지를 집는 사람은 이미 가져간 가지를 지렛대나 젓가락처럼 사용할 수 있습니다. 다른 가지를 건드리면 다음 사람으로 순서가 넘어갑니다.

산가지는 길이가 15cm 정도로 가늘고 곧은 대나무로 만들 수 있으며 점수는 다섯 가지종류(20점, 10점, 5점, 3점, 2점)가 있습니다. 그리고 20점짜리 산가지는 2개, 10점짜리 산가지 5개, 5점짜리 9개, 3점짜리 12개, 2점짜리 12개 정도가 적당합니다. 산가지는 어묵꼬치나 이쑤시개로도 만들 수 있으며 점수에 따라 산가지의 모양과 색깔을 달리하는 것이 좋습니다. 마지막으로 어린이들은 각자 자기가 가져온 산가지들의 점수를 더해 보고 누가 가장 점수를 많이 얻었는지 알아보도록 합니다.

북한 어린이들은 〈산가지놀이〉를 조금 다르게 하고 있습니다. 〈가위바위보〉로 순서를 정하고 맨 처음 하는 어린이가 왼손에 산가지 묶음을 쥐고 한쪽 끝을 땅에 대고 세웁니다. 오른손가락으로는 왼손에 잡고 있는 산가지 묶음 중에서 산가지 하나를 꾹 누른 상태에서 왼손을 펴서 산가지들이 흩어지게 합니다. 그런 다음 오른손에 잡고 있던 산가지로 흩어진 산가지를 하나씩 떼어 냅니다. 왼손에 잡고 있던 산가지들이 흩어질 때 오른손으로 누르고 있던 산가지도 함께 쓰러지면 다음 사람에게 차례가 넘어갑니다. 따라서 오른손으로 누르고 있던 산가지는 서 있는 상태에서 나머지 산가지들이 많이 흩어지도록 해야 합니다. 산가지를 하나씩 떼어 낼 때 다른 산가지들이 조금이라도 움직이면 다음 사람에게 차례가 넘어갑니다. 이렇게 하여 누가 산가지를 가장 많이 가져가는지를 겨루는 놀이입니다.

준비물 : 산가지
인원 : 2~5명

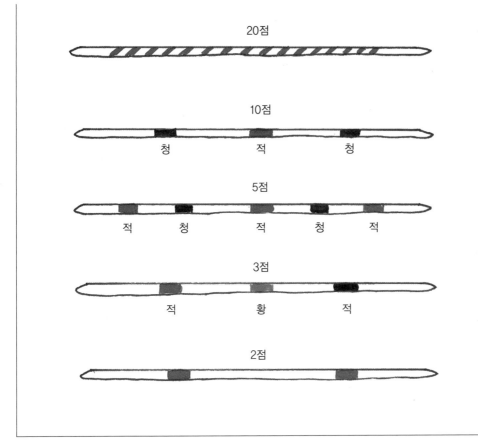

20점

10점

청　　　　　　　적　　　　　　　청

5점

적　　　청　　　　적　　　청　　　적

3점

적　　　　　황　　　　　적

2점

100점 따기 타구(2.4-154)

이 놀이에서도 공을 치는 방법은 같으며 다만 그림과 같이 놓인 점수가 각기 다른 구뎅이에 공을 넣어서 누가 가장 먼저 100점을 얻었는지 겨루어 보는 놀이입니다.

✂ 준비물 : 야구공, 막대기

인원 : 4～6명

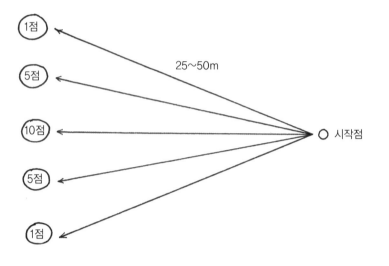

월화수목금토일(2.4-157)

북한 어린이들이 7명씩 두 모둠으로 나누어서 하는 줄넘기입니다. 한 모둠의 두 어린이가 줄 양끝을 잡고 줄을 돌리면 다른 모둠의 첫 번째 어린이가 줄 안으로 들어가면서 "월" 하고 외치면서 한 번 넘고 오른쪽으로 빠져 나갑니다. 그러면 뒤를 이어서 다음 어린이가 줄줄이 같은 방법으로 "화", "수", "목", "금", "토", "일"까지 합니다. 줄에 걸린 어린이는 줄 밖으로 나오도록 하며, 이렇게 두 모둠이 역할을 바꾸어서 해 보고 어느 모둠이 더 많이 했는지 겨루어 보는 줄넘기입니다.

✂ 준비물 : 줄넘기 줄

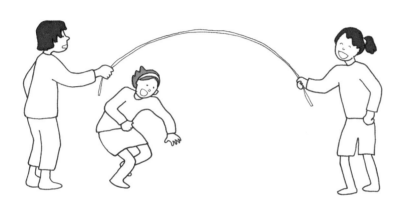

하늘밭 망차기(2.4-72)

북한 어린이들이 즐기는 〈하늘밭망차기〉는 〈네밭 말차기〉와 비슷합니다. 순서를 정하여 첫 번째 어린이가 집(나드는 곳)에 들어가서 1밭에 망을 던져 넣고 한 발로 뛰어 들어가 망을 2밭에 차 넣습니다. 같은 방법으로 6밭까지 간 다음 5밭에서 하늘밭에 들어가면 두 발을 모두 땅에 대고 섭니다. 잠시 쉰 다음 두 발을 모두 뛰어서 망을 치기 좋은 자리를 찾아 들어갑니다. 1~6밭까지 갔던 같은 방법으로 10밭까지 가서 집으로 돌아오면 1밭은 나게 됩니다. 이렇게 10밭까지 다 나면 하늘밭을 지나야 하는데 하늘밭에는 집에서 돌아서서 망을 머리 너머로 던져 넣습니다. 망이 하늘밭으로 들어가면 서 있는 자리에서 몸을 뒤로 돌려 한 발로 1밭에 들어가서 2, 3, 4, 5밭을 거쳐 하늘 밭에 가서 두 발을 땅에 짚고 잠시 쉽니다. 그런 다음 한 발을 들어서 망을 6밭으로 차 넣고 7, 8, 9, 10밭을 거쳐 집까지 나오면 놀이는 끝이 납니다. 누가 먼저 하는지 친구들과 겨루어 봅시다.

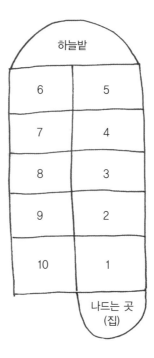

구슬치기(2.4-99)

3~5명이 함께 할 수 있는 구슬치기로써 '삼각형'이라고도 합니다. 1변이 20cm 정도 되는 삼각형을 그리고 그 안에 한 사람당 2~3개씩 구슬을 모아 놓은 다음 3~4m 떨어진 곳에 선을 긋습니다. 〈가위바위보〉로 순서를 정하여 한 사람씩 구슬을 던져서 삼각형 안에 구슬을 맞혀 따먹습니다. 이때는 단순히 맞히는 것이 아니라 자기 구슬로 삼각형안의 구슬을 삼각형 밖으로 내보내야 합니다. 이때 삼각형 안의 구슬이 삼각형 밖으로 나가더라도 자기 구슬이 삼각형 안에 들어가 버리면 오히려 죽게 됩니다. 구슬을 딴 어린이는 한 번 더 할 수 있습니다.

북한 어린이들도 이와 같은 놀이를 '알무지 허물기놀이'라고 합니다. 삼각형 대신 원을 그리고 원 안에 알(구슬)을 여러 개 모아서 놓아둡니다. 어린이들은 5m 정도 떨어진 곳에 그은 선에 발끝을 대고 알을 던져서 원 안의 알무지를 맞힙니다. 맞아서 원 밖으로 나간 알은 차지하게 되지만, 맞힌 알이 원 밖으로 나가도 자기 알이 원 안에 들어가 있거나 원의 선에 닿으면 가져갈 수 없습니다. 이렇게 어린이들이 돌아가면서 하다가 원 안에 알아 모두 없어지면 놀이는 끝이 납니다.

✂ 준비물 : 구슬(1명당 2~3개씩)

가위 말차기(2.4-73)

이 놀이는 '용문 말차기'라고도 하며 놀이의 방법은 앞의 것과 비슷하지만 '용문'이라는 집이 하나 더 있고, 또 가위의 날처럼 X표를 지른 밭을 지나가는 과정이 복잡합니다. 집에서 말을 가지고 밭에 던지고 앙감질로 뛰어 말을 차면서 2밭까지 갑니다. 2밭에서는 다시 말을 마밭으로 차서 옮겨놓고 앙감질 그대로 1밭에 들렸다가 2밭과 4밭에 와서는 두 발을 내리고 쉬며 다시 앙감질로 3밭을 거쳐, 마 밭으로 가서 말을 찹니다. 이렇게 한 뒤 가 밭과 나 밭을 돌아서 말을 가위 밭에 넣지 않고 용문으로 차 넘깁니다. 그리고 앙감질 그대로 4밭을 거쳐서 1밭과 3밭에서 발을 내리고 쉬었다가, 다시 앙감질로 2밭을 지나서 용문으로 나갑니다. 용문에서는 발 등에 돌을 얹고 높이 올려서 손으로 잡은 뒤, 가위 밭을 규칙대로 밟고 지나서 나 밭과 가 밭을 돌아 집으로 나오며 이렇게 해서 한 차례가 끝납니다. 다음은 말을 나 밭에 던지고 앞에서와 같이 마 밭까지 가며 계속해서 네밭 돌차기와 같은 방법으로 두 번째 놀이부터 마지막 부분인 집 빼앗기까지 하게 됩니다. 북한 어린이들은 이 놀이를 '가새발망차기'라고 합니다.

알 맞혀 먹기 놀이(2.4-159)

이 놀이는 〈구슬치기〉와 놀이방법이 같습니다. 두 어린이가 〈가위바위보〉로 순서를 정하고 이긴 어린이가 알치기 준비를 하고 서면 진 어린이가 그로부터 5m 거리에 알을 놓습니다. 그러면 이긴 어린이가 알을 겨누어서 자기 알을 던져 맞힙니다. 알을 맞히면 맞힌 알을 가지게 되고, 맞히지 못하면 알이 굴러간 자리에 그대로 놓아두고 다음 어린이가 다시 맞힙니다. 이렇게 하여 둘 중에 한 어린이가 알을 맞힐 때까지 번갈아 가며 계속합니다.

✁ 준비물 : 구슬

손 자치기(2.4-158)

직경 1m 정도 되는 원에 그림과 같이 숫자를 써 놓습니다. 이때 큰 숫자의 칸은 좁게 만듭니다. 두 모둠으로 나눈 다음 공격 모둠이 먼저 3m 정도 떨어진 금 밖에 새끼자를 원 안으로 던져서 새끼자가 들어간 칸의 숫자만큼 어미자로 새끼자를 칠 수 있습니다. 새끼자가 닿았거나 원 밖으로 나가면 그 사람은 탈락하게 됩니다. 새끼자의 끝을 쳐서 공중에 튕겨 오른 새끼자를 어미자로 때리는데 숫자 수만큼 때려서 날아간 새끼자의 거리를 목측으로 공격자가 말합니다. 이때 이를 상대편이 인정하면 그 숫자만큼 득점하게 되고, 너무 많은 것 같으면 수비자가 어미자로 직접 재어 봅니다. 이때 부른 숫자보다 많거나 같으면 점수를 얻게 되지만 적으면 점수를 잃게 되고, 이와 같은 방법으로 공격과 수비를 교대하여 진행합니다.

북한 어린이들도 〈자치기〉를 즐기고 있습니다. 평안도에서는 '도둑떼기', 함경도에서는 '메뚜기치기'라고 부릅니다. 북한에서는 어미자를 '메뚜기채', '긴 자', '큰 자'로 부르며, 새끼 자를 '메뚜기', '알', '작은 자'라고 부릅니다. 메뚜기 모양은 양쪽을 톱으로 자른 '토막메뚜기', 토막메뚜기를 한쪽만 경사지게 깎은 '외면메뚜기', 양끝을 연필처럼 깎은 '량면메뚜기' 세 가지가 있습니다. 〈자치기〉 놀이를 위해서 직경 30cm의 동그라미와 그 안에 직경 7cm 정도의 갸름한 구뎅이를 하나 파 두는데 이를 함정이라고 하고 동그라미를 진지라고 부릅니다. 놀이를 시작하기 전에 어린이들은 몇 동을 낼 것인지 정합니다. 동이란 메뚜기를 치는 어미자의 한 기장을 말합니다. 다시 말하면 자의 길이가 한 동입니다. 어린이들은 천 동 또는 이천 동을 정한 다음 편을 갈라서 공수를 정합니다. 먼저 메뚜기를 치는 편이 포수편이고, 메뚜기를 받는 편이 범편이라고 합니다.

✂ 준비물 : 어미자(길이 60cm 정도), 새끼자(길이 10~15cm 정도)

인원 : 4~10명

M · E · M · O

1.13 │ 특별활동

01 ┊ 놀이로 하는 봉사활동

환경교육은 생명운동의 차원에서 전개되어야 한다고 하였는데, 봉사활동도 생명운동이라는 점에서 일맥상통합니다. 환경교육이 좁게는 동물·식물·곤충과 같은 자연 생물체들과 인간의 만남과 사귐에 관한 것이라면, 봉사활동은 다른 사람들과 지역사회, 그리고 자연계에 대해 관심을 가지고 이들과 의미있는 만남과 사귐이라고 볼 때 환경교육과 봉사활동은 모두 생명을 살리는 운동입니다. 사람과 자연, 사람과 사람들이 어울려서 더불어 살아가는 환경을 만들어 나가는 생명운동이요, 환경운동인 것입니다. 이러한 관심을 가지고 실제로 해 보았던 놀이로 하는 봉사활동을 몇 가지 소개합니다.

장보고 돌보고(벼룩시장)

'벼룩시장'이란 이름으로 지역사회운동을 벌인 것은 아마도 내가 처음 시도했던 사람 중 하나인지도 모릅니다. 시쳇말로 〈벼룩시장〉의 원조일 수도 있다는 말이지요. 자초지종을 털어놓으면 이렇습니다. 그러니까 내가 서울YMCA에서 간사로 활동하고 있던 1985년 서울 고덕지구에서 지역사회운동으로 〈벼룩시장〉을 여러 차례 하였었습니다. 우선 〈벼룩시장〉 실행과정을 설명하고 나서 봉사활동으로서 〈벼룩시장〉의 의의와 목적을 함께 나누도록 하겠습니다.

〈벼룩시장〉을 열기 일주일 전에 고덕지구 아파트 주민들에게 어려움에 처한 이웃을 돕기 위한 〈벼룩시장〉을 연다는 사실을 알려 주고 헌옷이나 장난감, 책, 가전제품들을 기증해 줄 것을 부탁하였습니다. 그 방법으로는 반상회와 아파트 관리소의 협조를 얻어 단지 내 방송을 이용하였습니다(30년 전만 해도 아파트 단지에서도 이렇게 하는 것이 가능했었습니다).

이렇게 하여 며칠 후 2.5톤 트럭을 몰고 아파트 구석구석을 돌면서 아파트 현관에 내놓은 물건들을 수거하러 돌아다녔습니다. 아파트 단지를 한 바퀴 돌다 보면 금방 트럭 한 대에 헌옷, 장난감, 책들을 가득 채울 수 있었습니다.

수집한 물건들을 YMCA센터에 내려놓으면 자원봉사자분들께서 물건들을 아기 옷, 남성복, 여성복 등을 사이즈별로 분류하면서 가격을 매겼습니다. 그때 옷 가격은 100원에서 500원짜리가 대부분이고, 가장 비싼 옷이 1,000원 정도였으니 헌옷이라 해도 정말 싼 가격이었습니다.

이렇게 준비를 마치고 나면 그다음 날 아침 아파트 단지 내에서 벼룩시장을 열었습니다. 길바닥에 멍석들을 주욱 깔아 놓고 팔 물건들을 진열한 다음 주부들과 대학생으로 구성된 자원봉사자들이 하루 종일 물건들을 팔았습니다. 나는 대학생들과 어울려서 연신 손뼉을 쳐대면서 "골라, 골라, 골라잡아 백원", "한 번 가면 안 와. 골라, 골라." 하고 남대문 시장 상인 흉내를 내었지요. 그리고 한편에서는 떡볶기, 오뎅, 김밥도 팔았습니다.

주민들의 반응이 폭발적이어서 장터는 발 디딜 틈도 없이 번잡해졌고 물건들은 불티나게 팔려 나갔습니다. 어떻게 알았는지 멀리에서도 사람들이 찾아와서 물건을 사는 통에 나중에는 물건이 없어서 팔수가 없을 지경이 되었습니다. 영문도 모르고 지나가던 주민들 중에는 미처 알지 못했다며 집으로 달려가서 물품들을 가져와서 기쁜 마음으로 기증하였습니다. 그런 물건은 그 자리에서 이웃 주민들에게 당장 팔려 나갔습니다. 나도 한 주민이 가져온 양복을 1,000원에 구입하여 몇 년 동안 잘 입고 다녔습니다.

오후 5시쯤 파장을 하였는데 이렇게 대부분 100원에서 2~300원짜리 물건을 팔아서 그날 번 돈이 적게는 30만 원에서 60만 원이나 되었습니다. 이렇게 모금한 돈은 며칠 후 〈벼룩시장〉에 물건을 기증하고, 또 옷을 사 입은 지역주민들에게 보고드리고 그 주민들 이름으로 이들을 대신하여 어렵고 외로움 중에 있는 이웃들을 찾아가 전달해 주었습니다. 그날 물건을 사고 낸 돈은 모두 불우한 이웃을 생각하며 내놓은 헌금이 되었으며, 이들에게 보람을 느낄 수 있도록 이들의 이름으로 전달해 주었습니다. 끝.

나는 이 장터놀이를 자원봉사자들과 즐기면서 얼마나 보람을 느꼈는지 모릅니다. 놀이로서 즐긴 이 〈벼룩시장〉을 즐기는 동안 더 큰 의미를 느끼고 확인할 수가 있었습니다. 그 의미를 조금 더 생각해 봅시다. 첫째, 〈벼룩시장〉은 이웃 간에 서로 만나서 사귀는 만남의 장소가 되어 주었습니다. 둘째, 〈벼룩시장〉은 서로 쓰던 물건을 바꾸어 가지는 알뜰시장이 되었습니다. 셋째, 〈벼룩시장〉은 불행에 처한 어려운 이웃을 생각하는 훈훈한 나눔의 장터가 되어 주었습니다.

이런 소식이 신문과 TV를 통해 조금씩 알려지면서 이제는 교회나 지역사회단체와 같은

데서 널리 행해지고 있는 것을 보면서 마치 내가 씨를 뿌려 놓은 듯이 착각하면서 보람을 느낍니다. 이런 보람은 교만이 아니라면 그냥 허용해도 되지 않을까 싶습니다.

그런데 요즈음 '벼룩시장'이란 이름이 상업적인 목적으로 널리 알려져서 봉사활동의 의미를 상실하고 있는 듯하여 안타깝습니다. 원래 그런 뜻은 아니었더라도 미국이나 유럽 여러 나라에서 행해지고 있는 'Flea Market'을 그대로 번역한 '벼룩시장'이란 이름을 그대로 사용한 것은 나의 불찰이었습니다. 그래서 그 후 같은 장을 서울 반포지역에서 연세대학교 학생들과 함께 가졌을 때는 이름을 '장보고 돌보고'로 바꾸어 사용하였습니다. 장도 보고 남도 돌보고, 누이 좋고 매부 좋고, 새 이름을 지어 놓고 나니 기분이 괜찮았습니다. 이런 놀이들이 전국 방방곡곡에서 행해질 수 있게 되기를 기대합니다.

놀이마당

이런 큰 놀이잔치를 배재중학교 학생들과 몇몇 대학생들과 함께 벌였다면 아마 놀랄 것입니다. 이 〈놀이마당〉도 1985년 어린이날에 서울 고덕지역에서 처음으로 하였는데 이날 지역 어린이들과 가족을 초청하여 하루종일 신나게 놀고 돈도 벌었습니다.

우선 어린이날을 열흘 정도 앞둔 어느 날 지역주민들에게 아파트 단지 내 초등학교 운동장에서 어린이날 맞이 〈놀이마당〉을 개최한다는 사실을 전달하였습니다. 단지 내 방송이 어려워서 지역주민들 중에서 자원봉사자들을 통하여 알리거나 포스터를 이용하여 홍보하였습니다.

배재중학교 학생들은 YMCA 집회실에서 놀이기구들을 며칠 동안 만들었는데 아주 간단하면서도 가족이 함께 즐길 수 있는 놀이기구들이었습니다. 이렇게 만든 15가지 놀이기구를 가지고 어린이날 아침 일찍 초등학교 운동장으로 가서 운동장 주위로 빙 둘러서 배치하고 15개 놀이구역에는 지도자들이 한 사람씩 배치되었습니다. 지도자들은 다름 아닌 중학교 학생들이었습니다.

개장 시간이 되자 아이들이 먼저 몰려들었고, 어린이날을 맞은 부모들도 아이들과 함께 조금씩 모여들기 시작하였습니다. 입장료는 놀이쿠폰 10장에 2,000원을 받았던 기억이 납니다. 이렇게 놀이터에 들어온 어린이와 어른들은 자기가 하고 싶은 놀이구역으로 가서 가족들끼리 즐기거나 아니면 이웃집 사람들과 대항하며 놀이를 즐겼습니다. 그러던 중에 두세 번 참가자들이 운동장 중앙에 모여 단체놀이를 즐겼고 함께 노래부르는 시간도 가졌습니다.

〈놀이마당〉에는 푸짐한 상품도 있었습니다. 제과업체의 협조를 얻어 기증받은 과자나 사탕, 그리고 어느 장난감 회사에서 기증한 장난감도 상품으로 참가자들에게 골고루 전달되었습니다. 이렇게 해서 그날 번 돈이 30~40만 원에 이르렀으니 중학생들과 함께 한 행사치고는 큰 성공이었습니다. 이렇게 번 돈도 〈장보고 돌보고〉처럼 양로원이나 장애인시설, 아니면 보육시설에 그날 참가한 주민들의 이름으로 보내졌습니다.

그러나 무엇보다도 놀이마당을 마치고 "내가 남을 위해 좋은 일을 하였구나." 하며 흐뭇해하는 중학생들의 모습을 바라보는 것이 가장 큰 보람요, 기쁨이었습니다.

마을장

〈장보고 돌보고〉(이제부터는 '벼룩시장'이라고 하지 않겠습니다)와 같은 장을 아파트 단지 내에서 주민들이 쉽게 가질 수 있습니다. 아파트 주민들이 모여 마을 장날을 정하고 이를 홍보한 다음, 그날 집에서 사용하지 않거나 사용하던 물건, 여분으로 더 있는 물건들이라면 아무 것이나 가지고 나와서 장터(주차장이나 공터)에 내놓습니다. 이때 각자 자기가 팔 물건들의 가격을 적당하게 매기도록 하며 가격표를 붙여 둡니다. 나는 필요없지만 그 물건을 필요로 하는 사람들이 싼 가격에 사 가고, 또 사는 알뜰 시장인 동시에 훌륭한 만남의 장소가 됩니다.

여기에서는 꼭 물건만을 교환하지 않아도 됩니다. 엄마, 아빠가 아이들과 함께 만든 빵이나 과자도 팔 수 있으며, 이때 아빠의 떡볶기, 오뎅, 맛탕 만드는 재주도 맘껏 발휘할 수 있는 기회도 됩니다. 주의할 점은 외부에서 장사군들이 들어오지 않는 것이 바람직하다는 것입니다. 자칫하면 좋은 뜻으로 시작한 마을장이 장사터로 바뀌기 쉽기 때문입니다. 이날 참여하여 물건을 사고 판 사람들이 판 값의 1할 정도를 기부하도록 하여 이 돈으로 불우 이웃을 돕는다면 그야말로 일석이조에다가 자녀들에게는 이웃과 함께 더불어 사는 지혜를 익히는 기쁨을 덤으로 체험하는 뿌듯한 현장이 될 것입니다.

내 건강한 몸으로

〈내 건강한 몸으로〉는 1996년 봄방학을 맞아 KBS의 '자녀교육상담실'과 공동으로 주최한 청소년캠프를 가졌을 때 중학생들과 함께 가졌던 봉사활동입니다. 봉사활동을 떠나기 하루 전에 봉사활동이 무엇이고, 오늘날 우리들이 하는 봉사활동은 무엇이 문제이며, 봉사자의 올바른 마음가짐은 어떠해야 하는지에 대해 학생들과 지도자가 어울려서 많은 시간 토론을 벌였습니다.

다음 날 이들은 건강한 몸을 담보로 이웃을 돕는 활동을 해 보기로 하고 학생 5~6명과 지도자 한 사람씩 조를 이루어 정말 무작정 캠프장에서 30분 거리인 분당으로 버스를 타고 나갔습니다. 이들은 아무 음식점이나 가게 안으로 들어가서 주인에게 "저는 오늘 고통 가운데 있는 이웃을 생각하고 돕고자 하는 마음으로 찾아왔습니다. 할 일이 있으면 제게 맡겨 주시고 그 대가로 돈을 주신다면 돈이 꼭 필요한 어려운 이웃에게 전달해 드리겠습니다." 하고 말하기로 하였는데, 말이 쉽지 한 번도 해 보지 못한 학생들이 이렇게 한다는 것은 여간 어려운 일이 아니었을 것입니다.

몇번이나 문전박대를 당한 학생들은 여기저기를 기웃거리다가 고마운 과일가게 아저씨를 만나 과일을 나르고 포장하는 일을 맡게 되었고, 그 일을 마치고 어느 음식점에 들려서는 유리창을 닦는 일까지 맡아서 열심히 일하고 3만 원이란 돈을 받아 왔습니다.

다른 조 학생들은 아파트 문을 일일이 두드려서 "뭐 좀 도울 일이 없습니까?" 하고 물었다고 합니다. 방법이 썩 좋지는 않았지만, 봉사활동의 의미를 느껴 보려 했던 어린이들이 가상했던지 그들은 정말 귀한 사람을 만날 수 있었습니다. 어느 고층 아파트 문을 두드리니까 두 발이 모두 없는 중도장애인이 안에서 문을 열고 나왔다고 합니다. 그분이 학생들을 반갑게 맞아 주어서 집안으로 들어가 그분에게서 많은 이야기를 들었다고 합니다. 학생들은 남을 도우려고 돌아다니다가 정작 도와주어야 할 장애인으로부터 너무 당당하게 살아가는 모습을 보고 큰 감명을 받고 돌아왔습니다.

하루종일 이웃을 생각하며 무언가 일하고 돌아온 이들의 떨리는 목소리를 들었을 때 얼마나 기쁘고 이들이 사랑스러웠는지 모릅니다. 남을 진심으로 바로 돕기 위해서는 남을 돕는 마음가짐부터 배워야 합니다.

봉사활동 힌트 : 친구들과 2~3명이 물동이와 수건, 유리닦는 기구를 들고 가게를 돌아다니면서 쇼윈도를 닦아드려 보세요. 건강함 몸을 가지고 땀을 흘려 한나절 일하고 그날모금한 돈으로 늙어서 거동이 어려운 양로원의 할머니, 할아버지들을 찾아가거나 어렵게 사는 장애인들을 찾아가 보세요.

일만 미터 걷기

〈일만 미터 걷기〉도 〈내 건강한 몸으로〉와 성격이 같습니다. 공휴일을 맞아 부모님이 아이들과 함께 산보를 하는데 이날은 불우한 사람들을 기억하며 걷는 날로 정해 봅시다. 떠나기 전에 어머니와 아버지는 아이들에게 이에 대해 충분히 이야기를 나누고 10km, 그러니까 일만 미터를 걷도록 합시다. 물론 아이들의 나이에 따라 걷는 거리는 조절할 수 있습니다. 이렇게 걸으면 아버지는 일례로 1m에 1원씩 계산하여 주겠다고 아이들과 약속을 하는데, 이 돈은 이웃을 돕는 데 사용하자고 다짐합니다.

자! 이제 떠나 봅시다. 거리를 따라 거닐 때는 아무 가게나 들어가서 가게 주인들에게 이렇게 취지를 설명해 봅시다. "안녕하세요. 저는 오늘 불우한 이웃들을 생각해 보며 오늘 일만 미터를 걷고 있습니다. 제가 가진 것이라면 바로 장애인들이 가지지 못한 건강한 다리입니다. 그래서 오늘 이 건강한 다리로 걸으면서 불행에 처한 이웃을 생각해 보고 도움이 되어 드릴 수 있는 방법을 찾아보려고 합니다. 부디 저의 뜻을 이해해 주셔서 제 후원자가 되어 주시기 바랍니다." 이렇게 공손히 말씀드리고 액수의 크기에 관계없이 이 뜻에 동참한다는 마음으로 후원금을 내 주실 것을 부탁드려 봅시다.

그러면 아마도 적지 않은 사람들로부터 '거참, 오래 살다 보니 별 이상한 사람 다 보겠네' 하는 식의 취급을 당할지도 모릅니다. '사랑의 걷기운동'과 유사한 이름으로 여러 가지 행사들이 있어서 사람들에게 널리 알려지기도 하였지만 이런 커다란 행사에 참여하지 않고 한두 가족이 이런 봉사활동을 하다 보면 오해받기가 쉽기 때문입니다. 그러나 그만큼 얻는 경험들도 다양해서 자라는 어린이들에게 유익한 하루가 될 수 있습니다. 비록 그날 한 푼도 얻지 못한다 할지라도 이웃을 생각하지 못하는 사람들이 그토록 많다는 사실을 깨닫는 것도 값진 경험이 되기 때문입니다. 이러다가 고마운 사람들을 몇 사람이라도 만나 단돈 몇 백 원, 몇 천 원을 얻을 수 있다면 그 돈은 너무나 값지게 느껴집니다. 이렇게 해서 그날 모은 돈을 가지고 근처 공원에서 끼니를 굶은 할머니, 할아버지들을 찾아가 따끈한 밥 한 공기 대접해 드릴 수 있다면 얼마나 좋아하시겠습니까?

그날에 돈 한푼 얻지 못해도 괜찮습니다. 왜냐하면 그 먼 거리를 부모님과 함께 걸으면서 이웃에 대한 이런저런 이야기를 나눌 수 있다는 것 자체가 큰 축복이고 즐거움이기 때문입니다. 만 미터를 걷고도 멀쩡한 이 튼튼한 몸을 가지고 있는 것도 감사할 일이요, 이웃을 생각하고 사는 것만해도 얼마나 행복한 일인지도 새삼 깨닫는 계기가 될 것입니다.

M · E · M · O

1.14 │ 닫는 놀이

멋진 성품을 선물하기(1.1−36)

6~8명씩 모둠을 만들고 학생들에게 네 가지 색깔(빨강, 파랑, 노랑, 초록)의 색종이를 각각 한 장씩 나누어 주십시오. 그런 다음 각자 자기가 좋아하는 색깔부터 순서대로 놓도록 합니다. 그중에서 가장 싫어하는 색깔, 그러니까 네 번째로 제일 밑에 놓아둔 색깔은 별도로 꺼내서 자신의 엉덩이 밑에 깔고 앉도록 합니다.

지도자는 학생들에게 '나는 이런 점(모습)이 참 자랑스럽다'고 생각하는 자신의 좋은 점, 멋진 점, 자랑스러운 점을 세 가지씩 생각해 보도록 합니다(3분). 그중에서도 가장 좋아하는 품성이나 장점을 자기가 제일 좋아하는(제일 윗면에 있는) 색종이에다가 5~10자 정도로 큼지막하게 적도록 합니다. 예를 들면, '여유만만', '배려하는 마음', '이해심 많음' '창의적임' 등과 같이 말입니다. 이때 크레파스를 사용하여 글씨와 함께 예쁜 그림을 그리면 더욱 좋겠지요.

학생들이 세 장의 색종이에 자신의 긍정적인 면 세 가지를 모두 기록하면, 지도자는 "여러분! 수고하셨습니다. 우리가 이처럼 자신을 늘 사랑스럽게 바라볼 수만 있다면 우리는 얼마나 행복하겠습니까? 하지만 사람은 누구나 단점이 있고, 남에게 밝힐 수 없는 부끄러운 점, 싫어하면서도 떨쳐 버리지 못하는 나쁜 버릇을 한두 가지씩은 누구나 가지고 있는 것이 사실이지요. 이제 여러분은 각자 자기의 그런 부정적인 단면을 한 가지 생각해 보고 그것을 엉덩이 밑에 깔아 놓은 색종이(가장 싫어하는 색깔)에 같은 방법으로 적으세요. 내가 분명히 약속하는데 여러분이 쓴 글을 절대로 다른 사람에게 보여 주지 않을 것입니다. 게다가 나에게 제출하지 않고 여러분이 간직할 것이므로 그럴 수도 없으니 안심하고 솔직하게 적기 바랍니다. 다 적었으면 두 번 접어서 다시 엉덩이 밑에 깔고 앉아 주십시오."라고 말합니다.

이렇게 하여 학생들이 모두 마치면 모둠별로 자기의 자랑스러운 면들을 자기가 적은 색종이를 보여 주면서 소개하는 시간을 가집니다. 서로 상대방의 긍정적인 면들에 대해 나누는 동안 여러 가지 느낀 점이 있을 것입니다. 그래서 이번에는 자기가 이미 가지고 있는 긍정적인 면들을 다른 학생에게 서로 선물하는 시간을 가져 봅시다. 예를 들면, 우인이가 정민이에게 "너는 '해맑은 웃음'을 가지고 있다고 하였는데 거기에다가 나는 정민이에게 나의 장점인 '포근한 마음'을 선물하고 싶어."라고 하면서 자기 쪽지를 선사합니다. 이런 방식으로 서로 쪽지들을 주고받는 오붓한 시간을 가져 봅시다.

이렇게 모든 학생들이 소개를 마치면 지도자는 학생들에게 본인은 물론이고 다른 사람에게 절대로 보여 주지 않을 것을 다짐하고 부정적인 면을 기록한(엉덩이 밑에 깔고 앉은) 색종이를 접은 채로 거두어들입니다. 그러고 나서 지도자는 거두어들인 쪽지들을 모든 사람들이 보는 앞에서 즉각 태워 버리도록 하세요. 자기가 싫어하고 힘들어하던 마음 속의 큰 짐을 훌훌 털어 버리고 후련해지는 시간이 될 것입니다.

✂ 준비물 : 색종이(1인당 네 가지 색깔), 사인펜, 크레파스(소집단 수만큼), 빈 양철깡통, 라이터

행복한 선물 나누기(1.3-79)

집단원들에게 각각 종이 여러 장과 연필을 나누어 주십시오. 그리고 다음과 같이 말합니다.

> 지도자 : 우리는 작은 선물로도 다른 사람들에게 충분히 감사하고 고마운 마음을 나눌
> 수 있는데 값진 선물을 준비하지 못해서 그렇게 하지 못할 때가 많습니다. 이
> 제부터 우리는 이 집단에 속한 친구들에게 작지만 소중한 선물을 주고받는 행
> 복한 경험을 함께 나누었으면 합니다.

그런 다음 지도자는 집단원들이 각자 가지고 있는 쪽지에 긍정적인 메시지를 다른 집단
원들에게 개별적으로 적도록 합니다. 집단원들 중에는 잘 모르는 사람이거나 친하지도 않
은 사람들에게 긍정적인 메시지를 보내는 것을 어색해하고 당황하는 집단원들이 있을 것
입니다. 지도자는 그런 집단원들을 위해 다음과 같이 긍정적인 피드백을 전하는 방법들을
몇 가지 알려 주도록 하십시오.

1. 구체적으로 표현하십시오. "나는 ○○의 웃는 모습이 너무나 좋아."라고 표현하기보다
   는 "나는 ○○가 오늘 웃으면서 들어오는 모습이 보기에 참 좋았어."와 같이 적습니다.
2. 일반적인 코멘트보다는 각 사람에게 딱 어울리는 독특한 메시지를 적으십시오.
3. 한 사람도 빠짐없이 모든 집단원들에게 보내십시오. 진정한 관심이 다른 사람의 긍정적
   인 면을 발견하는 비결입니다. 그러므로 무엇보다도 진솔해야지 가식적인 태도는 금방
   드러납니다.
4. 당신이 목격한 그 사람의 멋지고 모범적인 행동을 언급하면서 집단에 함께 지내고 싶
   은 이유가 무엇인지 설명하십시오.
5. 사적인 내용을 담도록 하십시오. 예를 들면, "내가 ○○을(를) 좋아하는 이유는…" 또
   는 "○○에 대한 나의 느낌은…" 하는 식으로 글을 적으십시오. 그리고 문장을 '~같습
   니다'로 마무리하지 않도록 하십시오.

지도자는 집단원들이 메시지에 자기 이름을 밝히지 않아도 된다는 사실을 알려 주십시
오. 메시지 기록을 마친 집단원들에게 종이를 한 번 접어서 겉면에 그 사람의 이름을 적도
록 합니다.

종이를 모두 나누어 주고 나서 이 활동을 통해 가진 느낌과 생각들에 대해 자유롭게 피드백을 나누어 봅시다.

준비물 : 종이와 연필

하나로 뜻 모아(1.1-100)

집단을 종결하면서 지금까지 집단에서 가졌던 지난 일들을 돌아보고 새 출발을 다짐해 보는 활동입니다. 우선 학생들이 각자 집단에서 활동하면서 사회성 개발과 관련된 깨우침, 덕목(가치관), 그리고 느낌이 어떤 것들이 있는지 생각해 보고 그중에서 대표적인 것을 여섯 가지 골라 보도록 합니다. 예를 들면, 성숙한 인간관계 형성을 목적으로 한 집단의 경우 학생들은 친구 이야기를 귀담아듣기, 이해, 사랑, 섬김, 배려, 규칙 지키기, 재미있는, 행복한 등이 나오겠지요. 이렇게 하여 여섯 가지를 정하도록 합니다.

이때 학생들은 자기가 기록한 내용을 다른 사람들에게 보여 주지 않도록 하십시오. 글쓰기를 마치면 둘씩 짝을 지어서 서로 마주 보고 교대로 자기가 적은 여섯 가지 덕목과 가치관을 교대로 한 가지씩 소개하도록 합니다. 이렇게 이야기를 주고받은 덕목들 중에서 함께 지키고 가꿀 필요가 있다고 생각하는 공통된 덕목들이 무엇인지 알아보고 그중에서 네 가지를 정하도록 합니다(3~5분).

　두 사람이 네 가지 공동 목표를 정하면, 이번에는 옆에 있는 다른 두 친구들과 합류하여 네 사람이 같은 방법으로 의논하여 다시 네 가지 공동목표를 정하도록 합니다(3분).

　마지막으로 다시 옆에 있는 4명과 만나면 총 8명으로 이루어진 모둠이 되는 것이지요. 이번에는 모둠별로 다섯 가지의 공동목표를 정하도록 하십시오. 이렇게 다섯 가지 공동목표를 결정한 다음에는 이것들을 가지고 공동의 고백을 담은 멋진 시, 고백문, 또는 상징화를 전지에 그리도록 합니다(10분).

　　✂ 준비물 : A4용지(인원수만큼), 전지(8명당 1장), 크레파스와 사인펜

세상에서 단 하나뿐인 상

지도자는 집단참가자인 학생들 모두에게 〈세상에서 단 하나뿐인 상〉을 친필로 미리 작성하여 두었다가 마지막 학년을 마칠 때 개별적으로 수여해 주시기 바랍니다. 이 상은 학생들에게 큰 힘을 실어 주는 무엇과도 비교할 수 없는 값진 선물이 되리라고 믿습니다. 상은 다른 사람들과 비교하여 특별히 잘한 사람에게 특정한 사람이 이를 기념하기 위해 수여하는 것이지요. 그래서 거의 모든 상장은 "당신은 ~을(를) 잘해서 이 상장을 수여합니다."라는 식의 글로 되어 있습니다. 〈세상에서 단 하나뿐인 상〉은 그런 일반적인 상과 전혀 다릅니다. 이 상은 다른 사람과 비교해서, 경쟁에서 이긴 결과로 받는 상이 아닙니다. 누구나 가지고 있는 자기만의 특별하고 귀한 점을 존중하는 상이므로 모두가 공평하고 특별하고 소중합니다. 또한 결과보다는 과정에 관심을 더 많이 둡니다. 학생들에게 일일이 상장을 쓴다는 것은 쉽지 않은 일입니다. 하지만 학년 시작에서 종료할 때까지 전 과정을 돌아보면서 학생들에게 편지를 쓰는 기분으로 상장을 써 보십시오. 그리고 마지막 회기 마지막 시간에 학생들에게 나누어 주십시오. 모두 모인 자리에서 한 사람씩 앞으로 나오게 하여 상장을 읽어 주고 수여하는 방법이 제일 좋습니다.

✂ 준비물 : 상장 용지(인원수만큼)

세상에서 단 하나뿐인 상

상

이름 : _____

년   월   일

M ▪ E ▪ M ▪ O

인성교육진흥법

[시행 2015.7.21.] [법률 제13004호, 2015.1.20., 제정]

교육부(인성체육예술교육과), 044-203-6647

제1조(목적) 이 법은 「대한민국헌법」에 따른 인간으로서의 존엄과 가치를 보장하고 「교육기본법」에 따른 교육이념을 바탕으로 건전하고 올바른 인성(人性)을 갖춘 국민을 육성하여 국가사회의 발전에 이바지함을 목적으로 한다.

제2조(정의) 이 법에서 사용하는 용어의 뜻은 다음과 같다.

1. "인성교육"이란 자신의 내면을 바르고 건전하게 가꾸고 타인·공동체·자연과 더불어 살아가는 데 필요한 인간다운 성품과 역량을 기르는 것을 목적으로 하는 교육을 말한다.

2. "핵심 가치·덕목"이란 인성교육의 목표가 되는 것으로 예(禮), 효(孝), 정직, 책임, 존중, 배려, 소통, 협동 등의 마음가짐이나 사람됨과 관련되는 핵심적인 가치 또는 덕목을 말한다.

3. "핵심 역량"이란 핵심 가치·덕목을 적극적이고 능동적으로 실천 또는 실행하는 데 필요한 지식과 공감·소통하는 의사소통능력이나 갈등해결능력 등이 통합된 능력을 말한다.

4. "학교"란 「유아교육법」 제2조제2호에 따른 유치원 및 「초·중등교육법」 제2조에 따른 학교를 말한다.

제3조(다른 법률과의 관계) 인성교육에 관하여 다른 법률에 특별한 규정이 있는 경우를

제외하고는 이 법에서 정하는 바에 따른다.

제4조(국가 등의 책무)

① 국가와 지방자치단체는 인성을 갖춘 국민을 육성하기 위하여 인성교육에 관한 장기적이고 체계적인 정책을 수립하여 시행하여야 한다.

② 국가와 지방자치단체는 학생의 발달 단계 및 단위 학교의 상황과 여건에 적합한 인성교육 진흥에 필요한 시책을 마련하여야 한다.

③ 국가와 지방자치단체는 학교를 중심으로 인성교육 활동을 전개하고, 인성 친화적인 교육환경을 조성할 수 있도록 가정과 지역사회의 유기적인 연계망을 구축하도록 노력하여야 한다.

④ 국가와 지방자치단체는 학교 인성교육의 진흥을 위하여 범국민적 참여의 필요성을 홍보하도록 노력하여야 한다.

⑤ 국민은 국가 및 지방자치단체가 추진하는 인성교육에 관한 정책에 적극적으로 협력하여야 한다.

제5조(인성교육의 기본방향)

① 인성교육은 가정 및 학교와 사회에서 모두 장려되어야 한다.

② 인성교육은 인간의 전인적 발달을 고려하면서 장기적 차원에서 계획되고 실시되어야 한다.

③ 인성교육은 학교와 가정, 지역사회의 참여와 연대 하에 다양한 사회적 기반을 활용하여 전국적으로 실시되어야 한다.

제6조(인성교육종합계획의 수립 등)

① 교육부장관은 인성교육의 효율적인 추진을 위하여 대통령령으로 정하는 관계 중앙행정기관의 장과의 협의와 제9조에 따른 인성교육진흥위원회의 심의를 거쳐 인성교육종합계획(이하 "종합계획"이라 한다)을 5년마다 수립하여야 한다.

② 종합계획에는 다음 각 호의 사항이 포함되어야 한다.

1. 인성교육의 추진 목표 및 계획

2. 인성교육의 홍보

3. 인성교육을 위한 재원조달 및 관리방안

4. 인성교육 핵심 가치 · 덕목 및 핵심 역량 선정에 관한 사항

5. 그 밖에 인성교육에 관하여 필요한 사항으로 대통령령으로 정하는 사항

③ 교육부장관은 종합계획의 중요사항을 변경하는 경우 제1항에 따른 관계 중앙행정
기관의 장과의 협의와 제9조에 따른 인성교육진흥위원회의 심의를 거쳐야 한다.
다만, 법령의 개정이나 관계 중앙행정기관의 관련 사업계획 변경 등 경미한 사항을
변경하는 경우에는 그러하지 아니하다.

④ 교육부장관은 제1항 또는 제3항에 따라 종합계획을 수립하거나 변경하였을 때에는
지체 없이 이를 관계 중앙행정기관의 장에게 통보하여야 한다.

⑤ 특별시 · 광역시 · 특별자치시 · 도 및 특별자치도 교육감(이하 "교육감"이라 한다)
은 종합계획에 따라 해당 지방자치단체의 연도별 인성교육시행계획(이하 "시행계
획"이라 한다)을 수립 · 시행하여야 한다.

⑥ 교육감은 제5항에 따라 시행계획을 수립하거나 변경하였을 때에는 이를 지체 없이
교육부장관에게 통보하여야 한다.

⑦ 종합계획 및 시행계획의 수립 · 시행 등에 필요한 사항은 대통령령으로 정한다.

제7조(계획수립 등의 협조)

① 교육부장관과 교육감은 종합계획 또는 시행계획의 수립 · 시행 및 평가를 위하여
필요한 경우 관계 중앙행정기관의 장, 지방자치단체의 장 및 교육감 등에게 협조를
요청할 수 있다.

② 제1항에 따른 협조를 요청받은 자는 특별한 사유가 없으면 이에 따라야 한다.

제8조(공청회의 개최)

① 교육부장관과 교육감은 종합계획 및 시행계획을 수립하려는 때에는 공청회를 열어
국민 및 관계 전문가 등으로부터 의견을 청취하여야 하며, 공청회에서 제시된 의견이
타당하다고 인정되는 때에는 이를 종합계획 및 시행계획 수립에 반영하여야 한다.

② 제1항에 따른 공청회 개최에 필요한 사항은 대통령령으로 정한다.

제9조(인성교육진흥위원회)

① 인성교육에 관한 다음 각 호의 사항을 심의하기 위하여 교육부장관 소속으로 인성교육진흥위원회(이하 "위원회"라 한다)를 둔다.

　1. 인성교육정책의 목표와 추진방향에 관한 사항

　2. 종합계획 수립에 관한 사항

　3. 인성교육 추진실적 점검 및 평가에 관한 사항

　4. 인성교육 지원의 협력 및 조정에 관한 사항

　5. 그 밖에 인성교육 지원을 위하여 대통령령으로 정하는 사항

② 위원회는 위원장을 포함한 20명 이내의 위원으로 구성한다.

③ 위원회의 위원장은 위원 중에서 호선하되, 공무원이 아닌 사람으로 한다.

④ 위원회의 위원은 다음 각 호의 어느 하나에 해당하는 사람 중에서 대통령령으로 정하는 바에 따라 교육부장관이 임명 또는 위촉한다. 이 경우 위원은 공무원이 아닌 사람이 과반수가 되도록 한다.

　1. 교육부차관, 문화체육관광부차관(문화체육관광부장관이 지명하는 차관), 보건복지부차관 및 여성가족부차관

　2. 국회의장이 추천하는 사람 3명

　3. 인성교육에 관한 학식과 경험이 풍부한 사람 중에서 대통령령으로 정하는 사람

⑤ 위원회가 심의한 사항을 집행하기 위하여 인성교육 진흥과 관련된 조직·인력·업무 등에 필요한 사항은 교육부령으로 정한다.

⑥ 그 밖에 위원회의 구성·운영에 필요한 사항은 대통령령으로 정한다.

제10조(학교의 인성교육 기준과 운영)

① 교육부장관은 대통령령으로 정하는 바에 따라 학교에 대한 인성교육 목표와 성취기준을 정한다.

② 학교의 장은 제1항에 따른 인성교육의 목표 및 성취 기준과 교육대상의 연령 등을 고려하여 대통령령으로 정하는 바에 따라 매년 인성에 관한 교육계획을 수립하여 교육을 실시하여야 한다.

③ 학교의 장은 인성교육의 핵심 가치·덕목을 중심으로 학생의 인성 핵심 역량을 함

양하는 학교 교육과정을 편성 · 운영하여야 한다.

④ 학교의 장은 인성교육 진흥을 위하여 학교 · 가정 · 지역사회와의 연계 방안을 강구하여야 한다.

제11조(인성교육 지원 등)

① 국가 및 지방자치단체는 가정, 학교 및 지역사회에서의 인성교육을 지원하기 위한 교육 프로그램(이하 "인성교육프로그램"이라 한다)을 개발하여 보급하여야 한다.

② 국가와 지방자치단체는 인성교육프로그램의 구성 및 운용 등을 전문단체 또는 전문가에게 위탁할 수 있다.

③ 교육감은 인성교육프로그램의 구성 및 운용 계획을 해당 학교 인터넷 홈페이지에 게시하는 등의 방법으로 학부모에게 알릴 수 있도록 하여야 한다.

④ 학부모는 국가, 지방자치단체 및 학교의 인성교육 진흥 시책에 협조하여야 하고, 인성교육을 위하여 필요한 사항을 해당 기관의 장에게 건의할 수 있다.

⑤ 그 밖에 가정, 학교 및 지역사회에서의 인성교육 진흥 등에 필요한 사항은 대통령령으로 정한다.

제12조(인성교육프로그램의 인증)

① 교육부장관은 인성교육 진흥을 위하여 인성교육프로그램을 개발 · 보급하거나 인성교육과정을 개설(開設) · 운영하려는 자(이하 "인성교육프로그램개발자등"이라 한다)에 대하여 인성교육프로그램과 인성교육과정의 인증(이하 "인증"이라 한다)을 할 수 있다.

② 인증을 받고자 하는 인성교육프로그램개발자등은 교육부장관에게 신청하여야 한다.

③ 교육부장관은 제2항에 따라 인증을 신청한 인성교육프로그램 또는 인성교육과정이 교육내용 · 교육시간 · 교육과목 · 교육시설 등 교육부령으로 정하는 인증기준에 적합한 경우에는 이를 인증할 수 있다.

④ 제3항에 따른 인증을 받은 자는 해당 인성교육프로그램 또는 인성교육과정에 대하여 교육부령으로 정하는 바에 따라 인증표시를 할 수 있다.

⑤ 제3항에 따른 인증을 받지 아니한 인성교육프로그램 또는 인성교육과정에 대하여

제4항의 인증표시를 하거나 이와 유사한 표시를 하여서는 아니 된다.

⑥ 제1항부터 제3항까지에 따른 인증의 절차 및 방법 등에 필요한 사항은 교육부령으로 정한다.

⑦ 교육부장관은 제1항부터 제3항까지에 따른 인증 업무를 교육부령으로 정하는 바에 따라 전문기관 또는 단체 등에 위탁할 수 있다.

제13조(인증의 유효기간)

① 제12조제3항에 따른 인증의 유효기간은 인증을 받은 날부터 3년으로 한다.

② 제1항에 따른 유효기간은 1회에 한하여 2년 이내에서 연장할 수 있다.

③ 제2항에 따른 인증의 연장신청, 그 밖에 필요한 사항은 교육부령으로 정한다.

제14조(인증의 취소) 교육부장관은 제12조제3항에 따라 인증한 인성교육프로그램 또는 인성교육과정이 다음 각 호의 어느 하나에 해당하는 경우에는 그 인증을 취소할 수 있다. 다만, 제1호에 해당하는 경우에는 취소하여야 한다.

1. 거짓, 그 밖의 부정한 방법으로 인증받은 경우

2. 제12조제3항에 따른 인증기준에 적합하지 아니하게 된 경우

제15조(인성교육 예산 지원) 국가 및 지방자치단체는 인성교육 지원, 인성교육프로그램 개발·보급 등 인성교육 진흥에 필요한 비용을 예산의 범위에서 지원하여야 한다.

제16조(인성교육의 평가 등)

① 교육부장관 및 교육감은 종합계획 및 시행계획에 따른 인성교육의 추진성과 및 활동에 관한 평가를 1년마다 실시하여야 한다.

② 교육부장관과 교육감은 인성교육 평가결과를 종합계획 및 시행계획에 반영할 수 있다.

③ 그 밖에 인성교육의 추진성과 및 활동 평가에 필요한 사항은 대통령령으로 정한다.

제17조(교원의 연수 등)

① 교육감은 학교의 교원(이하 "교원"이라 한다)이 대통령령으로 정하는 바에 따라 일정시간 이상 인성교육 관련 연수를 이수하도록 하여야 한다.

②「고등교육법」제41조에 따른 교육대학·사범대학(교육과 및 교직과정을 포함한다) 등 이에 준하는 기관으로서 교육부령으로 정하는 교원 양성기관은 예비교원의 인성교육 지도 역량을 강화하기 위하여 관련 과목을 필수로 개설하여 운영하여야 한다.

제18조(학교의 인성교육 참여 장려) 학교의 장은 학생의 제11조제1항에 따른 지역사회 등의 인성교육 참여를 권장하고 지도·관리하기 위하여 노력하여야 한다.

제19조(언론의 인성교육 지원) 국가 및 지방자치단체는 범국민적 차원에서 인성교육의 중요성에 대한 인식을 공유하고 이들의 참여의지를 촉진시키기 위하여 필요한 경우 언론(「언론중재 및 피해구제 등에 관한 법률」제2조에 따른 방송, 신문, 잡지 등 정기간행물, 뉴스통신 및 인터넷신문 등을 포함한다)을 이용하여 캠페인 활동을 전개하도록 노력하여야 한다.

제20조(전문인력의 양성)

① 국가 및 지방자치단체는 인성교육의 확대를 위하여 필요한 분야의 전문인력을 양성하여야 한다.

② 교육부장관 및 교육감은 제1항에 따른 전문인력을 양성하기 위하여 교육 관련 기관 또는 단체 등을 인성교육 전문인력 양성기관으로 지정하고, 해당 전문인력 양성기관에 대하여 필요한 경비의 전부 또는 일부를 지원할 수 있다.

③ 제2항에 따른 인성교육 전문인력 양성기관의 지정기준은 대통령령으로 정한다.

제21조(권한의 위임) 교육부장관은 이 법에 따른 권한의 일부를 대통령령으로 정하는 바에 따라 교육감에게 위임할 수 있다.

제22조(과태료)

① 다음 각 호의 어느 하나에 해당하는 자에게는 500만원 이하의 과태료를 부과한다.

1. 거짓이나 그 밖의 부정한 방법으로 제12조에 따른 인증을 받은 자

2. 제12조제5항을 위반하여 인증표시를 한 자

② 제1항에 따른 과태료는 대통령령으로 정하는 바에 따라 교육부장관이 부과 · 징수한다.

부칙 〈법률 제13004호, 2015.1.20.〉

이 법은 공포 후 6개월이 경과한 날부터 시행한다.

2014년 12. 29일 대한민국 국회 인성교육 진흥법 통과

2015년 1월 20일 법률 제13004호, 제정 2015년 1월 21일 공포

2015년 5월 20일 인성교육 진흥법 시행령과 시행규칙 입법예고

2015년 7월 21일 인성교육 진흥법 시행(시행령과 시행규칙)

참고문헌

김광언(1982). 한국의 민속놀이. 서울: 인하대학교출판부.

김순혜(2004)

김인회(1987). 한국무속사상연구. 서울: 문음사.

김춘경, 정여주(2001). 상호작용놀이를 통한 집단상담. 서울: 학지사.

손인수(1998). 한국교육사상사연구(상권). 서울: 문음사.

신은수 외(2004). 놀이와 유아. 서울: 이화여자대학교출판부.

우영숙(1999). 청소년의 사회적기술 향상을 위한 조직캠프 프로그램의 효과. 서울여자대학교 대학원
    박사학위 논문

유동식(1983). 한국무교의 역사와 구조. 서울: 연세대학교출판부.

이숙재(1997). 유아를 위한 놀이의 이론과 실제(개정). 서울: 창지사.

이은해, 지혜련, 이숙재(1990). 놀이 이론. 서울: 창지사.

전국재(1997). 모험협동놀이 (놀이보따리 시리즈 제8권). 서울: 윤컴.

전국재(1998). 야외집단활동지도론. 서울: 예영커뮤니케이션.

전국재(2001). 놀이와 공동체. 서울: 예영커뮤니케이션.

전국재(2002). 조직캠프의 전인교육적 모형 연구. 연세대학교 대학원 박사학위논문.

전국재(2003). 놀이로 하는 즐거운 교육 · 상담. 제 1, 2, 3권. 서울: 문음사.

전국재, 우영숙(2005). 놀이로 여는 집단상담기법. 서울: 시그마프레스.

전국재, 우영숙(2009). 놀이로 하는 집단상담. 서울: 시그마프레스.

전국재, 우영숙(2009). 집단상담의 놀이와 프로그램. 서울: 시그마프레스.

전국재, 우영숙(2013). 모험기반상담 놀이와 프로그램. 서울: 시그마프레스.

전국재(2010). 크리스천 캠핑. 서울: 홍림.

전국재(2011). 실내놀이 192. 서울: 시그마북스.

전국재(2011). 야외놀이 177. 서울: 시그마북스.

전국재(2011). 명랑가족놀이 166. 서울: 시그마북스.

한성겸(1994). 재미있는 민속놀이. 평양: 금성청년출판사.

Caillois, R.(1994). 놀이와 인간. 이상률 옮김. 서울: 문예출판사.

Csikszentmihalyi, M.(2004). 최인수 역. 몰입. 서울: 한울림.

Csikszentmihalyi, M.(2007). 이희재 역. 몰입의 즐거움. 서울: 해냄

Earley, J. 김창대 외 공역(2004). 상호작용중심의 집단상담. 서울: 시그마프레스.

Elkind, D(2008). 놀이의 힘, 이주혜 역, 서울: 한스미디어.

Forsyth, D.R.(1999). Group Dynamics. Belmont, CA: Wadsworth Publishing Company.

Huizinga, J.(1993). 호모루덴스. 김윤수 옮김. 서울: 까치.

Jacobs., Masson., Harvill.(2003). 김춘경 역. 집단상담; 전략과 기술. 서울: 시그마프레스.

J.C.F. Schiller(1795). 인간의 미적 교육

Johnson, D.E.(1981). Reaching Out. Englewood Cliffs, NJ, Prentice-Haoo, Inc.

Johnson, J.E., Christie, J.F., Yawkey, T.D.(2002). 놀이와 유아교육. 서울: 학지사.

Levy. 이은해역

Louv, R(2007). 자연에서 멀어진 아이들. 김주희 역, 서울: 즐거운 상상.

Millar, S.(1986). 놀이의 심리. 서울: 형설출판사.

Nabhan, P., Trimble, S(2003). 김선영 역. 아이들은 왜 자연에서 자라야 하는가. 서울: 그물코.

Nachmanovitch(2008). 놀이, 마르지 않는 창조의 샘, 이상원 역, 서울: 에코의 서재.

Pfeiffer, J.W., Jones, J.E.(1974). *A Handbook of Structured Experiences for Human Relations Trainging. Vol. 1~8.*, San Diago, CA: University Associates, Inc.

Rogers, C.R.(1961). On Becoming a Person. Boston: Houghtou Mifflin.

Rogers, C.R.(1970). *Encounter Groups.* New York: Harper & Row, Publishers.

Schultz, D.(2007). 이혜성 역. 성장심리학: 건강한 성격의 모형. 서울: 이화여자대학교출판부.

Tournier, O.(2005) 소승연 역. 비밀. 서울: Ivp

Yalom, I.D.(2005). 최해림, 장성숙 역. 집단정신치료의 이론과 실제. 서울: 하나의학사.

아자! 놀이로 하는 정6품 인성교육 '온라인 플랫폼' 안내

청소년과 놀이문화연구소는 **놀이로 하는 정6품 인성교육** 교재를 사용하는 지도자들께서 현장에서 놀이정신을 보다 효과적으로 실현할 수 있도록 하기 위하여 온라인 플랫폼을 마련하였습니다. 아울러 지도자 연수 및 네트워킹을 병행함으로써 인성교육 실천운동을 전개하고자 합니다.

■ **홈페이지 주소 : www.ajaedu.com**

■ **온라인 플랫폼 안내**

1. 놀이 영상자료 보기

'자료실'에 들어오시면 놀이로 하는 정6품 인성 교육에 수록된 놀이 활동들을 현장에서 보다 쉽고 효과적으로 이해할 수 있도록 하기 위한 영상자료들을 보실 수 있습니다.

※ 자료실(2016년 3월 실행)에서는 인성교육 이론 및 실제에 관한 영상자료들을 지속적으로 제공해 드리고 있습니다.

2. Off-line 연수 참가

정6품 인성교육 교사연수와 교사들의 전문성향상을 위한 다양한 연수프로그램 일정과 정보를 확인하여 참여할 수 있습니다.

3. 네트워킹

전국의 학급 및 학교 현장에서의 소중한 인성교육 사례들을 공유하기 위한 목적으로 네트워킹을 운영하고 있습니다.

■ **이용방법**

www.ajaedu.com 홈페이지 회원가입 후 로그인		• 놀이영상 및 자료 보기 • 연수 정보확인 • 네트워킹

※ 문의 : 청소년과 놀이문화연구소 031-577-7179, ilf@ilf.or.kr